16—18世纪蒙古佛教史研究

明·额尔敦巴特尔 / 著

内蒙古人民出版社

本书系国家教育部人文社会科学研究一般项目"16—18世纪蒙古佛教史研究"（10YJA730003）之最终成果

图书在版编目（CIP）数据

16—18世纪蒙古佛教史研究/明·额尔敦巴特尔著.
—呼和浩特：内蒙古人民出版社,2017.12（2020.1重印）

ISBN978-7-204-15215-5

Ⅰ.①1…Ⅱ.①明…Ⅲ.①蒙古族—佛教史—中国—16世纪—18世纪Ⅳ.①B949.2

中国版本图书馆CIP数据核字(2018)第004333号

16—18世纪蒙古佛教史研究

作　　者	明·额尔敦巴特尔
责任编辑	朱莽烈　于汇洋
封面设计	刘那日苏
出版发行	内蒙古人民出版社
地　　址	呼和浩特市新城区中山东路8号波士名人国际B座5楼
印　　刷	内蒙古爱信达教育印务有限责任公司
开　　本	880×1230　1/32
印　　张	9
字　　数	220千
版　　次	2018年9月第1版
印　　次	2020年1月第2次印刷
印　　数	1000—3000册
书　　号	ISBN 978-7-204-15215-5
定　　价	25.00元

图书营销部联系电话：(0471)3946298　3946267
如发现印装质量问题，请与我社联系，联系电话：(0471)3946120

目录

导言……………………………………………………… 1

一、本课题研究及其意义 ……………………………… 1

二、国内外前人研究概况 ……………………………… 2

三、本课题研究所用的基本史料 ……………………… 5

四、本课题研究主要内容及研究方法 ………………… 7

第一部 16—17世纪漠南蒙古佛教与萨满教的争斗

第一章 16—17世纪蒙古统治者及佛教高僧对萨满教的
　　　　禁止 ………………………………………… 12

　第一节 蒙古大汗土蛮·扎萨克图汗对萨满教的禁止… 12

　第二节 16世纪后期蒙古土默特阿勒坦汗对萨满教的
　　　　禁止 …………………………………………… 16

　第三节 蒙古高僧内齐托音一世与萨满教的争斗……… 25

　小　结……………………………………………… 34

第二章 17世纪蒙古高僧内齐托音一世的称号与享年…… 36

　第一节 关于蒙古高僧内齐托音一世的称号问题……… 37

　第二节 关于蒙古高僧内齐托音一世的享年问题……… 50

第三章 17世纪蒙古高僧内齐托音一世生平事迹 ……… 69

　第一节 蒙古高僧内齐托音一世的童年与西藏留学…… 69

第二节　内齐托音一世生平足迹及施主…………………　77

第三节　内齐托音一世的蒙古语传教活动与生平年表…　92

第二部　17世纪蒙古林丹汗政教事迹及其金刚白城

第四章　林丹汗与格鲁派、萨迦派呼图克图之关系　………　101

第一节　林丹汗与格鲁派两位呼图克图…………………　101

第二节　林丹汗与萨迦派沙尔巴·呼图克图……………　111

第五章　17世纪蒙古林丹汗政治、宗教之都金刚白城　……　122

第一节　从历史文献记载看林丹汗金刚白城……………　122

第二节　从研究史及察哈尔游牧地看林丹汗金刚白城…　125

第三节　从国外学者不同观点看林丹汗金刚白城………　132

第六章　17世纪蒙古林丹汗《蒙古文金字甘珠尔经》　……　136

第一节　林丹汗《蒙古文金字甘珠尔经》的成书过程…　136

第二节　林丹汗《蒙古文金字甘珠尔经》的内容及

意义　………………………………………………　143

第三节　林丹汗《蒙古文金字甘珠尔经》的流传及其

残卷　………………………………………………　147

小　结　…………………………………………………　153

第三部　17—18世纪清朝对蒙佛教政策

第七章　17—18世纪清朝诸帝佛教观及其对蒙藏上层的

册封　………………………………………………　158

第一节　清朝前期诸帝佛教观……………………………　158

第二节　清初清廷对蒙藏上层的册封……………………　165

第八章　17—18世纪蒙古活佛转世制度与佛教寺院　……　193

第一节　西藏活佛转世制度在蒙古的实施………………　193

第二节　清朝前期广建寺庙及其管理…………………214

　小　结……………………………………………224

第九章　1720年蒙古文佛教经典《甘珠尔经》…………226

第一节　1720年蒙古文《甘珠尔经》之前的历史

积累…………………………………………226

第二节　1720年蒙古文《甘珠尔经》的刊印…………239

第三节　1720年蒙古文《甘珠尔经》的内容及意义…246

结　语………………………………………………250

主要参考、征引文献…………………………………257

一、中文古籍、档案、论著等文献（含译著）…………257

二、蒙古文档案、古籍、论著等文献…………………262

三、西藏历史文献……………………………………266

四、日文文献（含日译）……………………………268

五、英文等外文文献…………………………………272

后　记………………………………………………275

课题组分担说明………………………………………277

导 言

一、本课题研究及其意义

本课题研究题目为《16—18世纪蒙古佛教史研究》。笔者因为资料制约和研究内容的特点，将本课题研究时间跨度设定为16世纪后期至18世纪中叶。16—18世纪中叶大致为明末清初时期。自元代以来，特别是自16世纪后期以来以格鲁派为主流的藏传佛教在蒙古地区的传播，经过一个多世纪的发展，到18世纪中叶达到了兴盛时期。这与清朝对蒙佛教政策等有着密切关系，值得深入研究。

清朝是统一的多民族封建王朝，也是满、汉、蒙等不同民族、不同文化相互融合的重要时期。但在中国断代史研究方面，清史研究仍处于薄弱环节，而对清朝前期蒙古佛教史的研究，更处于滞后状态。因此，本课题研究主要从藏传佛教与蒙古人固有的萨满教之间的斗争史角度，对16—17世纪蒙古地区藏传佛教格鲁派高僧与萨满教争斗的传教事迹，17世纪初期蒙古林丹汗的政教活动和清朝前期对蒙佛教政策三大课题进行了认真细致的专题研究。首先，就研究视角而言，从藏传佛教与蒙古人固有的萨满教关系，17世纪蒙古大汗的政教活动和佛教政策以及清朝对蒙佛教政策等角度，对16—18世纪蒙古佛教史进行专题研究的专著，至今尚未得见。其次，本课题研究不仅视角新颖，而且尽量使用近年来新整理出版的汉、蒙档案等基本史料。因此，本课题研究不仅具有拓展和深化蒙古佛教史研究的学术意义，而且对国家民族宗教政策的贯彻落实和各民族和谐社会的建设，也具有一定的启发、借鉴的现实意义。

二、国内外前人研究概况

就前人研究而言，自20世纪80年代以后，随着中国少数民族史研究的深入和清史、中国近现代史研究领域的拓展，蒙古佛教史研究领域也取得了显著的成果。其中，与本课题密切相关的、到2006年左右为止的国内外代表性著作有：释·妙舟撰《蒙藏佛教史》（原著1935年，1993年由江西广陵古籍刻印社重印）；札奇斯钦撰《蒙古与西藏历史关系之研究》（台北正中书局，1978年）；[日]萩原淳平（HAGIWARA Junpei）的日文著作《明代蒙古史研究》（京都同朋舍，1980年）；固始噶居巴·洛桑泽培著，陈庆英、乌力吉译注《蒙古佛教史》（天津古籍出版社，1990年；藏文原版为 Hor-chos-'byung，1819年）；《蒙古佛教源流》（藏文，青海民族出版社，1993年）；陈庆英著《蒙藏关系史大系·政治卷》（北京外语教学与研究出版社，2002年）；宝力高著《佛教》（蒙古文，内蒙古教育出版社，2003年）；乔吉著《蒙古佛教史》（内蒙古人民出版社，2008年）；[意]图齐、[德]海西希著，耿生汉译《西藏和蒙古的宗教》（天津古籍出版社，1989年）；[韩]金成修著《明清之际藏传佛教在蒙古地区的传播》（社会科学文献出版社，2006年）等。上列论著中，乔吉的《蒙古佛教史》对16世纪后期以来"蒙古人再度皈依佛教""蒙古诸部皈依格鲁派及对其保护""西藏佛教对蒙古社会的影响"和"佛教对蒙古地区思想文化的影响"等几大问题进行了详尽而严谨的考述，为本课题研究提供了有益的线索和方法论。韩国学者金成修在其《明清之际藏传佛教在蒙古地区的传播》中，提出了与众不同的观点。

金成修认为：（1）蒙古人产生恢复蒙古政治的理念而皈依藏传佛教，并有所实践；（2）藏传佛教在蒙古地区传播的本质是政治改革工具，而不只是文化现象；（3）"印藏蒙同源论"的实质是"蒙古中心论"。这些观点给我们提供了新的视角和启发。

　　需要介绍的是，最近几年也出版了与本课题相关的新的研究成果。其中，2010 年出版的星全成、陈柏萍著《藏传佛教四大活佛系统与清朝治理蒙藏方略》（青海人民出版社）一书，着重探讨了达赖喇嘛、班禅呼图克图转世系统与清朝对西藏的治理以及章嘉呼图克图、哲布尊丹巴呼图克图转世系统在治理蒙藏地区中的作用等问题。历史证明，格鲁派四大活佛对清朝有效治理蒙藏地区发挥了积极作用，清朝借助高僧安抚人心，加强治理，而高僧则利用清朝皇帝的权威提高自身的地位，扩大本派的宗教影响。作者在书中始终围绕这样一些主题展开论述，颇有独到之处。2011 年出版的王力著《明末清初达赖喇嘛系统与蒙古诸部互动关系研究》（北京民族出版社）一书，从达赖喇嘛转世系统与蒙古诸部互动关系的新视角，探讨了其历史进程和达赖喇嘛系统对蒙古诸部的影响等重要课题，在本书绪论中明确指出"蒙藏关系是明末清初民族关系的重点，而达赖喇嘛系统与蒙古诸部之间的互动关系则是其主要内容"。2012 年出版的胡日查、乔吉、乌云著《藏传佛教在蒙古地区的传播研究》（北京民族出版社）一书，对"16世纪末 17 世纪初藏传佛教在蒙古地区的再传""清代藏传佛教在蒙古地区的畸形发展"和"清代蒙古寺院经济与文化"等问题进行了论述，并认为呼图克图及扎萨克达喇嘛系统的形成、寺院林立及喇嘛人数的膨胀和"政教合一"的喇嘛旗的建立等是藏传佛教在蒙古地区畸形发展的主要表现。2012 年出版的宝力高著《蒙古文佛教文献研究》（人民出版社）一书，对蒙古文佛教文献的历史、载体、版本和蒙古文佛教经典《甘珠尔》《丹珠尔》经的形成以及蒙古文佛教文献与佛教史学、佛教文学的关系等进行了详尽的研究。本书作者认为：蒙古文佛教文献具有历史悠久，数量庞大，种类繁多，内容多彩和体裁形式多样的特点，佛教文化对蒙古社会的哲学、道德、文学、艺术、生活方式以及风俗习惯等方方面面都产生了深刻影响。因此本书作者明确指出："如果离开了佛教，我们无法完整撰写蒙古史；如果不了解蒙古文佛教文献，我们无从谈起蒙古佛教史和蒙古文化史。"这些观点对我们课题组充分重视蒙古文佛教文献和蒙古文佛教史料给予了有益的启示。2013 年出版的胡日查著《清代蒙古寺庙管理体制研究》（辽宁民族出版社）一书，就清代蒙古寺庙管理体制的历史背景，理藩院对蒙古地区寺庙的管理机制，扎萨克喇嘛旗与掌印呼图克图喇嘛旗的管理体制以及蒙旗对所辖寺庙与喇嘛的管理机制等问题进行了较全面而系统的研究。作者在书中指出：清代蒙古地区寺庙林立，喇嘛人数膨胀，经过康熙、雍正、乾隆、嘉庆四朝，蒙古地区大小寺庙多达 1500 座以上，喇嘛人数近 20 万；清政府针对蒙古地区如此之多的寺庙和喇嘛，设立了理藩院及其主管分支机构以及地方设立的"政教合一"的扎萨克喇嘛旗、喇嘛印务处、商桌特巴衙门等行政管理机制，通过它们对蒙古地区寺庙和喇嘛阶层进行了有效管理。2013 年在日本出版的、池尻陽子(IKEJIRI Yoko) 的日文著作《清朝前期西藏佛教政策》（东京汲古书院）一书，主要利用康熙《大清会典》、雍正满文本《大清会典》和《清实录》等传统史料以及《宫中档雍正朝奏折》《军机处满文录副奏折》等汉、满文档案史料，对康熙朝的青藏政策及扎萨克喇嘛制度，雍正朝的章嘉活佛体制的确立，乾隆朝的西藏佛教政策以及清代扎萨克喇嘛制度的作用等问题进行了实证性研究。本书广征博引，考述严谨，在清初章嘉活佛制度的确立和扎萨克喇嘛制度的作用等问题上的一些看法不乏真知灼见，颇有启发。除以上代表性论著之外，还有在各种学术刊物上发表的关于 16—18 世纪蒙古佛教史方面的一些论文中的相关论述。国内外已经出版的上述论著，代表了不同层次的研究水平，各有特色。这些前人研究成果都从不同角度、不同程度地论述或涉及了 16—18 世纪蒙古佛教史，为本课题的进一步深入研究提供了很好的基础。

综观前人研究，与 16—18 世纪蒙古佛教史研究相关的论著数量颇多，从整体上说，可以说已得到丰硕的成就，为本课题研究提供了较高的研究起点。但个别问题还需进一步地探讨和深入细致地专题研究。而目前国内外研究的趋势，正是从综合性断代史研究转向细分化的专题性研究。

三、本课题研究所用的基本史料

近年来不断挖掘和整理出版的清代基本史料，对深入研究清朝前期蒙古佛教史的诸问题也提供了可靠的史料依据。本课题研究在利用传统的史料的同时，注意利用了最近几年新整理的一些史料。具体而言，在本课题研究三大篇章之第一部："16—17 世纪漠南蒙古佛教与萨满教的对抗"（共三章）中，主要使用或参考了以下几种史料：（1）1739 年北京木刻版蒙古文史料《详述圣内齐托音达赖满珠习礼传说之如意念珠》（Boɣda neyiči toyin dalai manǰusrii-yin domoɣ-i todorqay-a geyigülügči čindamani-erike-kemegdekü-orosiba）及其汉译本（成崇德、申晓亭译注《内齐托音一世传》汉译本 [1990]，载中国社会科学院中国边疆史地研究中心编《清代蒙古高僧传译辑·蒙古卷》第 87—164 页）、蒙古文《阿勒坦汗传》、《蒙古源流》、李保文整理《十七世纪蒙古文文书档案（1600—1650）》、中国人民大学国学院西域历史语言研究所编《清朝前期理藩院满蒙文题本（共 23 卷）》和《蒙汉对照托忒文字卫拉特蒙古历史文献译编》等史料；（2）光绪本《理藩院则例》，齐木德道尔吉等编《清朝太祖太宗世祖朝实录蒙古史史料抄——乾隆本康熙本比较》和《清朝圣祖朝实录蒙古史史料

抄》上下册，包文汉、奇·朝克图整理《蒙古回部王公表传》等
汉文史料；（3）1819年成书的藏文版《霍尔却穹》（Hor-chos-
'byung，蒙古佛教史），陈庆英、马连龙等译《一世—四世达赖喇
嘛传》（一世至四世达赖喇嘛传汉译合并本），陈庆英等汉译《五
世达赖喇嘛传》，西藏自治区档案馆编《西藏历史档案荟粹》等
史料。本课题研究之第二部："17世纪蒙古林丹汗政教活动及其
金刚白城"（共三章）中，主要使用或参考了以下几种史料：（1）
《蒙古源流》《黄史》《阿勒坦汗传》《金轮千辐》《水晶珠》《金鬘》
等传统的蒙古文史料；（2）林丹汗健在时的1626年林丹汗碑文
藏、蒙、汉文史料，《蒙古文甘珠尔·丹珠尔目录》编委会编《蒙
古文甘珠尔·丹珠尔目录》（上册）以及内蒙古大学图书馆、内
蒙古自治区图书馆所藏蒙古文佛教经典《甘珠尔经》史料；（3）
嘉庆重修《一统志》、齐木德道尔吉等编《清朝太祖太宗世祖朝
实录蒙古史史料抄——乾隆本康熙本比较》和《清朝圣祖朝实录
蒙古史史料抄》（上下册）以及日本京都大学文学部编《明代满蒙
史料》相关资料等汉文、日文文献；（4）日记、游记和调查资料等，
对档案史料、官修文献和其他史志资料具有一定的填补作用。因
此，本研究也利用了一些具有一定史料价值的日文日记、调查报
告等资料。比如，收录内藤日记等史料的《内藤湖南全集》第七
卷（日文）、《蒙古高原横断记》等日文资料。本课题研究之第三
部："17—18世纪清朝对蒙佛教政策"（共三章）中，主要使用或
参考了以下几类史料：（1）《口北三厅志》、齐木德道尔吉等编《清
朝太祖太宗世祖朝实录蒙古史史料抄——乾隆本康熙本比较》《清
朝世宗朝实录蒙古史史料抄》和《清朝圣祖朝实录蒙古史史料抄》
（上下册）以及清代御制碑文等汉文史料；（2）宝音德力根、乌
云毕力格、吴元丰主编《清内阁蒙古堂档》（共22卷），齐木德
道尔吉、吴元丰、萨·那日松等编《清内秘书院蒙古文档案汇编》（共
7辑），苏德毕力格主编《准格尔旗扎萨克衙门档案》（共42卷·蒙

古文)、西藏自治区档案馆编《西藏历史档案荟粹》等档案史料；
(3)《北京木刻版蒙古文甘珠尔经》目录卷蒙、满、汉、藏合璧
四种文体影印版，匈牙利学者里盖提蒙古文《甘珠尔经》目录
（LOUIS LIGETI, CATALOGUE DU KANJUR MONGOL IMPRIME,
VOL.I, BUDAPEST,1942-44）等资料。这些基本史料中特别值得
一提的是，由于齐木德道尔吉等编《清朝太祖太宗世祖朝实录蒙
占史史料抄——乾隆本康熙本比较》、《清朝圣祖朝实录蒙古史史
料抄》(上下册)和《清朝世宗朝实录蒙古史史料抄》等史料，
是清朝太祖、太宗、世祖、圣祖和世宗等清朝初期五朝《清实录》
中的蒙古史史料，因而它是研究清朝初期历史的主要官修史籍史
料，有其独特的史料价值。而且它在时间上覆盖 16 世纪后期至
18 世纪 30 年代，内容上又是按年代顺序被整理出来的《清实录》
蒙古史史料，因此它对我们结合《清内阁蒙古堂档》(共 22 卷)、
《清内秘书院蒙古文档案汇编》(共 7 辑)和《西藏历史档案荟粹》
等蒙古、西藏方面的近年来出版的档案材料展开"16 —18 世纪
蒙古佛教史"的实证研究，提供了可靠的史料依据和很大的查阅
方便，使我们从中获益匪浅。

四、本课题研究主要内容及研究方法

本课题研究是在利用上列基本史料的基础上，对我们前期成
果加以增补、扩充而完成的。其具体研究目标在于，主要利用上
述蒙、汉、藏等基本史料，对藏传佛教格鲁派高僧内齐托音一世
（1587—1653）在漠南蒙古地区传教的特点和作用，蒙古大汗和
蒙古右翼土默特万户首领等蒙古统治阶层对藏传佛教所采取的态
度、政策以及清廷对蒙佛教政策的内容、作用等重要问题加以深
入细致的探讨，撰写一部具有较高学术水平的清朝前期蒙古佛教
史专题专著。其主要研究内容包括以下三大部分。具体地说，其

第一部是研究16—17世纪蒙古地区藏传佛教与萨满教争斗的历史进程。这一部分主要包括16世纪后期蒙古人再度皈依佛教与16世纪后期蒙古大汗图门·扎萨克图汗和蒙古右翼土默特万户首领阿勒坦汗等蒙古统治者对萨满教的禁令及其内容，西蒙古厄鲁特出身的蒙古佛教高僧内齐托音一世（1587—1653）在17世纪前期同萨满教的斗争及其一生的传教事迹等。第二部是探讨蒙古人怎样对待藏传佛教的问题，主要对17世纪前期蒙古大汗林丹汗的政教活动、林丹汗《蒙古文金字甘珠尔经》的形成及其政治、宗教都城金刚白城等几大问题加以详细的探讨。第三部是对清朝前期诸帝的佛教观和清朝前期对蒙佛教政策的历史研究。其具体内容有：清朝前期诸帝的佛教观与清朝前期对蒙藏上层的册封，清朝前期佛教政策与大活佛转世系统的形成，清朝的佛教扶持政策与广建佛教寺院，蒙古文佛教经典《北京木刻版蒙古文甘珠尔经》的翻译、编审和刊印等内容。并在整个论述过程中注意史论结合，着重总结了蒙古萨满教与藏传佛教的"异文化融合"；漠南蒙古的"佛教化"与藏传佛教的"蒙古化"，藏传佛教文化对蒙古文化所产生的深远影响等重要理论问题。概而言之，本课题主要是对16—17世纪漠南蒙古地区藏传佛教与萨满教对抗的历史进程，17世纪前期蒙古大汗林丹汗的政教活动和17—18世纪中叶清朝对蒙佛教政策的历史性变迁等几大问题进行了专题研究，并提出了我们的见解。

首先，在清初，藏传佛教传入蒙古地区后，同蒙古人传统的萨满教进行了长时间的争斗，最终在蒙古封建贵族和清朝统治者的大力扶持下，特别是在蒙古右翼和西蒙古军事力量的保护下，藏传佛教格鲁派在西藏建立了甘丹颇章地方政权，进而在蒙藏地区确立了其绝对优势地位。但是，在同萨满教争斗的过程中，藏传佛教本身也吸收了许多萨满教的教理、仪式等因素。同时还容纳、吸收了一些蒙古人传统风俗习惯和祭祀文化的因素，同时对成吉思汗祭祀也产生了深远的影响。这些促使了蒙古人传统宗教意识的变化，促成了独具特色的蒙古宗教文化的形成。

第二，独特的蒙古宗教文化的形成，并非仅仅由于蒙古人的佛教信仰所导致，而是与清朝对蒙佛教政策密切相关。特别是清朝对藏传佛教的大力扶持，对蒙古人传统宗教文化的变异产生了重大作用。

第三，清代是中国统一多民族国家进一步发展和巩固的重要时期，也是满、蒙、汉、藏等各民族文化发展繁荣的重要时期。而这种政治上的统一和文化上的繁荣，与清朝的宗教政策，特别是与藏传佛教政策密切相关。因此，深入研究清朝对蒙古所采取的佛教政策，总结其利弊得失，不仅对学术研究具有理论意义，而且对政策咨询具有借鉴意义。

基于以上考虑，本课题研究的重点在于对清初藏传佛教高僧同萨满教的斗争和清朝前期清廷对蒙佛教政策的细致探讨。我们在研究中已经认识到，本课题研究的内容涉及面广，且需要搜集、利用汉、蒙、藏等多语种资料，是本课题的难点所在。有幸的是，课题主持人及主要成员都不同程度地分别掌握了少数民族文字，具有较高的解读史料能力。至于对藏传佛教的一些教理、固有名词的正确阐释等难度较大的工作，我们通过请教在这一领域的专家学者的方法克服了困难。对于研究过程中出现的其他新的问题，比如藏文史料的匮乏、汉文文献中存在的少数民族语言固有名词译名的不统一等问题，我们将继续请教国内外这方面的专家或继续与国内外同行学者进行积极交流，努力挖掘新史料，不断提高综合能力，不断提升我们的研究水平。

总之，本课题研究主要对清朝前期蒙古地区藏传佛教与萨满教抗衡的历史进程、蒙古人对藏传佛教所采取的态度以及清廷对蒙佛教政策的历史性变迁等，进行了较系统的认真探讨。其基本思路是：先着重探讨了清初藏传佛教与蒙古人传统宗教之间的关系史，其中主要包括 16 世纪后期蒙古统治者对萨满教的禁令和藏传佛教与蒙古萨满教从抗衡到融合的历史进程等。接着探讨蒙古人对藏传佛教的传入所采取的态度和政策，主要以 17 世纪前期蒙古大汗林丹汗的政教活动及其政治、宗教都城金刚白城为个案研究。然后深入研究 17—18 世纪藏传佛教在蒙古地区逐渐走向兴盛的根本原因，主要以清朝佛教政策的重大举措为主线，对清朝对蒙佛教政策几个主要内容进行了探讨。

本课题研究在研究方法上主要采取了宗教学、历史学和蒙古学等多学科相结合的研究方法。为做到立论有据、脉络清晰和观点明确，在具体阐述历史进程时，主要以清初蒙古高僧的传记和清朝对蒙佛教政策的重要史实为线索，紧紧围绕基本史料和主题进行了实证考述。在史料和资料方面，尽量利用新近发现的各种档案资料，蒙、汉等民族文字资料和日、英等外文资料以及各种网络资源，并注意运用清史、中国近代史和中国少数民族史等多学科知识进行研究。

作者相信，作为国家教育部社会科学基金一般项目《16—18世纪蒙古佛教史研究》（项目批准号：10YJA730003）最终成果的本书，不仅会为清朝前期蒙古佛教史研究领域增添一部新的成果，而且也将为国家民族宗教事务工作相关单位，提供一部较好的参考书籍和有益的借鉴。

第一部

16—17 世纪漠南蒙古佛教与萨满教的争斗

　　16—17世纪蒙古佛教史的一大特征是佛教与萨满教(国际上称：Shamanism) 之间的对抗与融合。在此我们主要探讨 16 世纪后期君临于蒙古中央部落察哈尔万户的蒙古大汗土蛮·扎萨克图汗(1558—1592 年在位) 对萨满教的禁止、蒙古右翼三万户之一土默特万户首领阿勒坦(俺答) 汗 (1507—1582) 对萨满教的禁止和西部厄鲁特(卫拉特) 蒙古土尔扈特部出身的蒙古佛教高僧内齐托音 (Neyiči toyin) 一世 (1587 —1653)① 在漠南蒙古东部地区同萨满教的争斗等问题,阐述和勾勒出 16 世纪后期至17 世纪中叶漠南蒙古佛教与萨满教对抗的历史脉络。

---

① 在一些通俗论著中出现的"乃吉"或"纳伊济"等写法是不正确的,对他的享年学界也有不同的看法。因此,对内齐托音一世的"内齐托音"这一称谓及其享年,将在第二章中加以专题论述和考证。

第一章　16—17世纪蒙古统治者及佛教高僧对萨满教的禁止

第一节　蒙古大汗土蛮·扎萨克图汗对萨满教的禁止

要理解为何自16世纪后期起蒙古统治者对萨满教加以禁止，有必要简单回顾一下蒙古宗教历史。众所周知，萨满教是蒙古固有的宗教。但在大蒙古国时期(1206—1271)，由于蒙古大汗及统治阶层尊重萨满教传统的同时对基督教、伊斯兰教和佛教等也采取了宽容的政策，各教信徒都拥有着自由传教的基本权利。比如《史集》中说：蒙古第三任大汗贵由汗"极其尊敬基督教和神甫，当这个消息传开后，世界上所有各个角落的神甫和修道士都想到他的宫廷里来"，在贵由汗"在位期间，基督教的事业兴旺发达"①。当然，我们绝不能以类似上述基督教的个别事例为由来否定基督教在蒙古历史上从未占据过统治地位的基本史实。

另据1253年至1255年在蒙古地区旅行考察的鲁布鲁克所写的书中记载，蒙古第四任大汗蒙哥汗对鲁布鲁克谈起他的信仰时说："我们蒙古人"，"相信只有一个神，我们的生死都由神掌握，我们也诚心相信神"，"但是，如同神赐给我们五根不同的手指，神也赐给人们不同的前途。神赐给你们《圣经》，而你们基督徒却不信守它"。"神赐给我们占卜师，我们按照他们的话行事，我们过得平平安安"②。蒙哥汗的这番话，充分反映了大蒙古国时期

① ［波斯］拉施特著，余大钧、周建奇译《史集》第二卷，北京：商务印书馆，1985年，224页。
② 耿昇、何高济译《柏朗嘉宾蒙古行纪·鲁布鲁克东行纪》，中华书局，2002年，302—303页。

宗教的多样性与宽容性。

然而，宗教的这种多样性与宽容性，到了元朝时期有所变化。据《元史》记载，"元兴，崇尚释氏，而帝师之盛，尤不可与古昔同语"，"中统元年 (1260 年)，世祖 [忽必烈] 即位，尊 [吐蕃萨迦派高僧八思巴] 为国师，授以玉印，命制蒙古新字"，至元十六年 (1279 年) 八思巴卒后，赐号"大元帝师。至治间，特诏郡县建庙通祀"①。

《元史》记载表明，自元代初期开始蒙古上层崇尚藏传佛教萨迦派，使佛教在蒙古上层社会中逐渐成为"国教"般的"贵族宗教"。但是，到公元 1368 年元朝失去对中原的统治为止，萨满教依然是蒙古地区下层广大民众最为崇尚的宗教。不仅如此，蒙古统治者退出北京，开始进入北元（1368—1634）与明朝并存时代之后，佛教在蒙古社会中逐渐走向了衰退 ②。与此相反，蒙古的萨满教却有复苏的趋势。

在以往的蒙古佛教史研究论著中，很少提到 16 世纪后期蒙古大汗土蛮·扎萨克图汗（1558—1592 年在位）制定法规，以法律的形式禁止萨满教的事。但在蒙古文史书中有这方面的记载。蒙古大汗打来孙·枯登汗（1520—1557）长子土蛮（图门）台吉在戊午年（1558）继承大汗汗位之后，曾制定"大法规"，禁止萨满教。关于土蛮·扎萨克图汗禁止萨满教的史事，蒙古文史书《蒙古源流》（Erdeni-yin Tobči）中有较详细的记载。

蒙古文史料原文拉丁转写：

"tümen tayiǰi, gi γaqai ǰiltei, qorin nasun-iyan, uu morin ǰile qaγan saγuǰu, γučin naiman-iyan bing quluγuna

---

① ［明］宋濂等撰《元史》第十五册卷二百二，中华书局，1987 年，4517 — 4518 页。

② Walter Heissig, the Religions of Mongolia, University of California Press, 1980, pp.24—25.

ǰile, ildün ǰanggiduɣči ɣarm-a lam-a-luɣ-a učiraldun, šasin-u qaɣalɣ-a-dur oroǰu, ǰirɣuɣan tümen-i čuɣlaɣulun, yeke čaɣaǰi-yi edegeged, ǰegün tümen-eče čaqar-un namudai qung tayiǰi, qalq-a-yin üiǰeng subuqai, baraɣun tümen-eče ordos-un qutuɣtai sečen qung tayiǰi, [asud-un nomdara qulači noyan, tümed-ün namudai čürüge qung tayiǰi] edün-iyer ǰasaɣ-i bariɣulǰu, ǰasaɣ-tu qaɣan kemen qotala ǰüg-tür aldarsiǰu,

narbai yeke ulus-un törö-yi esen tayibing bolɣaɣad"①

蒙古文史料汉译：

"土蛮台吉生于己亥年②，戊午年即位，时年二十岁。[他]于丙子年三十八岁时拜见了系结大刀的噶儿麻（噶尔玛）喇嘛，皈依佛门，聚集起六万户人众，制定了大法规，指令（蒙古）左翼万户中察罕儿（察哈尔）[万户]的那木大·黄台吉（皇台吉）、罕哈（喀尔喀）[万户]的威正·速不亥、右翼万户中阿尔秃斯（鄂尔多斯）[万户]的忽图黑台·切尽·黄台吉（库图克台·彻晨·鸿台吉）、阿速部的那木答喇·合落赤诺颜、土蛮（土默特）万户的拿纳木歹·扯力克·皇台吉这几个人执掌法规，以'扎撒黑图合罕'（即土蛮·扎萨克图汗——引用者）之名扬名四面八方，使广大国家政局太平。"③

以上《蒙古源流》所载史料中，"土蛮台吉"便是土蛮·扎

---

① 蒙古文原文参见 Erdeni-yin Tobči, öbör mongyol-un arad-un keblel-ün qoriy-a, 1980, 67 V 以及 šhastina, šhara Tudǰi, Moskva-Leningrad, 1957, Text, p.74。

② 此处原汉译"乙亥年"，误。实为"己亥年"。

③ 汉译参见乌兰著《〈蒙古源流〉研究》，沈阳：辽宁民族出版社，2000年，360 页。

萨克图汗，又译"图门·扎萨克图汗"等，他是在1558年至1592年间在位的16世纪后期蒙古大汗。土蛮·扎萨克图汗，无论在丙子年（1576）拜见喇嘛、"皈依佛门"方面，还是在"制定大法规"任命五大臣使他们在蒙古各大万户"执掌法规"方面，都做出了不可磨灭的先驱性功绩。尤其在此所说，蒙古大汗"制定大法规"，具体指的就是土蛮·扎萨克图汗皈依佛法后制定的、禁止萨满教的"法规"。对此，德国著名蒙古学学者海西希曾有一段精辟的论述和明确的解释，并强调土蛮·扎萨克图汗早在"1558—1583年间的立法"活动。海西希写道："有关喇嘛教（引用者并不认同"喇嘛教"这一称谓）祖师们对萨满教的禁废、迫害和镇压的记载，成了自16世纪末以来蒙古人第二次皈依的一条纲。某些敌视萨满教的措施，比如扎萨克图汗（指土蛮·扎萨克图汗——引者）于1558—1583年间的立法和阿勒坦汗在土默特部于1577—1578年间的法令都禁止拥有翁衮（翁古特）偶像和以血祭来对它们进行祭祀，并且以严厉的惩罚来对其进行了镇压。"①

上引蒙古文史书《蒙古源流》的记载和蒙古学学者海西希的相关考述等都表明，16世纪后期蒙古大汗土蛮·扎萨克图汗，早在1558—1583年间首先以法令的形式对萨满教加以禁止，并拉开了蒙古地区佛教与萨满教对抗的历史序幕。土蛮·扎萨克图汗对萨满教的禁令及其任命以"那木大·黄台吉"为首的五大臣使他们在察哈尔、喀尔喀、鄂尔多斯、土默特等蒙古六万户人众中"执掌法规"的重大举措以及土蛮·扎萨克图汗本人于丙子年（1576）拜见"噶儿麻（噶尔玛）喇嘛，皈依佛门"的活动等，在时间上都早于后来1578年土默特万户首领阿勒坦汗在青海迎接西藏高僧索南嘉措（后来的三世达赖喇嘛）正式皈依佛教的活动。但是，

---

① ［意］图齐、［西德］海西希著，耿昇译、王尧校订《西藏和蒙古的宗教》，天津古籍出版社，1989年，387页。

以往的蒙古佛教史论著一般都说，16 世纪后期蒙古人的再次皈依佛教活动始于阿勒坦汗。笔者认为，这种说法是否符合史实，值得进一步认真研究和考证。

第二节　16 世纪后期蒙古土默特阿勒坦汗对萨满教的禁止

在 16 世纪中叶即 16 世纪 50 年代，蒙古本部右翼三万户之一土默特万户首领阿勒坦汗率军在青海方面的远征中与僧人有了接触。关于这次西征，蒙古文史料《阿勒坦汗传》（Erdeni tunumal neretü sudur orosiba）中有明确记载。

蒙古文史料原文拉丁转写：

　　"tegün-ü qoyin-a morin ǰil-e altan qaγan singqula-
bar daban ayalaǰu,

　　tere ayan-dur töbed-ün olan qudaidučin-luγ-a
ǰolγalduǰu,

　　tede-lüge bayilduǰu daruγad asaraqui sedkil-iyer,

　　tende mingγan lam-a-yin amin-i aburaǰu talbiγsan
bülüge."①

蒙古文史料汉译：

　　"后于马年（1558 年）阿勒坦汗经星胡拉越（山）远征，

　　在远征中遇见众多藏族商人，

　　经过与他们战斗将其征服，

　　心发慈悲就地饶恕释放喇嘛一千人。"②

---

① 蒙古文原文参见珠荣嘎译注《阿勒坦汗传》，呼和浩特：内蒙古人民出版社，1991 年，第 217—218 页第 85 节以及日本吉田顺一等合译的日文版《"阿勒坦汗传"译注》（吉田順一他共訳注《"アルタン・ハーン伝"訳注》，東京・風間書房，平成 10 年 [1998 年]3 月），第 577 页 11a 原文影印件。
② 汉译参见珠荣嘎译注《阿勒坦汗传》，呼和浩特：内蒙古人民出版社，1991 年，56 — 57 页。

　　上引史料显示，蒙古右翼土默特阿勒坦汗的军队在西征途中，不仅与藏族僧人有了接触，而且出于慈悲心，饶恕和释放了一千名僧人。

　　时隔几年，蒙古右翼鄂尔多斯万户贵族库图克台·彻晨·鸿台吉又率军在丙寅年（1566）出兵吐蕃。那年，库图克台·彻晨·鸿台吉的军队在三河汇流地区扎营后，向"大卜儿萨喇嘛、禅些喇嘛、打儿汉喇嘛"等僧人遣使劝降。库图克台·彻晨·鸿台吉表示，如果对方归降，蒙古人愿意奉行佛教。如果对方不归降，扬言要进攻。经过一番交涉和威胁，库图克台·彻晨·鸿台吉的军队收服了三河汇流地区的吐蕃人众，并将几名僧人带回蒙古。关于这一史事，蒙古文史书《蒙古源流》（Erdeni-yin Tobči）中是这样描述的。

　　蒙古文原文拉丁转写：

　　"tendeče ɣurban ɣool-un töbed-i aɣulǰu abun talbiɣad, blergen lam-a asdoɣ sayiqan bandi, asdoɣ wčir tümei sangɣasba ɣurban kiged-i mongɣol-un ɣaǰar-a abču iren, wčir tümei-tür uqančü čindan kemegdekü gergei, güi-ung qonǰin čola ögčü, tüsimed-ün terigün bolɣan ergübei."[1]

　　蒙古文史料汉译：

　　"由此 [库图克台·彻晨·鸿台吉] 收聚起三河地区吐蕃人众，给予安置，将卜勒儿干喇嘛、阿思朵黑·赛罕班第、阿思朵黑·瓦只辣·土麦·桑哈思巴三人带回蒙古地方，赐给瓦只辣·土麦名叫兀罕出·陈坦的妻子以及'国王·洪金'之称号，并封他为众臣之首"[2]。

　　由此可见，蒙古右翼鄂尔多斯万户贵族库图克台·彻晨·鸿

---

① 蒙古文原文参见 Erdeni-yin Tobči, öbör mongɣol-un arad-un keblel-ün qoriy-a, 1980, 71r.

② 汉译参见乌兰著《〈蒙古源流〉研究》，沈阳：辽宁民族出版社，2000 年，366 页。

台吉率领的军队，在西征吐蕃时不仅收服"吐蕃人众"，而且将其僧人带回蒙古，赐予称号，并封为"众臣之首"。

在另一方面，西藏喇嘛在蒙古地区也积极进行传教活动。比如据《阿勒坦汗传》记载，在辛未年（1571），通称名曰"阿兴"（A seng，阿升）的西藏喇嘛来到蒙古土默特万户后，向阿勒坦汗详细解释了生死轮回、因果报应等佛教教义和皈依佛教的好处。由于阿兴喇嘛的劝说和提案，以阿勒坦汗为首的蒙古土默特万户诺颜和官员们听从阿兴喇嘛所言，决定从西藏邀请高僧，为此于甲戌年（1574）向西藏派遣了携带书信和配备金银的使团①。

时隔两年左右，库图克台·彻晨·鸿台吉从青海商人那里听到拉萨哲蚌寺住持索南嘉措（bsod-nams-rgya-mtsho, 1543—1588）的名声，劝说叔祖父阿勒坦汗皈依佛教，并向阿勒坦汗建议，邀请西藏高僧索南嘉措到青海会晤。

丁丑年（1577），阿勒坦汗派遣了迎请索南嘉措到青海的第二批使者团。同年十一月，索南嘉措从拉萨哲蚌寺启程前往青海，于次年（1578）年初进入青海玉树境内。1578年五月，索南嘉措一行经过长途跋涉终于抵达青海湖滨②。阿勒坦汗也率领包括库图克台·彻晨·鸿台吉等大臣的庞大使团抵达青海湖湖滨的"察卜齐雅勒"寺③，与藏传佛教格鲁派高僧索南嘉措会晤，举行了"近

---

① 珠荣嘎译注《阿勒坦汗传》，呼和浩特：内蒙古人民出版社，1991年，79—95页。

② 丹珠昂奔主编《历辈达赖喇嘛与班禅额尔德尼年谱》，北京：中央民族大学出版社，1998年，42—43页。

③ "察卜齐雅勒"也译作"恰卜恰"，该寺由阿勒坦汗之第四子丙图（丙兔）台吉主持兴建于万历二年（1574）。万历五年四月，明帝赐名"仰华寺"。十九年（1591），被明军焚毁（珠荣嘎译注《阿勒坦汗传》汉译本，96页及100—101页）。

十万人的集会"①。这个近十万人察卜齐雅勒大会,通常被作为佛教（或许应当说格鲁派）开始在蒙古地区第二次兴盛的标志性史实来描述。

1578年察卜齐雅勒大会以来,随着佛教在蒙古社会的逐渐渗透,与蒙古人固有的萨满教之间的对抗日趋明显。佛教与萨满教的对抗与相互融合已成为16世纪后期以来蒙古精神文化史的一大特征。这主要是由以下两大原因所致。

其一,在16世纪后半期至17世纪上半期,蒙古人有以成吉思汗"八白帐"祭祀为主的"成吉思汗信仰"②之外,蒙古人还皈依、信奉逐渐从西向东渗透的藏传佛教。更重要的是,这一时期萨满教在蒙古广大民众当中依然广为流行,尤其在漠南蒙古东部地区萨满教更为盛行。

关于萨满教在漠南蒙古东部地区的流行,最详细的蒙古文史料便是1739年北京木刻版蒙古文史料《详述圣内齐托音达赖满珠习礼传说之如意念珠》（Boyda neyiči toyin dalai manjusrii-yin domoγ-i todorqay-a geyigülügči čindamani erike kemegdekü orosiba）,以下在汉文表述中我们将简称《内齐托音一世传》。对蒙古文史料《内齐托音一世传》的前人研究成果中,为时最早、最为详尽的国外研究成果,当是德国著名蒙古学学者海西希的1953年长篇论文及翻译。海西希该长篇论文,将蒙古文《内齐托音一世传》作为研究佛教与萨满教之间斗争的基本史料,主要对其作者、内齐托音一世的传道

---

① 五世达赖喇嘛阿旺罗桑嘉措等著,陈庆英、马连龙等译《一世—四世达赖喇嘛传》（一世至四世达赖喇嘛传汉译合并本）,北京:中国藏学出版社,2006年第一版,234页。

② 关于"成吉思汗信仰"这一新概念,详见笔者于2002年在日本发表的拙文《16—17世纪蒙古精神史上的成吉思汗形象》（日文原文:M.エルデニバートル[额尔敦巴特尔],《16～17世紀のモンゴル精神史におけるチンギス・ハーン像》,東京『三康文化研究所年報』第33号,平成14年[2002年]3月30日,pp.31—49）。

过程与方法、17 世纪上半叶漠南蒙古东部地区宗教概况、"纯"萨满教的作用以及 1739 年蒙古文《内齐托音一世传》与 1819 年藏文《蒙古佛教史》的比较等诸多方面，进行了详尽的阐述和研究①。据这一蒙古文《内齐托音一世传》记载，17 世纪上半期的漠南蒙古东部地区，"佛教在这个地区尚未传播"(ene jüg-tür burqan-u šasin tedüi ese delgereged)②，反而崇拜萨满教巫师与巫婆的现象还相当普遍。另外，佛教尚未深入人心而人们仍然崇尚萨满教祖灵神像"翁古特"的蒙古社会中，还存在着血腥的"殉葬"③ 现象。这表明当时蒙古社会中还普遍存在着具有萨满教性质的祖灵神像"翁古特"崇拜和对死者的殉葬制性质的血祭风俗习惯等。

　　总而言之，蒙古人自古以来信仰萨满教，成吉思汗逝世以后一直举行成吉思汗祭祀和 16 世纪后期以来又再度皈依佛教等历史事实表明，从蒙古精神文化史的角度来说，在 16 世纪后半期至 17 世纪上半期的蒙古人精神世界中，主要同时存在着萨满教信仰、佛教信仰和成吉思汗祭祀这"三大信仰体系"④。后来随着藏传佛教在蒙古社会的进一步传播和渗透，逐渐淡化了萨满教，

① 　W.Heissig, A Mongolian Source to the Lamaist Suppression of Shamanism in the 17th Century, ANTHROPOS,Vol.48,1953,pp.1 — 29; 493 — 536.
② 　成崇德、申晓亭译注《内齐托音一世传》汉译本（1990），载中国社会科学院中国边疆史地研究中心编《清代蒙古高僧传译辑·蒙古卷》87—164 页，全国图书馆文献缩微复制中心出版，1990 年，128 页；蒙古文原文参见：cindamani erike , 53r–53v.
③ 　乌兰著《〈蒙古源流〉研究》，沈阳：辽宁民族出版社，2000 年，第 429 页。
④ 　笔者于 2003 年 3 月在日本大正大学答辩通过的博士学位论文中，首次提出和系统阐述了 16 — 17 世纪蒙古精神文化史的"三大体系"理论。参见日文原文：M. エルデニバートル [额尔敦巴特尔] 博士論文：《16-17 世紀のモンゴル宗教史の研究——"ニーチ·トイン一世伝"をめぐって》，日本大正大学，2003 年 3 月。其英文题目、作者英文署名以及查阅记号为：Studies on Religious History of Mongolia in the 16th and 17th Centuries: With the Focus on the Biography of Neyichi Toyin the First, by M.Erdenebaatar, pp.211,March 2003, Tokyo， 日本国会图书馆查阅记号：UT51–2003 –E224.

也逐渐使成吉思汗祭祀活动具有了"佛教化"的因素。

其二，出于佛教传播的需要，自16世纪后半期开始，当时蒙古大汗土蛮·扎萨克图汗和蒙古右翼土默特万户首领阿勒坦等蒙古统治者，都制定法规，以法律的形式禁止了萨满教。

关于蒙古大汗土蛮·扎萨克图汗禁止萨满教的史事，我们在上节已经论及，在此不予赘述。下面根据《阿勒坦汗传》《蒙古源流》和《三世达赖喇嘛传》等蒙藏史料记载，就土默特万户首领阿勒坦汗在1578年察卜齐雅勒大会上发布的禁止萨满教的"十善法规"①及其核心内容作一番梳理和分析。

我们先看看17世纪初成书的蒙古文史书《阿勒坦汗传》记载，其中有如下简要而明确的禁止萨满教的描述。

蒙古文史料原文拉丁转写：

"γayiqamsiγ nom-un altan qaγan ekilen qotala
bügüdeger süsüg bisirel-i egüskeǰü bür-ün,

γadaγadu ongγod čalig-ud-un endegüregsen-i
tüimeridüged,

γani mungqaγ böge udaγan-i doroyitaγul-un usadqaǰu,

γabiy-a-tu degedü nom-un törö-yi kiib ǰanggiy-a
metü bolγaǰu."

蒙古文史料汉译：

"妙阿勒坦诺们汗（法王）为首皆起崇信之心，

焚毁外道谬误之翁衮（神像）和察里格（神像），

使愚昧之孛额（巫师）、乌达干（巫婆）衰落消亡，

———————————

① 笔者在此仅探讨禁止萨满教的"十善法规"内容。至于1578年察卜齐雅勒大会其他各项内容，详见日本学者井上治（INOUE Osamu）日文论文之详尽的论述。（井上治：《アルタンとソナムギャムツォのチャブチャール会見とその意義》《アジア·アフリカ言語文化研究》第59号，東京外国語大学，2000年，89—138页）

使有功无上正法之政固如金刚结般。"①

从上引史料中不难看出，在此蒙古右翼土默特阿勒坦汗已成为"法王"，并以他为首的蒙古民众对佛教产生了崇信之心。既然大家都皈依佛教，那就得"焚毁"以往蒙古人信奉的萨满教"谬误"的祖灵神像"翁衮"或翁古特神像，使"愚昧"的萨满教巫师、巫婆走向衰落消亡和"正法之政"得以巩固。

其次，另据17世纪中叶的蒙古文史书《蒙古源流》记载，为了禁止在蒙古地区盛行的萨满教，蒙古右翼土默特万户首领阿勒坦汗，颁布了"十善"②法规，而且这"十善"法规中则包括以下一些内容。

蒙古文史料原文拉丁转写：

"urida moŋol ulus kümün ükübesü, činege činegeber-iyen temegen morin-i alaǰu, qoyilaɣ-a kemen qamtu bulaqu bülüge. edüge tegüni tebčiǰü činege činegeber-iyen, nom-un ǰüg-tür ǰoriɣdaqui, jil ba, saran-tur, sem, bačaɣ kiged naiman gesigütü bačaɣ-i barituɣai. [……] sara-yin ɣurban bačaɣ-un edür-e, mal-un amin tasulaqui, görögesün sibaɣun abalaqui tebčitügei. toyid naran nom-un törö-eče dabaǰu, gergei abubasu, nom-un ǰasaɣ-iyar niɣur inu kögeteǰü, süm-e sitügen-i ɣurban-ta buruɣu ergigülün üldeǰü orkin kesegetügei. ubasi ubasanǰa-nar nom-un törö-eče dabaǰu, amin nitulbasu, uridučilan kesegeged alban-

---

① ［意］图齐、［德］海西希著、耿昇译、王尧校订《西藏和蒙古的宗教》，天津古籍出版社，1989年，387页。
② 佛教所提倡的"十善"中，首先是"不杀生"，其次依次为"不偷盗、不邪淫、不妄语、不绮语、不恶语、不两舌、不贪欲、不嗔恚、不邪见"。这些"十善"中，"不杀生、不偷盗、不邪淫"等三项为身体的戒律；"不妄语、不绮语、不恶语、不两舌"等四项为语言的戒律，"不贪欲、不嗔恚、不邪见"等三项为心灵的戒律。

dur oroγultuγai. toyid ubasi-nar darasun uubasu, bükü-yi
inu tarqaγatuγai kemekü terigüten, uridaki töbed-ün γurban
zakrawar-un qaγan, monγol-un qubilai sečen qaγan-u čaγ-
taki qaγučin üliger-ün sudur-nuγud-luγ-a barilduγulun,
arban buyantu nom-un čaγaji-yi ed[e]gen bayiγulju."①

蒙古文史料汉译:

"从前,蒙古人中有人死后,[家人]尽力宰杀骆驼、
马匹作为殉葬牺牲一同埋葬。如今愿屏除那种[恶习],
转为尽力致心于佛法,每年、每月坐禅斋戒,持守八节之
斋戒……禁止在每月把斋的三天日子里宰杀牲畜、放鹰
打猎。如果有僧人违犯教规娶妻,则依照教规涂抹他的
面孔,责令他绕着寺庙倒行三周,然后逐出,以为惩戒。
如果有乌巴什、乌巴散札等违犯教规伤害性命,则依照前
例予以处治、使其服役。如果比丘、乌巴散札等饮酒,则
没收其全部[财物]等等。[这样]参酌从前吐蕃三转轮
王、蒙古忽必烈·薛禅皇帝时期的旧典章,创立了十善法
规。"②

从以上史料看,禁止萨满教的这一"十善法规"核心内容是,
要求蒙古人将萨满教的以血祭为主要特点的殉葬习惯改正过来,
致力于遵守佛教的教义;禁止人们在斋期"宰杀牲畜",惩戒"伤
害性命";如有僧人等违反教规,将给予各种惩罚等内容。

值得注意的是,西藏方面的史料《三世达赖喇嘛传》中也有
极其类似的"十善法规"内容,其中写道:

"从前,蒙古人死后,按其贵贱尊卑,以妻妾、奴仆和马牛

---

① 蒙古文原文: Erdeni-yin Tobči, öbör mongγol-un arad-un keblel-ün qoriy-a,
1980, 77r-77v.

② 汉译对乌兰著《〈蒙古源流〉研究》(沈阳:辽宁民族出版社,2000 年)
429—430 页译文略加改变。

等殉葬。今后凡是用来宰杀祭祀的马牛等财物，都要心甘情愿地献给僧伽和上师，请求为死者做回向祈愿，严禁杀生祭祀者。倘若依旧杀人殉葬，则要依法处死；如果宰杀牲畜殉葬，则要依法没收其全部家产；倘若谩骂殴打上师和僧伽者，则抄没动手者的全部家产。以前，对于称作'翁衮'[祖灵神像]的死者偶像，在每月之初八、十五和三十日宰杀牲畜用血进行月祭。如果违法宰杀牛马祭祀，则罚其十倍的牲畜。假如拒不烧毁那些偶像，将摧毁其家。以六臂智慧怙主代替翁衮，只准用三乳品（奶酪、牛奶和酥油）对他进行供养，决不允许以血肉供养。此外，每个人都要勉励从善，每月初八、十五和三十日要持斋守戒，对汉、藏和霍尔[蒙古]三族不能无端抢掠。总而言之，在卫藏所实行的那样的法律，也要在这个地方[蒙古]实行。"①

上引"十善法规"之各种规定，是蒙古右翼土默特万户首领阿勒坦汗与西藏佛教格鲁派高僧索南嘉措（即三世达赖喇嘛）于1578年在青海湖滨"察卜齐雅勒"寺会晤时颁布的。当时在那次青海"近十万人集会"上，由右翼蒙古贵族库图克台·彻晨·鸿台吉用蒙古语作演说，并通过固始巴克式的翻译公布了汉、藏和蒙古一切民众务必遵守的以上"十善法规"各种内容。从上引西藏方面的史料记载来看，其规定更为具体，特别强调了废除蒙古殉葬制、严禁杀生祭祀，烧毁祖灵神像"翁衮"、用"六臂智慧怙主"（即六臂嘛哈噶喇佛像）代替称作"翁衮"的"死者偶像"，要求人们勉力从善、严守斋戒等。

如上所述，蒙藏三部史料中所体现的阿勒坦汗对萨满教的禁令，其核心内容可以这样概括：它首先要求蒙古人皈依佛教，崇尚佛教教义，禁止为祭奠死者而杀生祭祀的蒙古殉葬制度；要烧

---

① 五世达赖喇嘛阿旺罗桑嘉措等著，陈庆英、马连龙等译《一世—四世达赖喇嘛传》（一世至四世达赖喇嘛传汉译合并本），北京：中国藏学出版社，2006年第一版，235页。

毁萨满教的信仰物即称作"翁古特"或"翁衮"的祖灵神像，禁止蒙古人曾为祭奠祖灵神像而举行的血祭，促使萨满教的巫师和巫婆衰落消亡；禁止蒙古人在斋期宰杀牲畜，今后如有宰杀牲畜之理由，也要修正心灵，将要宰杀的牛马等家畜献给喇嘛和僧侣，以求祈愿；必须用"六臂智慧怙主"即嘛哈噶喇佛像等佛像来代替蒙古人称作"翁古特"或"翁衮"的萨满教祖灵神像，用非"血祭"的方式供养佛像。

以上这些禁止萨满教习俗的法规表明，它实际上就是要求改变蒙古人萨满教的信仰体系，促使蒙古人皈依佛教，接受佛教教义的强制性法律举措。换言之，蒙古土默特万户首领阿勒坦汗在1578年察卜齐雅勒大会上颁布的"十善法规"，是对萨满教的严厉的禁令。因此，无疑对当时蒙古人所信奉的萨满教造成一次沉重的打击。但是，那些"十善法规"主要禁止了蒙古人为死者宰杀牲畜而举行殉葬的习惯和祭奠祖灵神像"翁古特"或"翁衮"的血祭仪式等，而它并没有禁止蒙古人从日常生活需要出发，宰杀家畜，食用肉食的生活饮食习惯，更没有全面禁止萨满教的其他风俗习惯。这就是说，蒙古人萨满教风俗习惯并不是在短期内通过一两次禁令而能够改变的，而应当说佛教与萨满教之间的对抗，经过了一个较长的争斗历史进程。关于这一点，我们将在下一节进一步加以探讨。

第三节　蒙古高僧内齐托音一世与萨满教的争斗

16世纪后半期，蒙古大汗土蛮·扎萨克图汗对萨满教的禁止和蒙古右翼三万户之一土默特万户首领阿勒坦汗对萨满教的禁止，都只不过是当时蒙古地区佛教与萨满教对抗的历史序幕。因为佛教到17世纪上半期即清朝初期才在蒙古地区取得决定性胜利，并逐渐确立其在蒙古人精神世界中的优势地位。在这佛教与萨满教之间漫长的对抗历史进程中，西部厄鲁特（卫拉特）蒙古出身的蒙古高僧咱雅·班底达·纳姆海嘉木苏（1599—1662）和同样厄鲁特蒙古土尔扈特部出身的蒙古高僧内齐托音一世(1587— 1563）等在禁止萨满教、弘扬佛教方面都做出了各自突出的历史贡献。在这里我们对咱雅·班底达的事迹暂且不谈，而仅对内齐托音一世与萨满教的争斗史事加以梳理和探讨。

关于蒙古高僧内齐托音一世与萨满教的争斗，其蒙古文传记记载尤为详细。下面我们根据 1739 年清代木刻版蒙古文史料《详述圣内齐托音达赖满珠习礼传说之如意念珠》（Boγda neyiči toyin dalai maňjusrii-yin domoγ-i todorqay-a geyigülügči čindamani erike kemegdekü orosiba，汉译简称《内齐托音一世传》）① 记载，并结合其他文献记载加以探讨。

内齐托音一世的乳名称"阿毕达"，他虽然出生在西部厄鲁特（卫拉特）蒙古土尔扈特部，但其后半生的主要传教活动地区却在漠南蒙古"库库河屯"（今呼和浩特）郊外山洞和漠南蒙古的东部地区。内齐托音一世在漠南蒙古同萨满教的争斗和传教的方法别具一格，具有以下几点显著特点。

首先，为了使蒙古王公和民众皈依佛教，内齐托音一世下令收集萨满教的信仰物"翁古特"，将这些祖灵神像大量烧毁。

据清代木刻版蒙古文史料《内齐托音一世传》记载，17 世纪上半期的漠南蒙古东部地区（大致为今内蒙古东部地区），大多数人都祭祀祖灵神像"翁古特"。而且在内齐托音喇嘛一行巡游到此地之前，当地的萨满教巫师们就商议说：

蒙古文史料拉丁转写：

"baraγun jüg-eče nige yeke siditü blam-a iremü, tere

————————————

① 这部清代木刻版蒙古文《内齐托音一世传》，在内蒙古社会科学院图书馆和日本东洋文库都有所藏。笔者于 1998 年至 2003 年在日本大正大学攻读博士学位期间，已收藏东洋文库所藏蒙古文《内齐托音一世传》影印件。

kürčü irebesü man–dur toγtaǰu saγuqu oron ügei–yin tula,
ta [tere] man–i uribaču bide ireǰü bolqu ügei."①

蒙古文史料汉译：

  "西方要来一位神通广大的喇嘛，他若是来了，我们
就没有立足之地了，他（喇嘛——引者）若是请我们的话，
我们都不去。"②

  果然，后来当内齐托音喇嘛带领弟子们来到漠南蒙古东部地
区传教，邀请巫师们参加法会时，巫师们不但没有来参加喇嘛主
持的法会，反而进行了各种反抗活动。针对萨满教巫师们的反抗，
内齐托音喇嘛采取了劝说与禁止两种举措并用的手段。据蒙古文
《内齐托音一世传》记载，首先内齐托音喇嘛劝告大家说（蒙古
文史料拉丁转写）：

  "ta ene ǰüg–ün wang beyise güng yeke baγ–a noyad
tegüs bisirel–ten qola oyira–ača čiγuluγsan bügüde erten–ü
buyan ba γurban erdeni–yin adistid–un küčün–iyer čilüge
učaral–tu sayin sitügen–i oloγsan ene γayiqamsiγ bögetele
neyite bügüde ongγod–i takiγsan–iyar ene nasun–dur tusa
ügei–yin degree qoortu boloγad, asida–yin tonilqui–dur
yeke tüidker bolqu–yin tula ongγod–i takiqui–ban tebčiǰü ,
ilangγuy–a γurban erdeni–yi degeǰilen ergün takibasu, ene
qoyitu qoyar–tur maγad tusa bolomu."③

蒙古文史料汉译：

  "贵地的王、贝勒、贝子、公、大小诺颜、忠实信徒们不
分远近前来集会，众人在先人的福佑及三宝的神佑下，机
缘好，找到了信仰，这是令人赞叹的。但是你们大家都祭

---

① 蒙古文史料《内齐托音一世传》原文参见：čindamani erike , 53r —53v.
② 汉译参见成崇德、申晓亭译注《内齐托音一世传》汉译本（1990），128页。
③ 蒙古文史料《内齐托音一世传》原文参见：čindamani erike ,53v.

祀翁古特(祖灵神像),这对现世无益反而有害,对永世的解脱是个障碍,因此要禁祭翁古特,敬奉三宝,如此去做,必有益处。"①

由此可见,内齐托音喇嘛首先肯定蒙古人在先人的福佑和佛教"三宝"(即佛法僧)的保佑下,找到了佛教信仰。但同时指出,蒙古人祭祀萨满教的祖灵神像"翁古特"是有害无益的,因此必须禁止祭祀"翁古特",改而敬奉佛教的"三宝",人们才能得到更好的利益。对于如此劝说与说教,蒙古王公、贵族们似乎也比较信服。但是,内齐托音喇嘛不仅仅停留于劝说与说教,还进一步采取了派人没收蒙古人祖灵神像"翁古特",将其烧毁的强硬措施。关于这一点,在蒙古文《内齐托音一世传》中有如下较详细的表述。

蒙古文史料拉丁转写:

"ǰarliɣ-un yosoɣar öber öber-ün / qariy-a-tu elči kiged blam-a-yin šabi / nijeged quwaraɣ selte-yi ǰüg büri -dür ulaɣ-a unuɣul-un ǰaruɣsan / tede-ber, noyad ba tüsimed / qaračus bügüde-yin gerte oroǰu // ongɣod-iyan ɣarɣaǰu man-dur ög / kemeküi dür.. ǰarim anu darui ɣarɣaǰu / öggömüi, ǰarim-ud öber- iyen ɣarɣaqui / ača ayuǰu tende bui kemen qosiɣu /-bar dokiǰu ǰiɣaɣsan-i quwaraɣ / ba..elči-nar tedeger ongɣod-i / čuɣlaɣulǰu abun bükü ǰüg-eče / quraǰu ireged.. blam-a-yin ɣadan-a / abču iregsen-i dörben qanatu / ger-ün tedüi oboɣalaǰu ɣal dur /tüleged.. tere metü buruɣu / üǰel-i tasul-un burqan-u šasin-i / gkir ügei bolɣabai." ②

① 汉译参见成崇德、申晓亭译注《内齐托音一世传》汉译本(1990),128页。
② 蒙古文史料《内齐托音一世传》原文参见:čindamani erike,53v — 54r.

蒙古文史料汉译：

"遵从[喇嘛]（指内齐托音喇嘛——引者）旨令，派所属使者各跟随一僧人骑马到所有诺颜、官员、百姓的家中驱除翁古特。他们说：'把翁古特交给我们！'有的人自己交出来，有的自己不敢动，（将翁古特）指点给僧人和使者。僧人和使者把这些翁古特从各处收集来，拿到喇嘛（指内齐托音喇嘛——引者）门外，堆成四个哈那蒙古包那样大的一堆，用火烧毁。就这样埋葬了异端邪说，纯洁了佛教。"①

上引史料显示，蒙古王公贵族们遵从内齐托音喇嘛的旨令，派遣由使者和僧人组成的使者团到所有蒙古诺颜、官员和百姓家中收集萨满教的祖灵神像"翁古特"，并把这祖灵神像"翁古特"拿到内齐托音喇嘛门外，堆成由四个哈那（蒙古包围墙支架）构成的蒙古包那样大的一堆后，进行了烧毁。另外，史料中所说的"异端邪说"显然是指萨满教，所以烧毁了萨满教的信仰物、祖灵神像"翁古特"，就等于"埋葬"了萨满教，使人们改而信奉佛教。

其次，为了在蒙古地区弘扬佛教，内齐托音一世对佛经背诵者采取了赏给牛马的奖励举措。

在蒙古科尔沁部土谢图汗奥巴在世的年代，具体而言，即在天聪六年（1632）九月土谢图汗奥巴逝世②之前，内齐托音喇嘛一行就已经从"库库河屯"（今呼和浩特）地区游历到漠南蒙古东部科尔沁地区传教。据蒙古文《内齐托音一世传》记载，当时，内齐托音喇嘛曾采取如下的奖励举措。

蒙古文史料拉丁转写：

---

① 成崇德、申晓亭译注《内齐托音一世传》汉译本（1990），128页。

② 据《土谢图汗奥巴列传》记载，蒙古科尔沁部土谢图汗奥巴在天聪六年（1632）九月卒。（包文汉、奇·朝克图整理《蒙古回部王公表传》第一辑，呼和浩特：内蒙古大学出版社，1998年，144页）

"burqan-u sasin-i sine delgeregülküi /-dür
nigülesküi-yin uran arγabar / uduridqu-yin tula,
ǰarlaγuluγsan /anu quriyangγui čigeǰilegsen[čegeǰilegsen]
kümün /-dür mori öggöy-e/ yamandaka [<skt. yamantaka]
čegeǰilegsen kümün /-dür üker öggöy-e / kemegsen
ǰar-i sonosoγad, /sača.. ügegün yadaγun arad /čöm
oyun-u činege-ber / nom čegeǰilebei. busud-ača /urida
čigeǰilegsed[čegeǰilegsed]-tür / ǰarlaγsan yosoγar mori /
üker šangnaǰu öggögsen-ü / tula..ulam tere-kü yosoγar /
daγan daγuriyan, yeke baγ-a / nom-ud-i čegeǰilegseger //
süsüg-ten olan bolǰu . / šasin delgeregsen-ü qoyina /tüsiy-
e-tü qaγan γasalang /-ača nögčiǰüküi."①

蒙古文史料汉译:

"为重新弘扬佛教,以慈悲之法引导众人,宣告:'凡
记住《(秘密)集要》者,赏给马;凡记住《阎曼德迦》者,
赏给牛。'贫苦百姓闻此令后,都大启智慧背诵佛经。那
些先行者按规定奖得马和牛,于是众人跟随,不论大小佛
经都去背诵。如此,信徒日益增多,佛教传播后土谢图汗
逝世。"②

由此可见,一世内齐托音喇嘛于 1632 年土谢图汗奥巴逝世
之前在漠南蒙古东部科尔沁土谢图汗游牧地,不仅以巧妙的语言

---

① 蒙古文史料《内齐托音一世传》原文参见:čindamani erike , 46v.
② 成崇德、申晓亭译注《内齐托音一世传》汉译本(1990),123 页将史
料最后一段误译成"佛教的传播为土谢图汗消了灾"。而且,最近在 2014
年重印蒙汉合璧《内齐托音一世传》时也没有改正这个误译。(参见 [清]
额尔德尼毕利衮达赖著,成崇德、申晓亭译注《内齐托音一世传》蒙汉合璧
本,呼和浩特:内蒙古大学出版社,2014 年 2 月第一版,第 23 页)其实,
此处蒙古文原文为"šasin delgeregsen-ü qoyina tüsiy-e-tü qaγan γasalang-ača
nögčiǰüküi",应当翻译为"佛教传播后土谢图汗逝世"。

劝说人们去抛弃萨满教的祖灵神像"翁古特"改而信奉佛教的佛法僧"三宝",而且对蒙古民众中的佛经背诵者采取了"赏给牛马"的奖励举措。"赏给牛马"这一奖励举措,由于符合蒙古人的游牧习俗和生活需要,赢得了众人的拥护,鼓舞了广大蒙古百姓背诵佛经的兴趣,从而使17世纪初期漠南蒙古东部地区佛教"信徒日益增多"。内齐托音喇嘛所采取的这种奖励举措,无疑对削弱萨满教、增强佛教的影响起了很大作用。

第三,为在蒙古地区弘扬佛教而同萨满教争斗的内齐托音喇嘛的宗教活动,不仅体现出喇嘛本人及其徒弟们的积极努力,而且体现出内齐托音喇嘛还力争赢得当时清朝皇帝和蒙古王公的支持。

一世内齐托音喇嘛传教活动的一个突出特点就是,游历各地传教时,力争赢得当地统治者、实权者的支持。一世内齐托音喇嘛,虽然出身于西部厄鲁特(卫拉特)蒙古土尔扈特部,但他在西藏学习佛经后,先去了漠北喀尔喀蒙古(今蒙古国),然后从喀尔喀蒙古来到漠南蒙古"库库河屯"(今呼和浩特)。在"库库河屯"郊外的山洞里修行多年后,总觉得禅师们长期住在一个地方不大合适,又从"库库河屯"的山洞带领弟子们出发,游历漠南蒙古中东部地区的许多地方进行了传教活动。

内齐托音喇嘛带领弟子们从"库库河屯"出发后,途经察哈尔、翁牛特等地,在去科尔沁土谢图汗府邸之前,先去了盛京(今沈阳),其目的就是向清太宗皇太极请安。关于这一点,在蒙古文《内齐托音一世传》中有如下详细记载。

蒙古文史料拉丁转写:

"delekei dakin-a qurmusta / boγda tayiǰung qaγan-u amuγulang-i / erikü-yin učar[učir]-tur.. γučin dgislüng [gelüng <T. dge-slong] sabi-yi daγaγulun, ögede bolǰu / mögden qotan-dur ǰalaraγad, boγda eǰen-ü/amuγulang-i erigsen-dür, boγda eǰen /niγur-iyar ǰolγaγulǰu, iregsen

oron /kiged oboγ iǰaγur nigen kedüi üge /asaγuγad yekede örösiyeged, kesig /qurim qayiralabai. tendeče boγda eǰen-ü /ǰarliγ čimayi üǰebesü nigen sayin/ blam-a aǰuγu. teyimü-yin tula minü / takil-un oron bolǰu saγu. čimadur /saγuqu süm-e keyid bariǰu öggöy-e / kemen ǰarliγ boloγsan-dur..blam-a /ayiladqar-un, boγda eǰen kemebesü/ delekei dakin-a yeke qaγan, bi kemebesü / orod orod-i bidügči öčüken / diyan-či boloγad, eǰen-e takiγdaqui /-dur, eǰen-ü yeke ner-e aldar-tur / tung teng ügei- yin tula, edüge / čaγ-un dulaγan-i erisčü mongγol-un / oron-a γarču, arasu körösü eriǰu / nigen kedün šabinar-tur qubčasu / kisügei kemen ayiladqaγsan-dur, boγda /eǰen ǰarliγ bolor-un bi čimayi takibasu /arasu körösü yambar berke bui kemen / ǰarliγ boloγsan-dur, boγda blam-a / basa basa ayiladqaγsan-dur, örösiyeǰü / ayiladqaγsan yosoγar boltuγai kemegsen-dür // blam-a γarqu-yin amuγulang eriged, / mongγol γaǰar-a ögede boloγsan." [①]

蒙古文史料汉译：

"为普天下之主·博格达太宗汗请安,（内齐托音喇嘛）带领三十名格隆弟子们前往盛京。在给圣主请安时圣主亲自会见,询问了他的出生地及宗族等后,赐恩设宴。然后,圣主敕曰:'看来你是个好喇嘛,所以你当我的供奉喇嘛留在这里,朕为你建筑寺庙。'喇嘛奏道:'圣主您是天下大汗,我仅是一名游历各地的小小禅师,若让您供奉,于您的伟大英名很不适合。趁当下天气温暖之

---

① 蒙古文史料《内齐托音一世传》原文参见：čindamani erike , 41r–42r.

际①,去蒙古地区,寻些皮毛给几个弟子做件衣服吧。'对此圣主曰:'朕既供奉你,皮毛有何难?'经喇嘛再三禀告,圣主准其奏。于是喇嘛告别后前往蒙古地区。"②

上引史料中的"博格达太宗汗",也可译作"圣太宗皇帝",是指清太宗皇太极。而且,下文中的"圣主"也指皇太极。内齐托音喇嘛带领三十名大徒弟赴盛京(今沈阳),是向"圣主"皇太极请安,从而为喇嘛的传教活动铺平道路。清太宗皇太极虽然挽留内齐托音喇嘛成为皇帝的供奉喇嘛,但喇嘛委婉地拒绝了皇帝。不难看出,内齐托音喇嘛的真正意图是得到清朝皇帝"准奏"后,去蒙古地区传播佛教。

内齐托音喇嘛没有在盛京定住,向清太宗皇太极请安"准奏"后,离开盛京游历蒙古各地,到了蒙古科尔沁土谢图汗奥巴领地。内齐托音喇嘛及其已修炼成大僧侣的三十名徒弟来到土谢图汗府邸附近,在一个村落的井水附近扎营。当时科尔沁土谢图汗部内有一位聪明而但却双目失明的巫婆,不服内齐托音喇嘛的法力。土谢图汗奥巴本人也不仅自己试探了内齐托音喇嘛的法力,而且让其弟弟扎萨克图杜棱③试探。经过一番试探和考验后,科尔沁土谢图汗奥巴兄弟二人非常信服内齐托音喇嘛,于是率众成为内

---

① 成崇德、申晓亭译注《内齐托音一世传》汉译本(1990)第120页上,将此处误译为"再过七天",而且在2014年重印的蒙汉合璧《内齐托音一世传》中也有同样的误译。(参见[清]额尔德尼毕利衮达赖著,成崇德、申晓亭译注《内齐托音一世传》蒙汉合璧本,呼和浩特:内蒙古大学出版社,2014年2月第一版,23页)笔者在此根据蒙古文史料原文"edüge čaγun dulaγan-i erisčü",重译为"趁当下天气温暖之际"。

② 整体汉译参见成崇德、申晓亭译注《内齐托音一世传》汉译本(1990),119—120页。

③ 扎萨克图杜棱的本名为布达齐,是蒙古科尔沁部土谢图汗奥巴之弟。天命十一年(1626),赐扎萨克图杜棱号。崇德元年(1636),封扎萨克多罗扎萨克图郡王,诏世袭罔替。顺治元年(1644)卒。(参见包文汉、奇·朝克图整理《蒙古回部王公表传》第一辑,内蒙古大学出版社,1998年,6页)

齐托音喇嘛的信徒。

这些事迹都表明，内齐托音喇嘛为在蒙古地区传播佛教，不仅赢得当时清朝最高统治者皇太极的"准奏"，还赢得了当地蒙古科尔沁王公的支持。

小　结

本章主要以蒙古大汗土蛮·扎萨克图汗对萨满教的禁止、蒙古右翼土默特万户首领阿勒坦汗在 16 世纪后期对萨满教的禁令和蒙古佛教高僧内齐托音一世在 17 世纪前期与萨满教的斗争史事为线索，探讨了 16—17 世纪漠南蒙古佛教与萨满教对抗的历史进程。换言之，这一历史时期正是明末清初，土默特阿勒坦汗与明朝的关系密切，与西藏的关系也特殊。因此，关于阿勒坦汗对萨满教的禁令，除了本章所引用蒙古文史料《阿勒坦汗传》中有较详细的记载之外，汉文史料和藏文史料中也有相关记载。

但是，关于蒙古佛教高僧内齐托音一世在漠南蒙古东部地区与萨满教斗争的宗教活动，本章所引用蒙古文史料《内齐托音一世传》可称为最主要、最详尽的史料。当然，这一史料还需要用《十七世纪蒙古文文书档案（1600—1650）》（李保文编辑整理，内蒙古少年儿童出版社，1997 年）、《清朝前期理藩院满蒙文题本》（中国第一历史档案馆、中国人民大学国学院西域历史语言研究所编，内蒙古人民出版社，2009 年）、《蒙译清朝前期理藩院满文题本：顺治·康熙朝》（额尔和木图译，内蒙古人民出版社，2012 年 12 月）、《蒙古回部王公表传》、《清实录》等蒙、满、汉文史料中的相关记载来补充和旁证。关于内齐托音一世晚年的一些宗教活动，乌云毕力格著《关于内齐托音喇嘛的顺治朝满文题本》一文①，探讨和分析了重要的相关满文史料内容。

从历史事迹的内在联系上看，17世纪前期内齐托音一世与萨满教的争斗是16世纪后期蒙古大汗土蛮·扎萨克图汗禁止萨满教的法律措施和土默特万户首领阿勒坦汗以及库图克台·彻晨·鸿台吉等蒙古贵族禁止萨满教活动的历史性延续。它说明17世纪上半期佛教虽然在蒙古地区从西到东逐渐得以传播，但在漠南蒙古东部地区萨满教的影响仍然极其普遍。换言之，佛教在蒙古各地取得优势地位经过了较长期的历史进程。在这佛教与萨满教对抗和融合乃至佛教最终逐渐取代萨满教的历史进程中，蒙古汗王和蒙古佛教高僧都发挥了各自的历史作用。

值得注意的是，无论是犹如蒙古大汗土蛮·扎萨克图汗、蒙古右翼土默特万户首领阿勒坦汗以及鄂尔多斯万户库图克台·彻晨·鸿台吉般的掌握权势的蒙古统治阶层，还是犹如一世内齐托音喇嘛那样富有慈悲心的卫拉特蒙古僧人，他们同样对萨满教采取了非常严厉的禁止举措，都果断地烧毁了萨满教的祖灵神像"翁古特"，并要求人们用佛像来代替萨满教的神像"翁古特"。但是，蒙古汗王和蒙古佛教高僧都没有全盘否定蒙古人的整个风俗习惯。

---

① 乌云毕力格著《十七世纪蒙古史论考》，呼和浩特：内蒙古人民出版社，2009年，337—368页。

第二章　17 世纪蒙古高僧内齐托音一世的称号与享年

16 世纪下半叶，蒙古大汗土蛮·扎萨克图汗任命那木岱·鸿台吉等五大臣在当时蒙古察哈尔、喀尔喀、鄂尔多斯和土默特等万户中执掌法规，禁止萨满教。而且土蛮·扎萨克图汗本人于 1576 年拜见喇嘛，皈依佛门。但大汗皈依的是藏传佛教噶玛噶举派系的"噶尔玛喇嘛"，而不是格鲁派的高僧。两年后，蒙古右翼三万户之一土默特万户首领阿勒坦（俺答）汗、呼图克台·彻晨·鸿台吉等蒙古贵族于 1578 年在青海"察卜齐雅勒庙"（仰华寺）迎接格鲁派高僧索南嘉措（即后被追认的三世达赖喇嘛），成为藏传佛教格鲁派（黄帽派）的施主。此后以格鲁派为主流的佛教广泛传播于漠南蒙古土默特、察哈尔和漠北喀尔喀蒙古（今蒙古国）等蒙古各地，掀开了蒙古地区自 13 世纪以来的第二次佛教传播时期，从而深刻地影响了固有的蒙古文化。与此同时，被神化的成吉思汗在蒙古文献中以"双重神化"的形象出现，蒙古民族的民间信仰成吉思汗祭祀也开始有了佛教烙印①。

16—17 世纪上半期，佛教传播于蒙古地区的历史进程中，出现了犹如西部厄鲁特（卫拉特）蒙古土尔扈特出身的蒙古高僧内

---

① 详见笔者日文论文《16—17 世纪蒙古精神史上的成吉思汗形象》。(M. エルデニバートル [额尔敦巴特尔]：《16—17 世纪のモンゴル精神史におけるチンギス·ハーン像》，日本《三康文化研究所年报》第 33 号，東京，平成 14 年 [2002 年]，31—49 页。)

齐托音喇嘛和与其同时代的咱雅·班底达（1599—1662）①等颇具声望的几位高僧。在 17 世纪上半期，蒙古高僧内齐托音一世、咱雅·班底达等人，同渗透于蒙古人中的萨满教（国际上称之为 Shamanism）进行争斗的同时积极弘扬佛教，对佛教的传播起了重要的历史作用。而从目前学术界对内齐托音一世的研究状况来看，误写或误传其称号等有待改正的情况依然存在，对其享年问题亦存在着争议。因此，本章从厄鲁特蒙古土尔扈特出身的蒙古高僧内齐托音一世的称号及其享年等基本问题入手加以探讨，并对相关问题提出笔者自己的观点。

第一节　关于蒙古高僧内齐托音一世的称号问题

对 1739 年清代木刻版蒙古文史料《详述圣内齐托音达赖满珠习礼传说之如意念珠》（Boγda neyiči toyin dalai manǰusrii–yin domoγ–i todorqay–a geyigülügči čindamani erike kemegdekü orosiba，以下简称《内齐托音一世传》）②中出现的"内齐托音"（Neyiči toyin）这一称谓，有必要进行深入细致的研究。

第一，学术界对内齐托音（Neyiči toyin）喇嘛的"托音（toyin）"一词，基本上保持一致的看法，无需讨论。但对"内齐（Neyiči）"一词的写法、读音和字义解释等方面都存在着误写、误解或误

---

①　蒙古高僧咱雅·班底达（1599—1662）和内齐托音一世是同时代的人。内齐托音一世主要在今呼和浩特和内蒙古东部地区进行蒙古语传教活动，并以与萨满教争斗而名闻遐迩，而咱雅·班底达则以在喀尔喀、厄鲁特蒙古地区传播佛教和创制托忒蒙古文而著称。

②　对 1739 年清代木刻版蒙古文史料《内齐托音一世传》，内蒙古学者巴·孟和先生曾出版专著，认为该史料可简称"如意念珠"，并从它版本与研究概况、成书年代与作者、内容概要与作者思想以及内齐托音·呼图克图事迹与其传记文学特征等方面进行了研究。（参见巴·孟和编著《"如意念珠"之研究》蒙古文版，海拉尔：内蒙古文化出版社，1999 年。）

传。举例而言，台湾及美国蒙古学学者札奇斯钦先生将"内齐（Neyiči）"这一阴性词，错误地转写成阳性的"Naiji"一词，并解释其义为"朋友"[1]。翻译、出版俄文版《内齐托音（一世）传》的俄罗斯联邦布里亚特共和国学者普尔布耶娃女士，在对蒙古文《内齐托音一世传》十种手抄本目录中出现的"内齐（Neyiči）"这一阴性词进行拉丁音转写时，也都错误地转写成阳性的单词"Nayiji"[2]。而且，至今还有许多文章、通俗书刊甚至辞典也都把"内齐（Neyiči）"一词错误地写成阳性的"Nayiji"，也有用汉字把蒙古文"Neyiči"一词错误地音写成"乃吉"或"乃济"等等。但是，"内齐"一词在清代木刻版蒙古文史料《内齐托音一世传》中的原文则是"Neyiči"，用汉字音写这个"Neyiči"时，应依照《清实录》等史书中的音译"内齐"较为合适。另外，蒙古文"Neyiči"（内齐）一词本来是阴性词，不能将它错误地读成为阳性的"Nayiji"等，而且第二个音节即词尾音节应当是"či"（齐）音，而不是"ji"（吉）音。

第二，在《清太宗实录》第四十四卷中，关于惩治不遵守戒律的喇嘛条文中有这样一段记载：

> "上曰，喇嘛处闲人虽多，然须其中择有用壮丁，能随征行猎者，方可取之，若怯懦无用之人，取之何益。于是内齐托音喇嘛及诸无行喇嘛等所私自收集汉人、朝鲜人俱遣还本主，给以妻室。以土谢图汗亲王下一喇嘛、扎鲁特部落青巴图鲁下一喇嘛不遵（喇嘛）戒律，令其娶妻，又不从，阉之。"[3]

① 札奇斯钦《蒙古与西藏历史关系之研究》，台北正中书局印行，1978 年，509 页及 530 页。

② 参见 1984 年俄文版《内齐托音传》，即Ц. П. Пурбуева: БИОГРАФИЯ НЕЙДЖИ-ТОЙНА, Новосибирск, 1984, С.17—21.

③ 齐木德道尔吉、巴根那编《清朝太祖太宗世祖朝实录蒙古史史料抄——乾隆本康熙本比较》，呼和浩特：内蒙古大学出版社，2002 年，488 页。

上引史料是清崇德三年（1638 年）十月丁巳条记载，其中被指控为"私自收集汉人、朝鲜人"的"内齐托音喇嘛"，指的就是第一世内齐托音喇嘛。在这里"内齐 Nei-qi"二字，显然是蒙古语"Neyiči"一词的音译，其蒙汉读音彼此非常接近。该史料作为崇德三年（1638 年）的记载，是内齐托音一世在世时的记录，因此，它具有独特的重要史料价值。我们将"Neyiči toyin"这一蒙古语称谓用汉字音写时，理应沿用《清实录》中的"内齐托音"这一准确的音译写法，而不能用错误的"乃吉"或"乃济"等讹音来表记。

第三，在《十七世纪蒙古文文书档案（1600—1650）》史料中，收录了理藩院关于崇德八年（1643 年）十月清太宗皇太极逝世时巴林、科尔沁等几个蒙古部落首领呈上吊唁物品和牲畜的记录。该档案史料中，明确记载有"Neyiči toyin lam-a-yin yisün mori"（内齐托音喇嘛九匹马）的字样①。此处被称为"内齐托音喇嘛"（Neyiči toyin lam-a）的历史人物，无疑是第一世内齐托音·阿毕达。史料显示，内齐托音一世于崇德八年（1643 年）十月清太宗皇太极逝世时，曾呈上九匹马，以示吊唁。

第四，内齐托音喇嘛自第二世时代开始称"内齐托音呼图克图"，到其第八世的时代，即在 1919 年时，第八世内齐托音呼图克图在其本人蒙古文签名中署名为"dotuγadu Mongγol-un Neyiči toyin qutuγtu"（内蒙古内齐托音呼图克图），这是极其珍贵的第一手史料。

这一史料是这样保留下来的。内齐托音呼图克图转世到第八世之后的年代，被称为"扎赉特·博格达"（意为"扎赉特活佛"）的八世内齐托音呼图克图和日军陆军部第三师团铃江万太

①　中国第一历史档案馆李宝文编辑、整理：《十七世纪蒙古文文书档案（1600–1650）》，内蒙古少年儿童出版社，1997 年，301 页。

郎（SUZUE Mantarou）大尉相遇于1919年。据日本著名蒙古学家二木博史（FUTAKI Hiroshi）研究论文，日军陆军部铃江万太郎大尉和八世内齐托音呼图克图二人，都曾参加1919年2月末至3月初召开的赤塔大会。铃江大尉是被日军本部派遣前往参会，而八世内齐托音呼图克图则是作为内蒙古五人代表的首席代表出席赤塔大会，并在本次大会上当选为议长①。可能由于毕业于东京外国语大学蒙古语学科的铃江大尉精通蒙古语，1919年2月，八世内齐托音呼图克图赠送铃江大尉一首蒙古文短诗。后来，日本陆军部编撰《蒙古语大辞典》时，铃江万太郎作为蒙古语专家参加编撰，并在《蒙古语大辞典》导言部分，以《蒙古活佛叙》的名称影印收录了上述八世内齐托音呼图克图送给他的蒙古文短诗，其原文以影印形式仍保留至今②。八世内齐托音呼图克图，在1919年这首蒙古文短诗后面，留下了自己的蒙古文签名——"dotuɣadu Monyol-un Neyiči toyin qutuɣtu"（内蒙古内齐托音呼图克图）。其中的原文"Neyiči toyin qutuɣtu"（内齐托音呼图克图）这一称谓充分说明，当"内齐托音呼图克图"转世到第八世时的年代，仍然准确地继承着其转世系统之统称"Neyiči toyin"（内齐托音）。

然而，在这里尤需进一步指出的是，1653年圆寂的第一世内齐托音喇嘛本人虽然是一位高僧，但在严格意义上他并没有"呼图克图"（意为"圣者"）这一清代"职衔"。如上所论及，无论是汉文史料《清太宗实录》中的1638年记载，还是17世纪上半期蒙古文档案史料《十七世纪蒙古文文书档案（1600—1650）》

---

① ［日］二木博史论文：《"大蒙古国"临时政府之成立》，日文原文载于1997年《东京外国语大学论文集》。其汉译文收录于［日］二木博史著、呼斯勒汉译《蒙古的历史与文化——蒙古学论文集》，呼和浩特：内蒙古人民出版社，2003年第104—129页。关于"赤塔大会"，参见本书109—119页。

② 参见日本陆军省《蒙古语大辞典》，日本国书刊行会，1933年初版，1971年复刻版导言。

中的1643年记载，均称内齐托音一世为"内齐托音喇嘛"。至于后来的"内齐托音呼图克图"这一称谓中的"呼图克图"之称，是从别称"托音·呼图克图"的二世内齐托音阿旺罗桑丹比坚赞（1671—1703）时期开始使用的①。二世内齐托音呼图克图，继承其前世内齐托音喇嘛的蒙古语传教传统，在漠南蒙古地区积极进行佛教传播活动之外，他还曾进行了参加1691年多伦诺尔会盟、作为康熙皇帝使者前往西藏和跟随康熙皇帝参与平定准噶尔战争等与清廷密切配合的多种政教活动，最后终于成为康熙皇帝的"内廷喇嘛"②，但并没有成为"大国师"。从此，别称"托音·呼图克图"的阿旺罗桑丹比坚赞之"呼图克图"之称，就成为二世内齐托音呼图克图以来的后世"内齐托音呼图克图"转世系统的统称。然而，对于"呼图克图"，清廷有明确规定。比如清朝《理藩院则例》中的《胡图克图职衔名号定制》中明确规定：

"凡胡图克图、诺门汗、班第达、堪布、绰尔济系属职衔，国师、禅师系属名号。该胡图克图等，除恩封国师、禅师名号者准其兼授外，概不得以胡图克图兼诺门汗、班第达、堪布、绰尔济等职衔，亦不得以国师兼禅师名号。"③

上引史料显示，清代"胡图克图"（也作呼图克图），其实是一种"职衔"，而且"国师、禅师名号者"可兼授呼图克图。但是，1653年圆寂的一世内齐托音喇嘛本人是没有呼图克图之"职衔"的。后来从二世内齐托音（1671—1703）时期开始虽被称之为"内齐托音呼图克图"，但在内齐托音呼图克图转世系统中也

---

① 参见[清]达磨三谟陀罗著，乌力吉图译注《内齐托音二世传》汉译本（1990），载于中国社会科学院中国边疆史地研究中心编《清代蒙古高僧传译辑·蒙古卷》，北京：全国图书馆文献缩微复制中心，1990年，165—215页。

② 参见包敖都胡著《二世内齐托音呼图克图政教活动研究》，内蒙古大学硕士学位论文（导师：明·额尔敦巴特尔），2015年5月。

③ [清]理藩院修，杨选第、金峰校注《理藩院则例》（光绪本），海拉尔：内蒙古文化出版社，1989年8月，384页。

并没有"国师"或"大国师"名号者。在有清一代，只有章嘉呼图克图转世系统中有"大国师"名号，其第一个被康熙皇帝正式册封为"大国师"名号的，就是章嘉呼图克图阿旺罗桑却丹（1642—1715）。可见，清政府对章嘉呼图克图的重视程度之高。众所周知，达赖喇嘛、班禅额尔德尼是西藏两大活佛，哲布尊丹巴呼图克图和章嘉呼图克图，分别是漠北喀尔喀蒙古和漠南蒙古的两大活佛。其中，章嘉呼图克图转世系统是漠南蒙古最大的活佛转世系统，章嘉呼图克图系统又是清康熙四十五年（1706年）以来的清代"大国师"承袭系统。而且，正如乔吉先生所指出的那样，以法律承认而入册登记的在京和内蒙古地区共计五十五位，即"清廷所封的呼图克图有四个等级：（1）清廷四大呼图克图即章嘉呼图克图，噶勒丹·锡埒图呼图克图，敏珠尔呼图克图，济隆呼图克图；（2）驻京八大呼图克图即洞科尔呼图克图，果蟒呼图克图，那木喀呼图克图，鄂萨尔呼图克图，阿嘉呼图克图，喇果呼图克图，贡唐呼图克图，土观呼图克图；（3）多伦诺尔呼图克图即锡库尔·锡埒图·诺颜·绰尔济呼图克图；（4）蒙古各游牧部喇嘛呼图克图"[1] 等。 如此看来，内齐托音呼图克图转世系统，虽然被称之为"漠南大活佛"[2] 转世系统，但实际上内齐托音呼图克图转世系统属于第四等级的"蒙古各游牧部喇嘛呼图克图"种类，其地位显然较低。

总之，现今大多数蒙古书籍将"内齐托音喇嘛"或"内齐托音呼图克图"的"内齐 Neyiči"，用蒙古文书写时写成"Nayiji"以及用汉文音译时写成的"乃吉"、"纳伊济"或"奈齐"等讹记，均属"Neyiči（内齐）"的误写、误传。如果"内齐"一词的写法

---

① 乔吉编著《内蒙古寺庙》，呼和浩特：内蒙古人民出版社，1994年，34页。

② 参见金峰整理《漠南大活佛传》（öbör boγda-yin namtar），呼伦贝尔：内蒙古文化出版社，2012年2月。

错了,那么字义也就会随之变化。因此,有些学者解释"Neyiči(内齐)"的字义为"Nayiji(朋友)",实属由误写、误读所造成的不妥解释。

然而,1756年蒙古文《内齐托音二世传》和更为后来的蒙古文《内齐托音三世传》,均以藏文式蒙古文"gnas byu"或"gnas bju"来改写了1739年成书的蒙古文《内齐托音一世传》中的"内齐(Neyiči)"一词。因此,我们有必要对以上两个史料藏文式蒙古文音写和蒙古文《内齐托音一世传》之"Neyiči(内齐)"一词之间的相互关系加以探讨。换言之,有必要探究1739年蒙古文《内齐托音一世传》之后用蒙古文写成的内齐托音二世、三世的传记中,为何以"gnas byu"或"gnas bju"这种藏文式蒙古文来音写"内齐"一词的缘故。也就是说,虽然"gnas byu"或"gnas bju"的词义或许可以解释成为"十地",但是,笔者认为那只是晚于1739年《内齐托音一世传》成书的《内齐托音二世传》、《内齐托音三世传》作者,有意使用与蒙古语"内齐(Neyiči)"一词发音相似的藏语来音写"内齐(Neyiči)"一词,并赋予了它富有佛教含义的新的词义而已。其实,那只是对"内齐(Neyiči)"一词的藏文式蒙古文音写,而不能证明"内齐(Neyiči)"一词原本来自藏语。

特别有趣的是,与上述两部蒙古文《内齐托音二世传》、《内齐托音三世传》中的"内齐"记载相反,1819年成书的藏文史料"霍尔却穹"(Hor-chos-'byung)即《蒙古佛教史》中并没有将内齐托音喇嘛的"内齐"用藏语来记载,而是借用藏字,非常接近原音地音写了"Neyici toyin"(内齐托音)这一蒙古文。其中称内齐托音喇嘛为:"E-chi-ge bla-ma lha-btsun Ne'i-chì tho-yon"即"额其格喇嘛拉尊内齐托音",或直接称之为:"Ne'i-chi tho-yon"(内齐托音）①。另外，于1993年由青海民族出版社出版的藏文"Hor-gyi-chos-'byung"（汉译书名《蒙古佛教源流》），虽在细节上与上述"霍尔却穹"（Hor-chos-'byung，《蒙古佛教史》）有所不同，但它们是同一部书的不同版本，因此其基本内容是相同的。而且有趣的是，在青海出版的藏文《蒙古佛教源流》中的记载，也与上述记载完全相同，都将"内齐托音"这一蒙古文非常接近原音地用藏字音写为"Ne'i-chì tho-yon"②（内齐托音）。由此可见，藏文《蒙古佛教史》的作者是将"内齐托音"的"内齐"当作蒙古文，并尽量保留原文特点的前提下借用藏字转写的。

在了解了上述内容之后，下面将阐述笔者认为"内齐（Neyiči）"一词原本是蒙古语的几点依据。

首先，1739年蒙古文《内齐托音一世传》作者毕力衮达赖，首先在传记中用蒙古文音写了诸多藏文、梵文人名等，由此可知《内齐托音一世传》作者通晓藏文和梵文。如果"内齐（Neyiči）"一词是藏语，那么通晓藏文的作者毕力衮达赖，为何不以藏文方式音写内齐托音一世的"内齐"一词呢？那是因为"内齐"一词原本不是藏语，所以作者没有必要以藏文方式音写，而是直接用蒙古文写为"Neyiči"（内齐）。而且，蒙古文《内齐托音一世传》作者，主要依据内齐托音喇嘛弟子对师傅的各种记录和传说而写成这一传记。笔者认为，在一般情况下，佛家弟子不会误传自己师傅的称号等这类最基本的信息。

其次，如前所述，《清太宗实录》中的1638年汉文记载"内齐Nei-qi"与蒙古语"Neyiči"一词发音一致。《十七世纪蒙古文

① 藏文原文参见：[日]橋本光寶编《西藏文蒙古喇嘛教史》，东京·蒙藏典籍刊行会，昭和十五年（1940年），227—228页。

② 藏文参见藏文版《蒙古佛教源流》（Hor-gyi-čhos-'byung），西宁：青海民族出版社，1993年，第199页。在此两处均写："Ne'i-čhi tho-yon"（内齐托音），其音非常接近蒙古语原音。

文书档案（1600—1650）》中的1643年蒙古文记载也是"Neyiči toyin"（内齐托音）。以上蒙汉两种文献均属一世内齐托音喇嘛在世时的记录，因此这些记载都具有非常重要的史料价值。更值得注意的是，以上两个史料都是《内齐托音一世传》成书之前的记录，换言之，在《内齐托音一世传》作者之前已经有人使用了"Neyiči toyin"（内齐托音）这一称谓。

第三，其实在1739年北京木刻版蒙古文《内齐托音一世传》中，非常明确地阐述了"内齐托音（Neyiči toyin）"这一蒙古语称号的来历。

蒙古文史料拉丁转写：

"tendeče [abida] ögede bolǰu / baraɣun ɣaǰar rasi lhünbo /−dür küriiged, boɣda bančan [bančin]−u // gegen−eče öber−e öber−e / tonilɣaɣči−yin sanwar−ača / usumbad boloɣsan−a ariɣun / šaɣšabad [< s. čikčhapada] kemekii ner−e / soyorqaǰu burqan−u šasin /−dur yeke ǰalɣamǰi bolbai./ busu čola neyiči toyin/ kemegči inü urida getiilgegči /boɣda tere erten−ü dadumaɣai−a−yin / erkeber öber busud /ba albatu qaračus kiged, / mal aduɣusun −i ču /ilɣal ügei üǰegsen−ü tula, ečige noyan anu /yabudal−un ay−a−bar / neyiči köbegün kemen / nereleǰükii kememü. tegüber / neyiči toyin kemen olan−a /aldarsiɣsan aǰuɣu."①

蒙古文史料汉译：

"尔后 [阿毕达]（内齐托音喇嘛乳名——引者）抵达西藏扎什伦布寺，在班禅葛根（即四世班禅喇嘛——引者）御前接受各种解脱戒律，当达到具足戒成为比丘时，

---

① 蒙古文史料《内齐托音一世传》原文：čindamani erike , 7r−7v.

被赐'净戒'名号,成为佛门大弟子。其别号为'内齐托音',是因为昔日救渡尊者(内齐托音喇嘛——引者)习惯对己、对人、对属众甚至牲畜都同等相待,其父王根据他的行为称其为'内齐·呼波衮'(和蔼的儿子),由此,'内齐托音'之名便广为传扬。"①

从上引史料不难看出,首先"内齐托音(Neyiči toyin)"这一称号,并不是由"班禅格根"在西藏赐给阿毕达(内齐托音喇嘛)的。据查证,史料中出现的"班禅格根"应当是四世班禅喇嘛,他的本名称之为洛桑却吉坚赞(blo-bzang-čhos-kyi-rgyal-mtshan),此人虽然生活在1567年至1662年年间,但阿毕达在西藏学佛时期他还没有成为"班禅额尔德尼"。在1645年,厄鲁特(卫拉特)蒙古和硕特部顾实汗授予洛桑却吉坚赞"班禅博克多"之名号。后来到1713年,洛桑却吉坚赞被清廷追认为四世"班禅额尔德尼"。厄鲁特蒙古土尔扈特部出身的阿毕达(内齐托音喇嘛),虽然曾在西藏以四世班禅喇嘛为师学佛,但"内齐托音"这一称号并非由四世班禅喇嘛所赐。

笔者认为,阿毕达(内齐托音喇嘛)出生于1587年②,他在出家之前已结婚得一子。上引史料显示,阿毕达在前往西藏之前的"昔日",阿毕达的父王因其博爱众生的缘故而称其为"内齐·呼波衮 (Neyiči köbegün)"(和蔼的儿子)。后来,"内齐 (Neyiči)"(意为"和蔼的、和睦的、融洽的"等)与"托音 (toyin)"(意为"贵族出身的喇嘛")二词组合成了"内齐托音 (Neyiči toyin)"这一"别号",从此以"内齐托音"之号著称于世。

然而,上引史料中出现的"净戒"这一称号,正是西藏四世班禅喇嘛赐给阿毕达(内齐托音一世)的"法号"。与上引

① 本段汉译,对成崇德、申晓亭译注《内齐托音一世传》汉译本(1990)97—98页上的原译略加改变。

② 关于一世内齐托音喇嘛的出生年及享年,将在第二节中加以详细探讨。

史料汉译中出现的"净戒"一词对应的蒙古文原文是"ariγun šaγšabad",对应的藏语是"tshul-khrims gtsang-ba",其意均为"净结的戒律",可简译成"净戒"。而且,与"净戒"一词对应的藏语,也可在汉藏文《蒙古佛教史》中得到确认。其中写道:阿毕达(内齐托音一世)"到达扎什伦布寺,在班禅·罗桑却吉坚赞身前出家,起名为楚臣藏巴[①]。这里所说的"楚臣藏巴"正是藏语"tshul-khrims gtsang-ba"[②] 的音译,其意也正是"净戒"。

而被父王称之为"内齐·呼波衮(Neyiči köbegün)"(和蔼、和睦的儿子)的阿毕达出家为僧赴藏学佛,尤其在其学成后在漠南蒙古地区进行传教活动时,他并没有以四世班禅喇嘛所赐的法号"净戒"出名,而是以"昔日"的"内齐托音(Neyiči toyin)"(意为"和睦的贵族喇嘛")这一蒙古语"别号"成名,从而幼年的"阿毕达"随着他出家出名和在蒙古地区传播佛教的功绩显著,便以"内齐托音"这一蒙古语称号扬名天下。

第四,笔者认为,阿毕达的"内齐托音"这一称号之"Neyiči"(内齐)一词,原本是蒙古语,其词根为"nei"。词根"nei"的基本词义,可译为"和蔼的"、"和睦的"、"融洽的"、"亲密的"等。比如蒙古语说"nei-nuu-ügei-nayiǰa-bolqu",其意可译为"成为亲密无间的朋友"或"成为不分你我的朋友"。而"Neyiči"(内齐)一词,其意一般可译为"和睦的"。笔者还认为,蒙古语"Neyiči"一词是"Neyičilekü"一词的词源,而且,蒙古语"Neyičilekü"一词的词义为"不分你我,和睦共处"[③],其词义与蒙古文《内齐

---

① 固始噶居巴·罗桑泽培著,陈庆英、乌力吉译注《蒙古佛教史》,天津古籍出版社,1990年12月第一版,80页。

② 藏文参见:藏文版《蒙古佛教源流》(Hor-gyi-chos-'byung),西宁:青海民族出版社,1993年,200页。

③ 布仁特古斯编《蒙古语正确读音与写法词典》,呼和浩特:内蒙古教育出版社,2005年,第124页。诺尔斤等编《蒙古语词典》,呼和浩特:内蒙古人民出版社,1999年,758页。

托音一世传》中所描述的"不分尊卑,皆为仁爱"的意思十分一致。

第五,其实在蒙古语人名当中,有"Neyiči"(内齐)这一人名,并且在蒙古文《内齐托音一世传》中就有称作"内齐汗"的一世内齐托音喇嘛以外的同名历史人物。传记中说:

蒙古文史料拉丁转写:

"tende-eče aru / qorčin-u ǰulǰaγ-a wang, / ǰarud-un neyiči qan čangbu/ beyule, sabun darqan baγatur / beyile, mani čing baγatur güng / ekilen yeke baγ-a noyad sayid / tüsimed uridu yosoγar / aγui yeke bayasqulang-tu /qurim ba tabčang terigüten-i // beledčü, blam-a-yi ǰalaγad / beleg barilγ-a ergügsen-dür /wang qoyar beyile ekilen yeke / baγ-a noyad qatud tüsimed / qaračus bügüdeger-tür mönkü / uridu yosoγar arban /γurban burqan-tu wčir/ ayuγuluγči kiged niγuča / quriyangγui terigüten-ü abisig."[1]

蒙古文史料汉译:

"之后,以阿鲁科尔沁旗珠勒扎干王、扎鲁特内齐汗昌布贝勒、色本达尔汉巴特尔贝勒、玛尼青巴特尔公等为首的大小诺颜、大臣、官员按照前例举行盛会,设置讲台,邀请喇嘛,予以布施。对此,(内齐托音喇嘛——引者)同样给王与二贝勒为首的大小诺颜、夫人、官员、百姓授以十三佛金刚怖畏及秘密集要等灌顶。"[2]

上引史料中出现的蒙古扎鲁特部二贝勒之一"色本达尔汉巴特尔贝勒"简称色本,为"扎噜特部人,姓博尔济吉特,贝勒内

---

① 蒙古文史料《内齐托音一世传》原文:cindamani erike , 69v–70r.
② 汉译参见成崇德、申晓亭译注《内齐托音一世传》汉译本(1990),139页。

齐从叔父"①。色本于天聪二年（1628年），偕同其弟玛尼归附清朝，天聪十年（1636年）卒。后于顺治五年（1648年），被清廷追封为多罗达尔汉贝勒。而同时代蒙古扎鲁特部的另一贝勒"内齐汗昌布贝勒"，也是留有列传的重要历史人物。其列传《追封多罗贝勒内齐列传、后授扎萨克》中写道：

> "内齐，扎鲁特部人，姓博尔济吉特，元太祖二十一世孙。初，继父忠图称汗。天聪三年（1629年），来朝。八年（1634年），从征明朔州，克堡三。崇德二年（1637年）遣大臣阿什达尔汉，赴其部理庶狱……崇德三年（1638年），内齐率子尚嘉布，从征喀尔喀，师还，以巴林台吉满珠习礼私遣兵还牧，夺所属之半，赐内齐。四年（1639年），从征明锦州，分守乌忻河口。七年（1642年），叙从征功，得优赉。寻卒。顺治五年（1648年），追封多罗贝勒，以其子尚嘉布袭，诏世袭罔替。"②

由此可见，蒙古文史料《内齐托音一世传》中出现的"内齐汗昌布贝勒"无疑是《蒙古回部王公表传》中出现的"贝勒内齐"。蒙古扎鲁特部"色本达尔汉巴特尔贝勒"是内齐贝勒的从叔父，二贝勒归附清朝的年代仅差一年，被追封多罗贝勒的年代同在1648年，他们是同时代的历史人物。而内齐贝勒，据《蒙古回部王公表传》载，他曾"继父忠图称汗"，说明内齐贝勒又拥有"汗"号，因此蒙古文《内齐托音一世传》中称他为"内齐汗昌布贝勒"。但是，要紧的是，内齐托音喇嘛和内齐贝勒是截然不同的两个历史人物，只不过他们的名字相同而已。也就是说，无论是西部

---

① 参见包文汉、奇·朝克图整理《蒙古回部王公表传》第一辑，呼和浩特：内蒙古大学出版社，第233页卷二十九，传第十三《追封多罗达尔汉贝勒色本列传、后授扎萨克》。

② 参见包文汉、奇·朝克图整理《蒙古回部王公表传》第一辑，呼和浩特：内蒙古大学出版社，231页。

厄鲁特蒙古土尔扈特部出身的蒙古高僧一世内齐托音喇嘛的"内齐",还是蒙古扎鲁特部"内齐汗昌布贝勒"的"内齐",同是蒙古语"Neyiči"的音写。

总而言之,笔者认为,无论是内齐托音喇嘛的"内齐",还是蒙古扎鲁特部内齐汗(内齐贝勒)的"内齐",均为蒙古人固有的蒙古语"Neyiči"之音写,其词义为"不分你我,与众人和睦共处",因此"内齐"一般可译为"和睦的"、"和蔼的"等。另外,学者们虽然对内齐托音喇嘛的"托音(toyin)"一词的来源,持有不同意见 ①,但对其词义即"贵族出身的喇嘛"则基本保持一致的看法。因此,蒙古语"内齐托音"之意,一般可译为"和睦的贵族喇嘛"。

第二节 关于蒙古高僧内齐托音一世的享年问题

关于厄鲁特蒙古内齐托音喇嘛即内齐托音一世的享年问题,学术界至今仍有分歧。为阐述对此问题的见解,笔者先介绍影响颇广的藏文《蒙古佛教史》。

首先,内齐托音喇嘛享年"九十七岁"之说的重要文献依据之一,是1819年成书的藏文文献"霍尔却穹"(Hor-chos-'byung)。该文献一般被译为"蒙古佛教史"或"蒙古政教史"。

内蒙古卓索图盟出身的蒙古僧人固始噶居巴·罗桑泽培(gu-

---

① 比如,诺尔布认为"toyin"一词源于汉语的"道人","道人"的古代读音是"doyin",当此词进入古代维吾尔语时变成了"toyin",并被蒙古语所借用(诺尔布《扎雅班迪达》,蒙古文,呼和浩特:内蒙古人民出版社,1999年,第52页)。阿拉坦奥日格乐则认为,"toyin"是词根为"toyi"的固有蒙古语,早在鲜卑时期称功法高强的巫师为"toyin"。在蒙古人看来,"toyin-dayan oroyuluysan"和"nom-dayan oroyuluysan"是同义词,后来"toyin"成了出身于台吉的喇嘛尊称。(金峰整理《漠南大活佛传》,蒙古文,呼伦贝尔:内蒙古文化出版社,2010年,第104页第32注释)。

shri-dka'-bču-pa blo-bzang-tshe-'phel）于 1819 年完成的这部
藏文"霍尔却穹"（Hor-chos-'byung，蒙古佛教史），早在 19 世
纪 90 年代就已被西方学者所知晓。那是因为，早在 1892 年，胡
特（γeorg Huth, 1867—1906）对"霍尔却穹"（Hor-chos-'byung）
藏文文本加以注释的《蒙古佛教史》第一部①和稍后的 1896 年德
译本《蒙古佛教史》第二部②，相继得以出版。到 20 世纪 40 年代初，
当时在日本外务省调查部工作的日本学者桥本光宝（HASHIMOTO
Kōhō），在日本出版了"霍尔却穹"日文注释本③和日译本④。但
由于德译本和日译本均搞错了"霍尔却穹"的作者，因此，前苏
联著名东方学学者罗列赫（George N. Roerich）在 1946 年首先对
此作了纠正⑤。2009 年圆寂于蒙古国的鄂尔多斯出身的蒙古喇嘛
古鲁代瓦（Guru Deva），曾于 1965 年在印度瓦拉纳西出版"霍尔
却穹"⑥。1981 年，匈牙利蒙古学家李盖提（Louis Ligeti），在印
度新德里出版匈牙利社会科学院图书馆所藏木刻本"霍尔却穹"⑦。
1990 年，陈庆英、乌力吉译注的"霍尔却穹"汉译本《蒙古佛教史》
问世⑧，为国内研究者提供了很大方便。1997 年，"霍尔却穹"在

---

① 参见 Georg Huth, Geschichte des Buddhismus in der Mongolei, Erster Teil,
Strassburg, 1892.

② 参见 Georg Huth, Geschichte des Buddhismus in der Mongolei, Zweiter
Teil, Strassburg, 1896.

③ [日]橋本光寶編《西藏文蒙古喇嘛教史》，東京蒙藏典籍刊行会，昭
和十五年（1940 年）。

④ ジグメ・ナムカ著，[日本]外務省調査部[橋本光寶]訳《增訂蒙古
喇嘛教史》，東京·生活社，昭和十五年（1940 年）。

⑤ G.N.Roerich, the auther of the Hor-chos- byung , The Journal of the
Royal Asiatic Society, 1946. pp.192

⑥ Guru Deva: Hor-gyi-chos-'byung, 241p. Varanasi U.P. India, 1965.

⑦ Louis Ligeti, History of Buddhism in Mongolia, New Delhi, 1981.

⑧ 固始噶居巴·罗桑泽培著，陈庆英、乌力吉译注《蒙古佛教史》，天津
古籍出版社，1990 年 12 月第一版。

蒙古国乌兰巴托,以基里尔蒙古文得以翻译出版①。"霍尔却穹"(蒙古佛教史),在东西方如此广泛的得以流传,其影响甚广是显然的。

值得一提的是,除"霍尔却穹"(蒙古佛教史)在东西方的上述诸多译文本之外,国内现存一种蒙古文手抄本,现藏于内蒙古社会科学院图书馆。据陈庆英、乌力吉等汉译本译注者前言,他们"认真核对了这两种文本(指藏文木刻本和蒙古文手抄本——引者)之后发现,它们确实是同一部书的两种文本,并且可以断定,藏文在先蒙文在后,蒙文译自藏文"②。另外,日本大正大学图书馆还藏有一部"蒙古佛教史"蒙古文手抄本,内容与内蒙古社会科学院图书馆藏本相同。自 1998 年 4 月至 2003 年 3 月笔者在日本大正大学攻读东洋史学博士学位期间,曾参与窪田新一(KUBOTA Shin-ichi)先生主持的蒙古佛教典籍研究会的翻译、注释等科研工作。在笔者于 2008 年 8 月 8 日回国前后的近几年,笔者参与的"大正大学综合佛教研究所蒙古佛教典籍研究会"科研团队,已合著出版"蒙古佛教史"蒙古文手抄本的三部日文注释译著③。

其次,"霍尔却穹"(Hor-chos-'byung,蒙古佛教史)中,收录了第一世内齐托音喇嘛的简短传记。藏文"霍尔却穹"(Hor-chos-'byung,蒙古佛教史)中的内齐托音喇嘛藏文传记的直接文献来源,很显然是早于 1819 年"霍尔却穹"成书的、1739 年木刻版蒙古文《内齐托音一世传》。蒙古文《内齐托音一世传》中关于内齐托音喇嘛享年的表述暂且不谈,而就藏文"霍

① Цэмбэл Гүүш, МОНГОЛЫН ТҮҮХ ОРШВОЙ, Улаанбаатар, 1997он.
② 参见固始噶居巴·罗桑泽培著,陈庆英、乌力吉译注《蒙古佛教史》,天津古籍出版社,1990 年 12 月第一版前言第 2 页。
③ [日]窪田新一监修《"モンゴル佛教史"研究【一】》,東京·ノンブル社,2002 年 6 月;[日]窪田新一监修《"モンゴル佛教史"研究【二】》,東京·ノンブル社,2006 年 5 月;[日]窪田新一监修《"モンゴル佛教史"研究【三】》,東京·ノンブル社,2012 年 2 月。

尔却穹"中的相关记载而言，其中明确写到，内齐托音喇嘛在其
"九十七岁"（dgung-lo go-bdun）① 时，圆寂于水蛇年（癸巳年，
1653年）十月十五日。

内齐托音喇嘛圆寂于1653年的说法虽然没有问题，但其享
年"九十七岁"的说法则并不准确。然而，无论是对蒙古文《内
齐托音一世传》从史学角度进行研究的德国学者海西希，还是从
文学、文献学角度进行研究的蒙古国学者达木丁苏荣、俄罗斯联
邦布里亚特共和国学者普尔布耶娃等国外研究者，或者是中国内
蒙古学者巴·蒙克、阿拉坦奥日格乐等研究者，都认为内齐托音
喇嘛享年"九十七岁"②。其实，上述1819年藏文《蒙古佛教史》
中关于内齐托音喇嘛享年"九十七岁"的错误记载，至今尚未被
纠正，甚至被误传至近年的《宗教辞典》③。

其实，学术界最早对《内齐托音一世传》中的有关词义进行
正确诠释，并指出内齐托音喇嘛享年六十七岁的是，俄国蒙古学
学者高勒斯屯斯基（K.F.Golstunskii）。他于1880年，在其著名的
经典著作《1640年蒙古厄鲁特法典》中，明确提出了上述观点④。
然而，高勒斯屯斯基认为内齐托音喇嘛出生于1586年的推算却
是有误差的。因为按照蒙古人的虚岁计岁习惯，人出生的当年就
已是一岁，所以1653年内齐托音喇嘛"六十七"虚岁的话，那
么内齐托音喇嘛应该出生于1587年，而不是1586年。

1968年，日本学者冈田英弘，在其论文《乌巴什珲台吉传》

① 如果直译此处原文，其意为"贵庚九十七"。参见：桥本光宝编《西藏
文蒙古喇嘛教史》，東京·蒙藏典籍刊行会，昭和十五年（1940年），第235页。
② 参见巴·孟和编著《如意念珠》（蒙古文），海拉尔：内蒙古文化出版
社，1999年，第134页；金峰整理《漠南大活佛》（蒙古文），呼伦贝尔：
内蒙古文化出版社，2010年，导言8—11页。
③ 苏德毕力格编《宗教辞典》（蒙古文），内蒙古教育出版社，1996年，
71页。
④ К.Ф.Голстунский: Монголо-ойратские законы 1640 года, Санкт-
Петербург, 1880,С.74.

中称，木刻版蒙古文《内齐托音一世传》中的"九十七"岁，很可能是"六十七"岁的误刻，并提出内齐托音喇嘛可能出生于万历十五年（1587 年）①。诸多历史事实证明，这个推测是正确的。后来在 1973 年，同是日本学者若松宽在其论文《蒙古喇嘛教史上的两位大弘法者——内齐托音与扎雅班迪达》中，对上述冈田英弘的推测，表示赞同 ②。

关于内齐托音一世的出生年，俄国学者的 1586 年出生说和日本学者的 1587 年出生说，其本质上都是相同的。换言之，他们都认为内齐托音喇嘛享年"六十七"岁，只是从内齐托音喇嘛的卒年即从 1653 年往前推算时得出了不同结果而已。那就是俄国学者由于可能用满岁往前推算，实际出了一年之差，推算出的出生年为 1586 年。但如果用蒙古人虚岁计岁的习惯来往前推算的话，1653 年享年"六十七"虚岁的人，应当出生于 1587 年。

此外，学术界还有一种看法。具体而言，1990 年出版《内齐托音一世传》汉译本的成崇德、申晓亭二位学者，在其论文《内齐托音传与清代蒙古佛教史》中认为，对内齐托音喇嘛享年"九十七"岁的说法有必要作进一步的深入研究，但他们对"享年六十七岁"的观点表示不赞同 ③。

从西部厄鲁特蒙古历史背景上看，16 世纪 90 年代藏传佛教格鲁派（黄教）已逐渐流入厄鲁特蒙古社会即西蒙古社会。至 1615 年左右，厄鲁特蒙古各部王公已经正式集体皈依佛教。成崇

① ［日］冈田英弘《ウバシ・ホンタイジ伝考釈》，日本《游牧社会史研究》第 32 册，1968 年，8 页。
② ［日］若松宽《蒙古ラマ教史上の二人の弘法者——ネイチ・トインとザヤーパンディタ》，日本《史林》第 56 卷（第 1 号），京都大学，1973 年，82—83 页。
③ 详见中国社会科学院中国边疆史地研究中心编《清代蒙古高僧传译辑・蒙古卷》，北京：全国图书馆文献缩微复制中心出版，1990 年，322—323 页。

德、申晓亭二位论文，承认这一基本历史事实的同时，又认为内齐托音喇嘛在 1600 年左右已从西藏回到蒙古地区 ①。

笔者认为，成崇德、申晓亭的上述论文观点是值得商榷的。因为西部厄鲁特蒙古土尔扈特出身的蒙古高僧内齐托音一世，不可能早在厄鲁特蒙古各部王公皈依佛教十余年之前就已经完成在西藏的佛教学业而回到蒙古。当然，究竟如何理解蒙古文史料《内齐托音一世传》中的有些表述，是值得深入探讨的。比如，按照蒙古文《内齐托音一世传》的说法，内齐托音喇嘛在漠南蒙古"库库河屯"（今呼和浩特）郊外的阿巴嘎•哈喇山上修行"十二年"，后到西拉•玛尔盖山洞（大黄帽洞）修行"二十三年"，共计苦行禅修"三十五年"之久。然后在某日，内齐托音喇嘛正在诵经说法时，为修道而备用的奶桶突然向东倾斜，奶汁也就洒向东方。由此，内齐托音喇嘛得到启示认为，前往东部蒙古地区传播佛教的时机已到，从而起程前往东方等等。那么，应该如何理解蒙古文《内齐托音一世传》中的类似表述呢？

笔者认为，我们在利用蒙古文史料《内齐托音一世传》时，不能忽略以下两个基本问题。

首先，蒙古文史料《内齐托音一世传》虽被称为"传记"，但其中实属"传说"的不可靠的内容并不少。"传记"中只是记载了内齐托音喇嘛的卒年是 1653 年，但没有关于内齐托音喇嘛其他事迹的任何编年记载，因此在严格意义上讲，《内齐托音一世传》根本算不上真正的"传记"。《内齐托音一世传》作者本人也承认这一点，并将书名命名为《详述圣内齐托音达赖满珠习礼传说之如意念珠》，明确交代这部史书为"传说之如意念珠"。

其次，实事求是地说，蒙古文史料《内齐托音一世传》又具有明显的文学性，其作者大量运用了文学夸张手法，将内齐托音

① 同上《清代蒙古高僧传译辑•蒙古卷》，318—319 页。

喇嘛比喻成圣人上师，并加以神化等等，这些都降低了历史人物的真实性和该书的历史文献史料价值。因此，我们应该以批评的态度对其内容加以历史分析，而不是全部承认其记载。

从以上两个基本视角来看，笔者不得不质疑内齐托音喇嘛是否确实在"库库河屯"（今呼和浩特）地区修行"三十五年"之久。据传记记载，内齐托音喇嘛起程前往东方，是在"库库河屯"郊外阿巴嘎·哈喇山修行十二年并转移到西拉·玛尔盖山洞之后的事情。但是，由于至今尚无其他史料的旁证，无法确定内齐托音喇嘛是否确实"在西拉·玛尔盖洞修行二十三年"之久。据此，笔者认为，此类说法纯属作为佛教徒的作者为赞扬其上师苦行而描述的文学性夸张。

另外，就内齐托音喇嘛西藏学佛的时期而言，他应该是从1607年左右起在后藏扎什伦布寺学习的。而且，内齐托音喇嘛从西藏返回蒙古地区时，先去了漠北喀尔喀蒙古，然后才来到了漠南"库库河屯"（今呼和浩特）。从蒙古文《内齐托音一世传》中的相关历史事迹来看，1628年的时候，内齐托音喇嘛很明显还在"库库河屯"地区。根据德国蒙古学家海西希的研究，内齐托音喇嘛在1629年以后前往漠南蒙古东部地区①，笔者认同这一看法。那么，内齐托音喇嘛前往漠南蒙古东部地区之前，在"库库河屯"地区共计"苦行三十五年"之久的说法就完全不能成立，因此，内齐托音喇嘛在"库库河屯"地区"苦行三十五年"的说法以及享年"九十七岁"的说法，均与史实不符。内齐托音喇嘛既然不是享年"九十七岁"，那么其真实的享年到底是几岁呢？

下面，笔者对厄鲁特蒙古土尔扈特部出身的蒙古高僧内齐托音喇嘛享年问题，阐述自己的几点根据和见解。

首先，内齐托音喇嘛享年"九十七岁"之错误，是由1739

---

① W.Heissig, A Mongolian Source to the Lamaist Suppression of Shamanism in the 17th Century, ANTHROPOS,Vol.48,1953, p.28.

年清代木刻版蒙古文史料《内齐托音一世传》的误读而引起的。

木刻版蒙古文《内齐托音一世传》原文"利上八十三"页第三行最后一个字（83r–03–04），虽然可读成"jaran"或"yeren"，但由于蒙古语字母"ǰ"和"y"的木刻版写法相同，因此此处读音不一定是"yeren"（九十），而应当是"ǰiran"（六十）。如果"ǰaran"这一字形是"ǰiran"（六十）一词的误刻或制作刻板后的损缺，那么其后连接的字句整体读法应应是"ǰiran doloyan nasun"（六十七岁）。木刻板蒙古文《内齐托音一世传》中，将"ǰiran（六十）"误写为"ǰaran"之字形另外还有几处，比如《内齐托音一世传》"利上六十一"页就有一处将"ǰiran"（六十）误写为"ǰaran"。当我们了解到"ǰaran"这一错误的字形是"ǰiran"（六十）的误写之后，就有必要将《内齐托音一世传》中关于内齐托音喇嘛享年的表述，解读为"ǰiran doloyan nasun"（六十七岁）。根据这一解读，"博格达喇嘛"即内齐托音喇嘛圆寂于癸巳年（1653 年）十月十五日，享年"六十七岁"（83r）。而从内齐托音喇嘛圆寂的 1653 年，以蒙古人虚岁计岁的方法，按享年"六十七岁"推算，我们可以推算出他出生于 1587 年。由此，我们可确定一世内齐托音喇嘛出生年及卒年为 1587—1653 年。

第二，据蒙古文史料《内齐托音一世传》记载，内齐托音喇嘛曾在后藏日喀则扎什伦布寺学佛。他"在经咒二学院，师事贤者"（sudur tarni qoyayula–yin suryayulin–dur mergen–e surulčan）[①]，并根据其请求，班禅葛根（即四世班禅额尔德尼）还授予他多种灌顶和"秘法"。此处"经咒二学院"，具体指的是扎什伦布寺"显

---

① 　成崇德、申晓亭译注《内齐托音一世传》汉译本（1990），将此段翻译为内齐托音"经、咒学得都很好"（第 98 页），误。笔者根据《内齐托音一世传》蒙古文原文（cindamani erike，7v.），改译为内齐托音喇嘛"在经咒二学院，师事贤者"。

宗学院"和"密宗学院"。

　　然而，1607 年之前的后藏扎什伦布寺中，只有"经学院"（显宗学院），而没有"咒学院"（密宗学院），这是毋容置疑的历史事实。这一史实我们可从《班禅额尔德尼传》中得到引证。

　　据《班禅额尔德尼传》记载，明万历三十五年（1607 年），后藏日喀则扎什伦布寺在班禅额尔德尼罗桑却吉坚赞（blo-bzang-chos-kyi-rgyal-mtshan，1567-1662）的提倡下，取得众喇嘛同意之后，决定在扎什伦布寺创建"咒学院"（密宗学院）。四世班禅罗桑却吉坚赞为创建"咒学院"（密宗学院），向封建贵族筹募资金，当年（1607 年）即已修建学院。从此，扎什伦布寺就有了"经、咒二学院"（即显宗和密宗二学院)，并有了先修"经"（显宗）、后学"咒"（密宗）的完整教学体系①。

　　换言之，1607 年扎什伦布寺内开始创建"咒学院"（密宗学院）。之后，内齐托音喇嘛以四世班禅罗桑却吉坚赞为师，在扎什伦布寺"经咒二学院"（显宗和密宗二学院)学习佛经和"秘法"，才有了可能。尤其值得一提的是，内齐托音喇嘛在西藏学成后，后来到漠南蒙古"库库河屯"地区和漠南蒙古东部地区，曾向众多信徒们传授过"密咒"、"秘法"等密宗的诸多佛法。这些历史事实表明，内齐托音喇嘛在扎什伦布寺学佛，应当是在 1607 年扎什伦布寺建成"咒学院"（密宗学院）之后的事情。我们说"1607年之后"，也不排除内齐托音喇嘛可能于 1607 年之前已经到达扎什伦布寺学佛的情况。也就是说，扎什伦布寺的"咒学院"（密宗学院），也有可能在内齐托音喇嘛于 1607 年之前先到扎什伦布寺"经学院"（显宗学院）学习一段时期后建成。即便是那样，内齐托音喇嘛一定在 1607 年新创建的"咒学院"（密宗学院）继续深造，专修了"密宗"，才有可能后来他在蒙古地区传授"密宗"

　　① 牙含章《班禅额尔德尼传》（瑟哈拉扎布译），呼和浩特：内蒙古人民出版社，1992 年，36 页。

佛法。但是，各种迹象表明，内齐托音喇嘛在1607年之后在扎什伦布寺学习的时间可能长达十年有余。笔者推断，他离开西藏经过漠北喀尔喀蒙古来到漠南蒙古"库库河屯"地区的大致年代为1618年左右。而且，由于内齐托音喇嘛的师傅四世班禅罗桑却吉坚赞在1601年才出任日喀则扎什伦布寺住持、内齐托音喇嘛出家前已有家室并育有一子等情况，因此内齐托音喇嘛最多有可能早于1607年二三年到达西藏扎什伦布寺。那样的话，内齐托音喇嘛享年"九十七岁"或出生于"1557年"之说法都不成立，而享年"六十七岁"、出生于1587年的观点才符合逻辑，并与史实吻合。因为，以1587年出生计算，1607年时，内齐托音喇嘛已是虚岁二十一岁。在16世纪末17世纪初期的年代，一位蒙古男人在二十一岁之前结婚得子，尔后厌倦家庭和尘世，出家为僧而前往西藏扎什伦布寺，是完全有可能的。

第三，内齐托音喇嘛之父王墨尔根特博纳（又作墨尔根特布纳或特穆纳等）的生平年代，是其子内齐托音喇嘛享年"六十七岁"的另一重要旁证。据《卫拉特历史文献》之《四卫拉特历史》中记载：

翁衮察布齐亚齐之子额吉乃台吉，额吉乃台吉之子"那奥斯叶尔登、铁聂斯墨尔根特木纳、都腊亚尔丹青、楮库推"等四人，"铁聂斯墨尔根特木纳之子墨尔根昭农，墨尔根昭农之子额尔可昭农，此为土尔扈特诺颜之根也"[1]。

《卫拉特历史文献》之《乌讷恩素珠克图旧土尔扈特部与青塞特奇勒图新土尔扈特部诸汗诺颜表传》中也记载：

翁衮察布齐亚齐有五子，"长子额吉乃太师……额吉乃太师有六子……额吉乃太师次子铁聂斯墨尔根特博纳……墨尔根特博纳五子之一墨尔根昭诺木。墨尔根昭诺木之子额尔德尼昭诺木。

---

[1] 巴岱、阿拉坦奥日格乐、额尔德尼编释：《卫拉特历史文献》，海拉尔：内蒙古文化出版社，1985年，189页。

额尔德尼昭诺木之子额尔可昭诺木"①。

从以上历史文献记载来看，墨尔根特博纳（特穆纳），以铁聂斯墨尔根特木纳、铁聂斯墨尔根特博纳或墨尔根特博纳等名字出现在各种不同文献中。墨尔根特博纳（特穆纳）祖父为翁衮察布齐亚齐，父亲为额吉乃太师，其子墨尔根济农（昭农）继承了父位，其他四子中有一名乳名叫"阿必达"的应该就是内齐托音喇嘛。

上述《卫拉特历史文献》，虽然并没有交代清楚内齐托音喇嘛之父王墨尔根特博纳（特穆纳）的生平年代，但我们可从日本学者若松宽的研究成果中得知，自1621年至1630年的俄罗斯历史文献，对墨尔根特博纳（特穆纳）的历史活动有一些记载②。墨尔根特博纳（特穆纳）的活动被俄罗斯1630年的历史文献所记载，这说明墨尔根特博纳（特穆纳）至少活到1630年。墨尔根特博纳（特穆纳）与和硕特拜巴噶斯、准噶尔哈喇忽剌、杜尔伯特达赖太师等人是同时代的人，17世纪上半期他与喀尔喀蒙古阿勒坦汗进行过征战。换言之，墨尔根特博纳（特穆纳）大约自16世纪下半叶至17世纪30年代期间安然在世。因此，内齐托音喇嘛之父王墨尔根特博纳（特穆纳）的生平活动以及内齐托音喇嘛圆寂于1653年等情况表明，如果内齐托音喇嘛圆寂时已经"九十七岁"的话，那么将会出现内齐托音喇嘛的出生年，比其父王还要早的滑稽现象。

其实，关于内齐托音喇嘛之父王墨尔根特博纳（特穆纳）"劝导"皈依佛教的文献记述也不少。比如，学术界对1615年厄鲁特（卫拉特）蒙古各部王公集体皈依佛教，让各自一子出家为僧之史实几乎都论及，而且都有特写之倾向。但是，与此同时过去往往没

---

① 同上《卫拉特历史文献》，367页。
② ［日］若松宽《カラクラの生涯》，日本《東洋史研究》第22卷第4号，1964年3月，1—35页。

有充分重视另一个基本史实，那就是墨尔根特博纳（特穆纳）"劝导"厄鲁特蒙古各部皈依佛教的先驱性事迹。据巴图尔乌巴什图们著《四卫拉特史》记载：

"情深意重的卫拉特的赛音特讷斯墨尔根特木纳诺颜使四卫拉特皈依了佛教，恰似太阳照亮了黑暗之洲"①。

关于这一点，噶班沙喇布著《四卫拉特史》记载更为详细，其中说：

"在卫拉特土尔扈特的赛音特讷斯墨尔根特木纳的劝导下，阿海哈屯的五个虎子和鄂尔勒克的六个儿子、车臣诺颜的儿子们，凭借先前的因缘，使四卫拉特皈依了佛教，犹如在黑暗之洲升起了太阳，立下了丰功伟绩。这是佛教最初传来的情况"②。

从上引两部汉译史料记载来看，墨尔根特博纳（特穆纳）也称之为"赛音特讷斯墨尔根特木纳诺颜"或"赛音特讷斯墨尔根特木纳"等。而且，厄鲁特蒙古各部王公是在他"劝导下"皈依佛教的。

那么，墨尔根特博纳（特穆纳）是何时开始进行"劝导"厄鲁特蒙古王公皈依佛教的呢？对此，马汝珩、马大正二人根据加沙拉勃（即噶班沙喇布）的《关于卫拉特人的故事》一书记载，在其合著论文《厄鲁特蒙古喇嘛僧咱雅·班底达评述》中，有一段较详细的论述。其中写道："是由一个土尔扈特的王公（即墨尔根特博纳——引者）最先在厄鲁特各部发起信奉喇嘛教（引者并不认同'喇嘛教'这一称谓）的。他大约在明万历三十八年（1610 年），向和硕特部首领拜巴噶斯以及其他王公，'提出信奉

① 参见丹碧、格·李杰编著《蒙汉对照托忒文字卫拉特蒙古历史文献译编》，乌鲁木齐：新疆人民出版社，2008 年，245 页。
② 参见丹碧、格·李杰编著《蒙汉对照托忒文字卫拉特蒙古历史文献译编》，乌鲁木齐：新疆人民出版社，2008 年，第 260 页"佛教在四卫拉特的传播"。

喇嘛教的有关建议’，拜巴噶斯虽然想接受建议，但因‘与西藏没有直接接触’，而未能付诸实践。黄教正式传入厄鲁特蒙古是在明万历四十三年（1615年），由满珠习礼呼图克图（Manchusiri Khutukht）即察钢诺门汗引进的”①。

的确，笔者也认为，西部厄鲁特蒙古各部王公在1615年集体皈依佛教之前，墨尔根特博纳等人“劝导”厄鲁特王公皈依佛教的酝酿，大约是从这一时期开始的。而作为墨尔根特博纳之子的阿毕达（内齐托音喇嘛），很有可能是在此之前已经赴藏学习佛经，但其赴藏时间不可能早于1607年。因为，内齐托音喇嘛在后藏日喀则扎什伦布寺的显宗和密宗“二学院，师事贤者”，并在学完比丘所需所有佛经之后，在四世班禅喇嘛罗桑却吉坚赞（1567—1662）身前接受比丘戒。而成为一名精通显宗、密宗的高僧一般需要七年、八年乃至十余年的学经岁月。这样看来，内齐托音喇嘛在西藏学佛至少可能长达十年之久。但是，1607年之前的扎什伦布寺，尚未建立“密宗学院”，因此内齐托音喇嘛不可能1607年之前过早地来到扎什伦布寺。另外，假如内齐托音喇嘛出生于1557年的话，那样比自己的受戒大师四世班禅喇嘛罗桑却吉坚赞（1567年出生）还要大了。总之这些都说明，一世内齐托音喇嘛不可能享年“九十七岁”。

第四，从内齐托音喇嘛兄弟墨尔根济农的生平来看，1653年内齐托音喇嘛圆寂时，不可能“九十七岁”，而应当是六十七岁。

据上述《卫拉特历史文献》记载，墨尔根济农是墨尔根特博纳（特穆纳）的继承人，虽然“蒙古王公表传”中称，墨尔根特博纳（特穆纳）只有三子，但“蒙古回部王公表传”如同《卫拉特历史文献》记载一样，将墨尔根济农记录在兄弟之首。墨尔根济农继承其父位，成为厄鲁特蒙古土尔扈特部首领，并在17世

① 参见中国社会科学院中国边疆史地研究中心编《清代蒙古高僧传译辑·蒙古卷》，北京：全国图书馆文献缩微复制中心出版，1990年，260页。

纪上半叶即1642年同和硕特部顾实汗之子彻辰洪台吉，加入了护送达赖喇嘛返回西藏的队伍。

据蒙古史学者青格勒在利用中国第一历史档案馆档案和藏语文献基础上发表的论文，"1647年，顾实汗、达赖喇嘛等人向顺治帝送去书信，墨尔根济农也包括在其中"。而且，墨尔根济农在1665年去世①。

由此可见，1647年时，墨尔根特博纳（特穆纳）已不在世，其子墨尔根济农已经继承其父位，并任万户首领。如果当时墨尔根特博纳（特穆纳）还健在，墨尔根济农就不可能跟顾实汗、达赖喇嘛等人齐名上书。内齐托音喇嘛圆寂于1653年，墨尔根济农去世于1665年。那么，墨尔根特博纳（特穆纳）的长子很可能是出家的一世内齐托音喇嘛，而不是墨尔根济农。但是，继承父位的是没有出家的儿子墨尔根济农，因此，墨尔根济农被世俗文献记在兄弟首位，而出家的儿子内齐托音喇嘛就完全有可能被世俗的记录所忽略。总之，从内齐托音喇嘛与墨尔根济农的兄弟关系以及墨尔根济农的卒年等情况看，内齐托音喇嘛不可能享年"九十七岁"，而应当是六十七岁。

第五，就佛教何时正式传入西部厄鲁特蒙古而言，毋庸置疑，从16世纪90年代开始佛教已经逐渐流入厄鲁特蒙古社会。但是，厄鲁特蒙古各部王公集体皈依佛教，都让家中一子当喇嘛的史实发生在1615年。有关这一史实的文献史料中，将托忒蒙古文转写为回鹘蒙古文的《咱雅·班底达传》记载比较详细。

蒙古文史料《咱雅·班底达传》原文拉丁转写：

"gegen nasun–u qubiluγsan ǰil anu sirui γaqai (1599)
tai amui. čečen qaγan– u ečige noyan bayibaγas baγatur
terigülen, dörben oyirad–un noyad bügüdeger /niǰiged

---

① 和硕特·青格勒：《关于土尔扈特梅力根济农的身世与事迹》，《卫拉特研究》，2006年第4期，76—81页。

köbegün-iyen bandi bolɣay-a / geǰü ama abulčaɣsan-
du, busu noyad ǰiǰeged köbegün-iyen bandi bolɣabai.
bayibaɣas baɣatur noyan:/minü ür-e-yin tölöge bandi bol
/ kemegsen-dü, arban doloɣatai-daɣan manzusiri qutuɣtu-
ača bandi boloɣsan aǰuɣu."①

蒙古文史料《咱雅·班底达传》原文汉译：

> "（咱雅·班底达）转世于土猪年（1599年）。以车臣
> 汗之父诺颜拜巴噶斯巴图尔为首的四卫拉特诺颜皆许愿
> 各送一子做班第。别的诺颜也纷纷送出一子时，拜巴噶
> 斯巴图尔诺颜说：'代替我子做班第吧'。（咱雅·班底达）
> 十七岁时（1615年），向满珠习礼（曼珠室利）呼图克图接
> 受沙弥戒"②。

很显然，上引史料里说的是，咱雅·班底达出生于1599年。
尔后，当咱雅·班底达以满珠习礼呼图克图为师，接受沙弥戒出
家为僧时，他年龄十七虚岁，时年正是1615年。就在这一年，
以车臣汗之父拜巴噶斯巴图尔为首的四卫拉特王公都各献出一子
当喇嘛。据《和鄂尔勒克历史》文献统计，"总共有三十二个诺
颜送儿子去当了喇嘛，同时还从庶民中选出了二百个男童作为上
述诺颜孩子的侍从，他们也当了喇嘛"③。可见，这一次出家的厄
鲁特蒙古王公子弟和平民子弟合计多达232人。这就是咱雅·班
底达出家为僧时的厄鲁特蒙古王公子弟集体出家当喇嘛的实际情
况，也是藏传佛教正式传入厄鲁特蒙古的重要历史事迹。

---

① 西·诺尔布校注《咱雅·班底达传》（蒙古文），呼和浩特：内蒙古
人民出版社，1999年，17页。
② 参见成崇德译注《咱雅·班底达传》汉译本（1990），中国社会科学院
中国边疆史地研究中心编《清代蒙古高僧传译辑·蒙古卷》，北京：全国图
书馆文献缩微复制中心出版，1990年，3—4页。
③ 丹碧、格·李杰编著《蒙汉对照托忒文字卫拉特蒙古历史文献译编》，
乌鲁木齐：新疆人民出版社，2008年，272页。

　　但是，德国蒙古学学者海西希对蒙古文史料《咱雅·班底达传》记载理解有误，由此错误地认为，"西蒙古厄鲁特四部王公们在1599年之前约定每位王公和贵族都要献出一个儿子当圣职人员"①。

　　其实，如前所论及，西部厄鲁特蒙古各部王公各献出一子当喇嘛之史事发生在1615年，而并非发生在1599年之前。由于海西希误解了蒙古文《咱雅·班底达传》记载，因此错误地认为厄鲁特蒙古各部王公约定皈依佛教是在1599年之前。值得注意的是，这一错误又导致和坚定了他认为厄鲁特蒙古内齐托音喇嘛出生于1557年和享年九十七岁的另一个错误。也就是说，海西希错误地认为，厄鲁特蒙古各部王公在1599年之前已经约定皈依佛教，而且在此之前西蒙古已经出现内齐托音喇嘛般的出家者，因此他对木刻板蒙古文《内齐托音一世传》中的关于内齐托音喇嘛享年"九十七岁"之误刻，似乎深信不疑。而在实际上，蒙古文《咱雅·班底达传》中说的1599年是指咱雅·班底达的出生年，而且后来在咱雅·班底达十七虚岁时厄鲁特蒙古各部王公送出一子当喇嘛，咱雅·班底达本人也在同年出家之事发生在1615年，而不是在1599之前已经"约定"。但由于海西希是国际著名学者，海西希关于内齐托音喇嘛出生于1557年和享年九十七岁的错误观点，直接影响了后来一大批国内外研究者。不仅如此，而且海西希的上述错误观点，实在是与史实脱离甚远。如果一世内齐托音喇嘛出生于1557年和享年九十七岁的话，那么，在咱雅·班底达出家的1615年时，内齐托音喇嘛已经是快要到六旬的人了，这完全不符合史实。因此，内齐托音喇嘛"享年九十七岁"之说，是与史实脱离甚远的错误观点，是完全不能成立的。

---

① 　W. Heissig, The Religions of Mongolia, University of California Press Berkely and Los Angeles, 1980,P.29., and Mongolian biography of Caya Pantita, Corpus Scriptorum Mongolorum, Vol.5, fasc.2, Ulanbator 1959.

最近，兰州大学王力发表《关于内齐托音一世的几个问题》一文，根据汉、蒙、藏等各种文献，对藏传佛教传入西部厄鲁特蒙古的时间、内齐托音喇嘛在蒙古地区传教的特点及其对世俗权力阶层的矛盾心理和与萨迦法王的争斗等问题，进行了较详细的阐述。其中写道："藏传佛教格鲁派传入卫拉特蒙古的时间最早应在 1594 年之后，并不是 1585 年之前，但也不是在 1616 年才开始传入。根据现有资料只能初步推定在 16 世纪末到 17 世纪初期间，藏传佛教格鲁派传入了卫拉特蒙古"[1]。这一结论比较客观，符合西部厄鲁特蒙古实际皈依佛教的历史进程。

其实，对 1594 年之前的西部厄鲁特蒙古来讲，除"有一厄鲁特人曾向法主索南嘉措请求其手中之《金光明经》"[2] 等零散信息之外，至今的确尚未发现有关佛教在 1594 年之前传入厄鲁特蒙古的历史文献史料。但在此需要说明的是，虽然德国海西希等学者认为木刻板蒙古文《内齐托音一世传》是反映这一时期厄鲁特蒙古宗教状况的重要史料，但那是由于轻信该传记中关于内齐托音喇嘛享年"九十七岁"之"误刻"记载，并由此进而推算出内齐托音喇嘛出生于 1557 年之说而导致的看法。而在事实上，蒙古文《内齐托音一世传》成书于 1739 年，而且，由于该传记中的主要历史人物内齐托音喇嘛在 1587 年出生于厄鲁特蒙古土尔扈特部，因此蒙古文史料《内齐托音一世传》中主要叙述 1587 年之后阿必达（内齐托音喇嘛）的出家为僧、西藏学佛以及后来在 17 世纪上半期漠南蒙古地区的传教活动等事迹。

第六，如何理解 19 世纪末 20 世纪初蒙古文档案史料中的个

---

[1]　王力：《关于内齐托音一世的几个问题》，《世界宗教研究》，2011 年第 1 期，52 页。

[2]　五世达赖喇嘛著，刘立千译注：《西藏王臣记》，北京；民族出版社，2000 年，126 页。

别记载呢。比如，清末"呼和浩特掌印扎萨克达喇嘛印务处"保存下来的《呼和浩特诸寺几代呼图克图、呼毕勒干喇嘛转世以及诸寺兴建调查呈送册》中有这样一段蒙古文记载。

蒙古文史料原文拉丁转写：

"buyan-i undurɣaɣči süm-e-yin ǰasaɣ blam-a da blam-a narun bayičaɣan medegülügscn anu, man-u blam-a neyiči toyin qutuɣtu-yin angqan töröl anu, torɣud-un tayiǰi mergen tabunang [teben-e]-du qubilɣan ɣaruɣad yerin doloɣan nasutai ǰangči arilǰiba[aralǰiba]"①

蒙古文史料汉译：

"崇福寺扎萨克喇嘛、达喇嘛调查呈报曰：吾辈喇嘛内齐托音呼图克图之第一世，在土尔扈特台吉墨尔根塔布囊（特博纳之误记——引者）家转世诞生，享年九十七岁圆寂"。

上引蒙古文写本档册，当是1901年的档案史料，因为这批档册中有的明确记载为清"光绪二十七年（1901年）六月"②。与我们所探讨的问题相关的记载是，其中说内齐托音一世"享年九十七岁"（yerin doloɣan nasutai）圆寂。但笔者认为，这个记载也是来自上面已经阐述过的各种"误记"和"误传"，可信度很低。而且它是19世纪末20世纪初喇嘛制作的调查报告，在短短的上段引文中还存在着严重的误记。即引文中将内齐托音喇嘛的父王墨尔根特博纳之名字误记成"墨尔根塔布囊"（mergen tabunang），而"塔布囊"的意思是额驸。学界周知，墨尔根特博纳（mergen teben-e）又称墨尔根特穆纳，他是厄鲁特蒙古土尔

---

① 该蒙古文档案原文影印件参见：金峰整理《漠南大活佛传》（öbör boɣda-yin namtar），呼伦贝尔：内蒙古文化出版社，2012年2月，419页。
② 王力：《关于内齐托音一世的几个问题》，《世界宗教研究》，2011年第1期，52页。

扈特部万户王公，而不是什么"额驸"。因此，有如此低级误记的记载是不可取的。

综上所述，笔者认为，厄鲁特蒙古土尔扈特部出身的蒙古高僧内齐托音一世出生于 1587 年，大约在 1607 年左右到达后藏日喀则扎什伦布寺，以四世班禅喇嘛罗桑却吉坚赞（1567—1662）为师，在"经咒二学院"（即显宗和密宗二学院）学佛。学成后大致在 1618 年三十二虚岁左右从西藏返回蒙古，先后在漠北喀尔喀蒙古、漠南蒙古"库库河屯"（今呼和浩特）地区和漠南蒙古东部地区传播佛教，于 1653 年圆寂，享年六十七虚岁。

笔者认为，阿毕达即内齐托音喇嘛（1587—1653），比另一位厄鲁特蒙古高僧咱雅·班底达（1599—1662）年长十几岁，但他们是同时代的历史人物。如此解读史料、如此理解《内齐托音一世传》的相关记载才能更符合逻辑、更接近历史真相。总之，西部厄鲁特蒙古土尔扈特部阿毕达出家成名后，以"内齐托音"（Neyiči toyin）之名扬名天下。其转世者二世诞生后，阿毕达又被称为"内齐托音一世"或"一世内齐托音喇嘛"。蒙古高僧内齐托音一世，是生活在 16 世纪 80 年代至 17 世纪 50 年代初的蒙古佛教史上的重要历史人物。我们对其蒙古语称谓"Neyici toyin"加以汉语音写时，也应沿用《清太宗实录》等的"内齐托音"这类正确的写法。内齐托音喇嘛在其"六十七"虚岁时圆寂于 1653 年，根据蒙古人的虚岁计岁习惯，其生平年代为 1587—1653 年。

第三章　17 世纪蒙古高僧内齐托音
一世生平事迹

在第一章、第二章中，我们已对 16 世纪后期至 17 世纪中叶漠南蒙古佛教与萨满教争斗的历史进程、西部厄鲁特（卫拉特）蒙古土尔扈特部出身的蒙古佛教高僧内齐托音一世（Neyiči toyin，1587—1653）与萨满教的斗争事迹、内齐托音喇嘛的称号与享年以及相关基本问题，进行了探讨和考证。在此基础上，我们在本章进一步梳理和研究内齐托音喇嘛一生的生平事迹，并制作其主要活动年表，探讨其蒙古语传教活动特点及其历史意义。

第一节　蒙古高僧内齐托音一世的童年与西藏留学

关于内齐托音一世的生平事迹，最详尽的史料无疑是 1739 年清代木刻版蒙古文史料《详述圣内齐托音达赖满珠习礼传说之如意念珠》（Boγda neyiči toyin dalai manǰusrii-yin domoγ-i todorqay-a geyigülügči čindamani erike kemegdekü orosiba）[1]。由于这一蒙古文史料的汉译名称，通常被简称为《内齐托音一世传》或《如意念珠》，为了方便起见，以下我们也分别使用汉译简称《内齐托音一世传》和蒙古文简称"čindamani erike"。据这一蒙古文《内齐托音一世传》记载：

[1]　这部清代木刻版蒙古文《内齐托音一世传》（1739），最近其蒙古文原文影印件，在国内相继得以出版。这些影印件分别是：金峰整理《漠南大活佛传》，呼伦贝尔：内蒙古文化出版社，2010 年，177—268 页《内齐托音一世传》蒙古文影印件和 [清] 额尔德尼毕利衮达赖著，成崇德、申晓亭译注《内齐托音一世传》，呼和浩特：内蒙古大学出版社，2014 年，57—148 页《内齐托音一世传》蒙古文影印件。

蒙古文史料拉丁转写：

　　" ene oron /–ača umar–a ǰüg asuru / qola oron ögeled tooryud /ulus–un eǰen , ayuši qaγan–u / abaγ–a aq–a mergen teben–e / kemegdekü .. čoγ aldar qotala / tegüsügsen tümen čirig /–tai nigen yeke noyan aǰuγu. / tere ber nigen köbegün /törögsen–dür masida bayasuγad / miliyaγud–un yeke qurim /üiledüged, ner–e–yi anu / Abida kemen nereyidbei." [1]

蒙古文史料汉译：

　　"在遥远的北方，有一厄鲁特土尔扈特部，其主阿玉奇汗之叔兄名叫墨尔根特布纳，是一位远近闻名的万户诺颜。墨尔根特布纳得一子，十分高兴，举行盛宴庆祝，取名阿毕达" [2]。

上引史料显示，内齐托音（Neyiči toyin）喇嘛乳名为"阿毕达"，他出生于西部厄鲁特（卫拉特）蒙古土尔扈特部贵族家庭。阿毕达是土尔扈特部首领阿玉奇汗之叔兄、万户王公贵族墨尔根特博纳（Mergen teben–e）之子。土尔扈特部首领阿玉奇汗，应当是在1644年对俄罗斯战斗中阵亡的"和鄂尔勒克"之曾孙。据史料记载，和鄂尔勒克有六子，其长子为书库尔岱青。顺治十二年（1655年），书库尔岱青遣使锡喇布鄂木布，向清廷奉表贡。"书库尔岱青之子朋楚克，朋楚克之子阿玉奇，世为土尔扈特长。阿玉奇始自称汗" [3]。而阿玉奇汗之叔兄墨尔根特博纳，又作墨尔根特布纳、墨尔根特穆纳或简称"特穆纳"（temün–e）等等。据《札萨克一等台吉达尔扎列传》记载，"翁贵为贝果鄂尔勒克第，

　　① 　《内齐托音一世传》蒙古文原文：čindamani erike , 5v.
　　② 　成崇德、申晓亭译注《内齐托音一世传》汉译本（1990），96—97页。
　　③ 　参见包文汉、奇·朝克图整理《蒙古回部王公表传》第一辑，呼和浩特：内蒙古大学出版社，1998年，658—659页《土尔扈特部总传》。

子额济内。有子四,长吗哈斯,次特穆纳"①。这最后的次子"特穆纳",当指墨尔根特穆纳即墨尔根特博纳。

我们从蒙古文《内齐托音一世传》的记载,尚不清楚阿毕达即内齐托音一世之父王墨尔根特博纳(特穆纳)的生平。但是,日本学者冈田英弘(OKADA Hidehiro)对诸多史料加以分析后推测墨尔根特博纳(特穆纳)可能出生于 1567 年②。而且,从墨尔根特博纳(特穆纳)一子的继嗣年代和相关记载中我们可以得知,墨尔根特博纳于 1647 年时已不在世。这样,我们就可以大致确定墨尔根特博纳(特穆纳)的生平,即他可能生活在 16 世纪 60 年代至 17 世纪 40 年代。那么,墨尔根特博纳(特穆纳)之子内齐托音一世到底曾生活在哪个年代呢? 对此,蒙古文《内齐托音一世传》中也没有明确记载,传记中仅仅记载了内齐托音喇嘛的圆寂年。其蒙古文传记中是这样写的。

蒙古文史料拉丁转写:

"boγda blam-a-yin gegen ǰaran [ǰiran] / doloγan nasun-u deger-e / usun moγai ǰil-ün arban / sara-yin arban tabun-a, degedü /qubilγan-u beyeben quriyaǰu / nom-un töb-ün aγar-a /ögede boloγsan-i, / olan öglige-yin eǰed / šabinar-tur sonosqaγsan-a /bügüdeger quran čiγulǰu / ireged,amitan-u tusa-yin tula nirwan-u takil-i / čaγlasi ügei üiledbei."③

蒙古文史料汉译:

---

① 包文汉、奇·朝克图整理《蒙古回部王公表传》第一辑,呼和浩特:内蒙古大学出版社,1998 年,602 页。

② [日]冈田英弘《ウバシ·ホンタイジ伝考釈》,日本《游牧社会史研究》第 32 册,1968 年,8—9 页。

③ 《内齐托音一世传》蒙古文原文:čindamani erike,83r.

> "博格达喇嘛活佛六十七岁 ①，岁次癸巳年十月十五
> 日，收其神体往法性之空。遂讣告众檀越及徒弟，众皆前
> 来聚会，为众生之利益，举行了隆重的涅槃之祭。" ②

上引史料中的"博格达喇嘛活佛"（boγda blam-a-yin gegen），
是指内齐托音喇嘛。博格达（boγda），如果意译，可译为"圣"
或"圣者"。蒙古语"gegen"，一般音译为"葛根"，表示尊敬或
特指"活佛"。在此可译成为"活佛"。可见，内齐托音喇嘛在此
已被尊称为"圣喇嘛活佛"。"癸巳年"是清顺治十年，公元 1653 年。
因上引史料中的内齐托音喇嘛享年原文可解读为"jiran doloγan
nasun"（六十七岁），所以我们可从内齐托音喇嘛圆寂的癸巳年
（1653 年）推算出其生年为 1587 年。

在内齐托音喇嘛出生的前一年是明万历十四年（1586 年），
这年正是在漠北喀尔喀蒙古（今蒙古国）创建了佛教寺院"额尔
德尼召"寺 ③。在此之前的 1578 年，又是蒙古本部右翼三万户之
一土默特万户首领阿勒坦（俺答）汗，在青海会见西藏高僧并授
予其"达赖喇嘛"称号，带领土默特、鄂尔多斯等蒙古右翼部落
皈依佛教的一年。尔后，阿勒坦汗在漠南蒙古"库库河屯"（今
呼和浩特）城区创建了佛教寺院"释迦牟尼银佛寺"。以上蒙古
佛教史大事记都足以说明，内齐托音喇嘛出生的 1587 年前后，
正是藏传佛教格鲁派（黄教）积极传入蒙古地区的佛教传播时期。
而在 1587 年出生于西部厄鲁特蒙古土尔扈特部万户王公贵族家
庭的阿毕达（内齐托音喇嘛乳名），似乎在"怜悯"与"思考"

---

① 此处，成崇德、申晓亭译注《内齐托音一世传》汉译本（1990）第 146
页上的原译为"九十七岁"。但笔者认为，《内齐托音一世传》中的此处蒙
古文原文，可解读为"jiran doloγan nasun"（意为"六十七岁"），因此笔
者将此处改译为"六十七岁"。

② 成崇德、申晓亭译注《内齐托音一世传》汉译本（1990），146 页。

③ ИСТОРИЯ ЭРДЭНИ-ДЗУ, Москва.,1999, p.180.

中度过了他的童年和青春，最后还是决心出家为僧，奔向西藏佛教圣地。我们先看看《内齐托音一世传》中是怎样描述幼年的内齐托音即阿毕达的出家经过吧。

蒙古文史料拉丁转写：

> "tere /boγda öčüken–eče masi yeke / asaral–tu böged örüsiyel/–tü / jobalang–tu amitan–i yekede eneriged ügegüs yadangki /γuyilinčin–a bui bükün –iyen / ögküi– dür qaram ügei / boloγad, sirügün ba qudal / üges–i tebčiged ünen–e /ügülegči, oyun anu masi // qurča bülüge, tere ber / olan nökör selte abalara /odoγsan daγan töröküi siqamdaγsan / nigen čihitei–yin kebelin–i qarbuγsan– iyar qaγaraju / juljaγ–a anu unaju / tarčilaju kebteküi– dür , /eke inü ügürisün[üürsen] doliyaqui–yi / üjeged sedkil dolgisun /öndör ijaγur–i olbaču / tonilqui–yin učar ügei– yi / ayiladqu–yin düri–ber / jar jebčeg–iyen mön kü /tende oquruγad[orkiγad] gerdegen ireju / imaγta γurban erdeni–yi /süsülüged, orčilang–un / jim–e yoson–i γal–tu γau /metü üjeju masi jigsiged / orčilang –ača buruγudaqui /sedkil törögüljü maγad /γarču toyin bolqui–yi /duralaγad."①

蒙古文史料汉译：

> "那个博格达(指阿毕达——引者)自幼具有仁爱之心，怜悯贫苦众生，救济他人施舍一切，从不吝惜。他才智慧敏，从无谎言秽语，忠诚老实。一次，与众人狩猎，他首先射中一匹怀驹野驴，野驴腹裂掉出小驴驹，驴驹趴在地上颤抖着，母驴疼爱地舔吻。(阿毕达)见此情景顿生恻隐之心，暗想：虽然高门贵族亦不得解脱。于是弃掷

---

① 《内齐托音一世传》蒙古文原文：cindamani erike , 5v–6r.

> 弓箭返回府邸。(阿毕达)由此产生了信奉三宝、嫉世厌
> 俗之心,他视世途如火坑,想避世出家。"[1]

上引史料所描述的非常清楚,无须加以解释。打猎回来后,阿毕达(内齐托音)向父王墨尔根特博纳提出了出家为僧的请求。但其父王不但没有同意他再三恳求的出家请求,而且还为他包办了一桩婚事。一年之后,阿毕达(内齐托音)得一子,取名为"额尔德木达赖"。不久,由于阿毕达(内齐托音)对妻子和孩子表现出厌倦的态度,又常表示出家为僧的想法,因而其父王得知后派人监护,限制了他的自由。某日,阿毕达(内齐托音)正在室外念诵《皈依心经》时,突然旋风刮来卷走了他的佛经,于是他便追赶被风卷走的佛经。由于阿毕达(内齐托音)监护人的疏忽而且事后寻找也没能找到他,因而他便越走越远,以"下人形貌"继续奔向西方。

那么,阿毕达即内齐托音一世是何年到达后藏,在日喀则的"扎什伦布"(bkra-shis-lhun-po)寺学习佛经的呢?对此,《内齐托音一世传》中虽然没有明确的年代记载,但有我们在第二章中已探讨的如下重要的相关记载:即内齐托音一世在后藏日喀则扎什伦布寺的"显宗和密宗二学院,师事贤者"(sudur tarni qoyaγula-yin surγaγulin-dur mergen-e surulčan),并接受班禅葛根(即四世班禅喇嘛——引用者)的多种灌顶和秘法[2]。

在前章我们已经探讨过1607年之前的后藏日喀则扎什伦布寺只有"经学院"(显宗学院)而还没有成立"咒学院"(密宗学院)的历史事实。在此,我们主要对内齐托音一世与其师傅班禅葛根(又称班禅喇嘛、班禅额尔德尼等)的历史事迹之间的相互关系加以探讨。上面所说的"班禅葛根"便是四世班禅额尔德尼·罗桑却吉坚赞(1567—1662),正是这个重要的历史人物的相关历

---

① 成崇德、申晓亭译注《内齐托音一世传》汉译本(1990),97页。
② 成崇德、申晓亭译注《内齐托音一世传》汉译本(1990),98页。

史事迹，对我们确定内齐托音一世到底何年在后藏日喀则扎什伦布寺学习的问题，提供一些重要的线索和依据。以下根据《历辈达赖喇嘛与班禅额尔德尼年谱》等文献，梳理一下与本章内容相关的罗桑却吉坚赞的历史事迹。

四世班禅额尔德尼•罗桑却吉坚赞，于1567年出生于后藏日喀则。于水马年（1582年），十三岁时出家入驻后藏日喀则"恩萨曲古颇章"（dben-sa-chos-kyi-pho-brang）寺，以其伯父杰尊•桑杰益西（rje-btsun-sangs-rgyas-ye-shes）法主为师，受"沙弥戒"，正式取法名为"罗桑却吉坚赞"（blo-bzang chos-kyi rgyal-mtshan）[1]。于火狗年（1586年），十七岁时辞去安贡寺赤巴（khri-ba）职务，前往日喀则扎什伦布寺学习"显宗"经典。于铁兔年（1591年），二十二岁时在扎什伦布寺以本寺第14任赤巴（khri-ba）唐曲元培（dam-chos-yar-'phel）为住持，受"比丘戒"。同年，在他根本经师圆寂之后离开扎什伦布寺赴前藏拉萨，先去大昭寺举行祈祷仪式，然后到宗喀巴创立的甘丹寺学习深造。于土狗年（1598年），罗桑却吉坚赞离开甘丹寺，返回后藏安贡寺继任该寺住持，到金鼠年（1601年）才在众僧的一致恳请下，出任后藏扎什伦布寺第16任赤巴。这是班禅额尔德尼转世活佛系统，以后藏扎什伦布寺为母寺的开端。于水兔年（1603年），三十四岁的四世班禅•罗桑却吉坚赞在三大寺众僧的推荐下，与甘丹寺赤巴根敦坚赞（dge-'dun-rgyal-mtshan）共同给当时十五岁的四世达赖喇嘛剃发、传授"沙弥戒"，取法名为"云丹嘉措"（yon-tan-rgya-mtsho, 1589-1616）。这是四世班禅与四世达赖喇嘛第一次建立的师徒关系。后于火羊年（1607年），在罗桑却吉坚赞的提倡下，在扎什伦布寺创建了"密宗学院"，为扎什伦布寺众僧修完"显宗"

---

① 罗桑却吉坚赞的梵文名字为，"sumati-dharma-dhvaja"，有时也以其梵文名字出现在蒙古文文献中。

之后进一步考"格西"学位、升入本寺"密宗学院"学习"密宗"经典创造了条件。这样一来众僧再也不必前往拉萨"密宗学院"学习。从此，扎什伦布寺有了"显宗学院"和"密宗学院"的一整套完整的经学体系①。

从以上四世班禅·罗桑却吉坚赞的历史事迹来看，值得注意的重要事项有以下几点。首先，作为内齐托音一世师傅的四世班禅·罗桑却吉坚赞本人，于1591年二十二岁时在后藏扎什伦布寺被传授"比丘戒"，成为一名有佛学教养的僧人。假如内齐托音一世享年"九十七岁"并出生于1557年的话，那么1591年时内齐托音已有"三十五"虚岁，怎么能在还未成为"比丘"的四世班禅·罗桑却吉坚赞身前受戒呢。这说明，内齐托音一世在四世班禅身前接受比丘戒，至少也在1591年之后。其实，前面我们已经多次言及，内齐托音一世出生于1587年和享年"六十七岁"，所以1591年时内齐托音刚刚虚岁五岁，应当还在厄鲁特蒙古土尔扈特部故乡。其次，罗桑却吉坚赞在1601年三十二岁时才出任后藏扎什伦布寺第16任赤巴，从此才开始给一些僧人传授"沙弥戒"，成为一名高僧大德。第三，1607年，扎什伦布寺在四世班禅的倡导下创建了"密宗学院"，从而有了先修"显宗"、后修"密宗"的经学体系。而内齐托音一世是在后藏扎什伦布寺"经咒二学院"即在"显宗"和"密宗"二学院跟随四世班禅学习佛经和"秘法"的。这些只能在1607年之后才有可能。据此，我们可以断定，内齐托音一世在1607年左右抵达后藏扎什伦布寺，并以四世班禅·罗桑却吉坚赞为师学经，最后达到"具足戒"并被四世班禅赐予"净戒"（M:ariɣun šaɣšabad; T: tshul-khrims gtsang-ba）这一法号，成为佛门大弟子。而且在其西藏学成之后，经过西蒙古之地（今新疆）去了漠北喀尔喀蒙古。

① 丹珠昂奔主编《历辈达赖喇嘛与班禅额尔德尼年谱》，北京：中央民族大学出版社，1998年，429—432页。

第二节　内齐托音一世生平足迹及施主

西部厄鲁特蒙古土尔扈特部出身的内齐托音一世在西藏留学后，为何先去漠北喀尔喀蒙古，然后才到漠南蒙古地区传教的呢？据蒙古文《内齐托音一世传》记载，内齐托音一世在后藏扎什伦布寺学经达到"具足戒"，获得"净戒"法号之后，开始想去新的一个地方修行，为此请示了班禅葛根（四世班禅·罗桑却吉坚赞）。对此，四世班禅说了如下一段话。

蒙古文史料拉丁转写：

"činü erten-ü irüger / barilduly-a doruna jüg / metü bayinam，teyimü-yin tula / busu oron-a ülü udun /imaɣta doruna jüg-tür / odbasu šasin amitan-u / aɣui yeke tusa bütümüi."[1]

蒙古文史料汉译：

"你从前的缘分似乎在东方，因此不要去别的地方。
若去东方则能对佛救众生做出巨大贡献。"[2]

于是，内齐托音一世遵照四世班禅·罗桑却吉坚赞的晓谕，起程前往东方。他先去了漠北喀尔喀蒙古（今蒙古国），但尚不得知在漠北喀尔喀蒙古究竟逗留了多长时间。尔后，内齐托音一世又从漠北喀尔喀蒙古来到漠南蒙古"库库河屯"（今内蒙古首府呼和浩特）地区，但对何年来到"库库河屯"地区，在其传记中没有明确的年代记载。根据其生平活动和相关记载笔者认为，内齐托音一世大致在1618年左右到达今呼和浩特地区，于1629年之后离开呼和浩特前往漠南蒙古东部地区。尽管在《内齐托音一世传》中说，内齐托音一世在"库库河屯"地区山洞里总共"修

---

① 《内齐托音一世传》蒙古文原文：čindamani erike，8r.
② 成崇德、申晓亭译注《内齐托音一世传》汉译本（1990），98页。

行三十五年"之久，但是笔者认为这是其传记的错误记载，其实内齐托音一世在今呼和浩特地区大约进行修行和传教活动十二年左右,而在其晚年主要在漠南蒙古东部地区进行了佛教传播活动。

下面根据笔者自己的见解，梳理一下内齐托音一世的生平足迹及其各地施主。内齐托音一世在 1587 年出生于西部厄鲁特蒙古土尔扈特部贵族家庭，其乳名为"阿毕达"。阿毕达在土尔扈特蒙古故乡结婚得子不久，开始对家庭和尘世感到厌倦，决心出家为僧。

大致在 1607 年左右，内齐托音一世（阿毕达）从厄鲁特蒙古到达后藏日喀则扎什伦布寺学习佛法，并在西藏留学长达十年左右。内齐托音一世（阿毕达）在西藏学成后，遵照四世班禅的晓谕从日喀则扎什伦布寺起程前往漠北喀尔喀蒙古时，经过了西蒙古（今新疆）之地。

据《内齐托音一世传》等文献,现将内齐托音一世（阿毕达）一生游历的主要地方、大致行程路线和主要事迹，按照其时间和到达的顺序，可列举整理如下：

1. 内齐托音一世（乳名阿毕达）在 1587 年出生于西蒙古厄鲁特（卫拉特）土尔扈特部万户贵族墨尔根特博纳之家。

2. 内齐托音一世在 1607 年左右到达后藏日喀则·扎什伦布寺,在本寺"显宗学院"和"密宗学院",以四世班禅喇嘛（1567—1662）为师学经。

3. 内齐托音一世在西藏学成后，已成长为"内齐托音喇嘛"，在归途中经过西蒙古（今新疆境内）的"哈拉·阿吉尔嘎"（qar-a ajiɤ-a, 8v）[①] 和"包尔·阿吉尔嘎"（boro ajiɤ-a, 8v）之地。

---

① 据金峰《漠南大活佛》注释，"哈拉·阿吉尔嘎"为山名，以"哈拉阿集尔汗山"之名，载于《皇朝中外壹统舆图》第三卷。"哈拉阿集尔汗山"当在准噶尔汗国领域内，位于今新疆乌鲁木齐东北部"鄂日盐哈毕尔嘎山"东部。（参见金峰整理《漠南大活佛》，蒙古文，呼伦贝尔：内蒙古文化出版社，2010 年，105—106 页）。

4. 内齐托音喇嘛到达今新疆境内"钟黑勒白岩"（ǰongkil kemekü čaγan qada, 8v）①之地，在其下持久坐禅。

5. 内齐托音喇嘛到达漠北喀尔喀蒙古"却楞宰桑"（čoyirang ǰayisang, 8v）贵族之领地，为当地几个部众灌顶讲经。

6. 内齐托音喇嘛离开漠北喀尔喀蒙古，起程前往漠南蒙古土默特万户"库库河屯"（今呼和浩特）地区。

7. 内齐托音喇嘛到达南"戈壁"之地休息时，遇见了到北京做贸易的、赶着近万匹马群的五百名厄鲁特（卫拉特）蒙古人。

8. 内齐托音喇嘛骑着厄鲁特（卫拉特）蒙古人赠送的马，到达漠南蒙古"卡伦"（qaraγul, 10r）哨所。

9. 内齐托音喇嘛大致在 1618 年左右到达漠南蒙古"库库河屯"（今呼和浩特），当时"库库河屯"旧城"大召"②（yeke ǰuu, 10v）寺正在召开法会。

10. 内齐托音喇嘛在"库库河屯"（今呼和浩特）北山（即大青山）中游走时，当时住在此山"喀喇沁口"（qaračin aman kemeküi γaǰar, 10v）的萨·绰尔吉喇嘛特意派人迎接，并给内齐托音喇嘛赠送了一部《律师戒行经》(dulba-yin suture, 12v)③。

---

① 在《内齐托音一世传》另一处也说，在西蒙古土尔扈特之地"有座山叫钟黑勒白岩"（ǰongkil čaγan qada neretü nigen aγula, čindamani erike, 72r）。另据金峰《漠南大活佛》中的注释，"钟黑勒白岩"在今新疆"和布克赛尔"蒙古自治县西北约二百里处，清代于 1774 年在此地设置过卡伦哨所，称其为"察干奥包"。（参见上列金峰整理《漠南大活佛》，106 页）。但经过调研，笔者未能确定此处。

② "大召"，蒙古语俗称"伊克召"（yeke ǰuu），蒙古右翼三万户之一土默特万户首领阿勒坦（俺答）汗创建于 1579 年。由于寺中供养银制释迦牟尼佛像，因而也以"银佛寺"著称。其汉名原为"弘慈寺"，后改为"无量寺"，位于今内蒙古自治区呼和浩特市旧城。

③ 蒙古文"dulba"，为藏文"'dul-ba"这一经名的蒙古文式写法，其对应梵文为"Vinaya"，一般译为《律师戒行经》。（参见《蒙古文甘珠尔·丹珠尔目录》编委会编《蒙古文甘珠尔·丹珠尔目录》下卷，远方出版社，2002 年 12 月，1070—1071 页）。

11. 内齐托音喇嘛在"库库河屯"城西北部大青山中游历偏僻的寺庙顶礼，到访博格达察汗喇嘛（boɣda čaɣan blam-a, 14r）[①] 修行之处。

12. 内齐托音喇嘛访问土默特蒙古俄木布洪台吉 [②] 府邸。

13. 内齐托音喇嘛访问萨·绰尔吉喇嘛修行处，与萨·绰尔吉喇嘛谈论经法逗留几天。

14. 内齐托音喇嘛到达"库库河屯"城东南大山中坐禅的"罗汉"（arqad）[③] 莫尔根禅师处，与禅师共同修行了一两个月。

15. 内齐托音喇嘛在"库库河屯"城郊外东南大山"朝克图须弥尔山洞"中修行十二年 [④]。

---

① 据《土默特旗志》（贻穀纂，光绪年间[1875–1908]刻本）卷六第七页记载："广化寺在归化城西百里齐克奇正北大青山内前。明中叶有宝枆都察汗喇嘛在此山洞长斋讽经传教增徒，至于顺治十二年涅槃"（转引自中国社会科学院中国边疆史地研究中心编《清代蒙古高僧传译辑·蒙古卷》，全国图书馆文献缩微复制中心出版，1990年，第156页）。上述引文中的"宝枆都察汗喇嘛"便是"博格达察汗喇嘛"，他曾在今呼和浩特西北部大青山的山洞里长期坐禅传教，于1655年（顺治十二年）去世。

② 俄木布洪台吉当属蒙古本部右翼三万户之一土默特万户首领阿勒坦（俺答）汗（1507—1582）之孙。据森川氏论文，俄木布洪台吉以阿勒坦（俺答）汗和三 娘子之子"不他失里黄台吉"（Budasiri qung tayiji）为父，以"把汉比妓"为母，也以其别名"索囊黄台吉"见于史书。比如据《武備志》第二百六卷中的"兵略"记载，"不他失里黄太吉，係顺义王俺答第七子，三娘子所生也。生二子。长子哑不害台吉即温布，又名索囊。二子公赤哑不害台吉"。由此可见，俄木布（温布）的别名为"索囊"，因此，俄木布洪台吉也称之为"索囊黄太吉"。虽然俄木布洪台吉的出生年不详，但由于其母于1586年（万历十四年）左右嫁给不他失里，因而他可能出生于1587年之后。（参见《蒙古史研究》第一辑，内蒙古人民出版社，1985年，168—171页）。

③ 此处，成崇德、申晓亭译注《内齐托音一世传》汉译本（1990）第104页上译为"阿喇滚"。其实，"阿喇滚"的对应蒙古文原文应读为"arqad"，其意为"罗汉"。

④ 此处，依据了《内齐托音一世传》中的如下记载：即"喇嘛葛根（指内齐托音喇嘛——引者）回到朝克图须弥尔山，在自己的山洞中，日夜进行四次坐禅修行。……如此在那朝克图须弥尔山中修行了十二年"（cindamani erike, 29v）。

16. 内齐托音喇嘛带领徒弟们移居"库库河屯"城郊外东北山中的"黄帽洞"（sira malaγ-a-yin aγui，31r）修行，在此期间前往土默特俄木布洪台吉府邸为其去世的女儿做祈祷。

17. 内齐托音喇嘛带领三十名大徒弟，大致在 1629 年之后从"库库河屯"地区赴漠南蒙古东部地区。

18. 内齐托音喇嘛及其随从徒弟到达蒙古察哈尔部"伊木嘎图岩洞"（imaγatu kemekü qada-yin aγui, 35v）之地。

19. 内齐托音喇嘛及其随从徒弟到达蒙古翁牛特部之地。

20. 内齐托音喇嘛及其随从徒弟们，在 1629 年之后起程前往漠南蒙古东部地区时，沿途进行佛教传播活动。内齐托音一行，在 1632 年阴历九月科尔沁土谢图汗奥巴逝世之前，先抵达盛京（沈阳），向太宗皇帝皇太极请安，并得到皇帝"准许"后前往蒙古地区传教。

21. 内齐托音喇嘛及其随从徒弟，在谒见清太宗皇太极之后进入蒙古科尔沁部 ① 右翼中旗土谢图汗 ② 之游牧地。

22. 内齐托音喇嘛及其随从徒弟到达科尔沁部右翼中旗土谢图汗府外，土谢图汗奥巴之弟"扎萨克图杜棱" ③，对内齐托音

①　据《蒙古游牧记》卷一记载，清代蒙古"科尔沁部在喜峰口东北八百七十里。至京师千二百八十里。东西距八百七十里。南北距二千一百里。东至扎赉特界，西至扎鲁特界，南至盛京边墙界，北至索伦界"（[清]张穆撰，张正明、宋举成点校《蒙古游牧记》，山西人民出版社，1991 年，第 1—2 页）。
②　此处"土谢图汗"指蒙古科尔沁部土谢图汗奥巴。据《土谢图汗奥巴列传》记载，奥巴，科尔沁部人，姓博尔济吉特。元太祖成吉思汗之弟哈布图哈萨尔十八世孙。天命十一年（1626 年）六月，特封"土谢图汗"，天聪六年（1632年）九月卒（详见包文汉、奇·朝克图整理《蒙古回部王公表传》第一辑，内蒙古大学出版社，1998 年，143—144 页）。
③　据《王公表传》卷一，科尔沁部扎萨克多罗扎萨克图郡王条记载，"扎萨克图杜棱"的本名是布达齐，是科尔沁土谢图汗奥巴之弟。天命十一年（1626年）赐"扎萨克图杜棱"号，崇德元年（1636 年）封扎萨克多罗扎萨克图郡王，顺治元年 (1644 年) 卒（上列史料《蒙古回部王公表传》，6 页）。

喇嘛施舍一匹瘸腿的白色马。

23. 内齐托音喇嘛及其徒弟，经过乌珠穆沁旗地横渡"嫩江"①。

24. 内齐托音喇嘛及其随从徒弟，到达嫩江流域蒙古杜尔伯特部"色棱贝子"②之处。

25. 内齐托音喇嘛及其随从徒弟，到达扎赉特旗内"法论"之地，得到以"达尔汉和硕齐"③为首的扎赉特旗贵族的盛大迎接。

26. 蒙古科尔沁部土谢图亲王"巴达礼"④、扎萨克图郡王布达齐（即扎萨克图杜棱）和"喇嘛什希"⑤公等共同前往内齐托音喇嘛处请安。

27. 内齐托音喇嘛在科尔沁部蒙古贵族的支持下，在科尔沁

---

① 据《蒙古游牧记》卷一，科尔沁部条记载，"嫩江一作妹江，又名诺尼江，古名难水，亦曰那河，明入谓之脑温江，又曰忽喇温江"（[清]张穆撰，张正明、宋举成点校《蒙古游牧记》，山西人民出版社，1991年，第3页）。

② 据《王公传》卷一，杜尔伯特部扎萨克固山贝子条记载，"色棱贝子"为元太祖弟哈布图哈萨尔之裔。崇德元年（1636年），封辅国公。顺治五年（1648年），晋"扎萨克固山贝子"，诏世袭罔替。康熙八年（1669年）卒（上列史料《蒙古回部王公传》，10页）。

③ 据《王公表传》卷一，扎赉特部固山贝子今袭扎萨克多罗贝勒条记载，"达尔汉和硕齐"的本名为蒙衮，是元太祖弟哈布图哈萨尔之裔。天命九年（1624年），赐"达尔汉和硕齐"号。崇德八年（1643年）卒。顺治五年（1648年），追封固山贝子，诏世袭罔替（上列史料《蒙古回部王公表传》，第9页）。

④ 据《王公表传》卷一，科尔沁部土谢图汗今袭扎萨克和硕土谢图亲王条记载，"巴达礼"为科尔沁土谢图汗奥巴长子。天聪七年（1633年），授济农，袭土谢图号。崇德元年（1636年），封扎萨克和硕土谢图亲王，诏世袭罔替。康熙十年（1671年）卒（上列史料《蒙古回部王公表传》，1页）。

⑤ 据《王公表传》卷二十，《扎萨克镇国公喇嘛什希列传》记载，喇嘛什希为科尔沁部人，姓博尔济吉特，土谢图汗奥巴从第，其父称图美。崇德元年（1636年）封扎萨克镇国公，诏世袭罔替。顺治四年（1647年）卒。（上列史料《蒙古回部王公表传》，169—170页）。

右翼中旗北部境内创建"巴音和硕"①（bayan qosiɣu,61v）庙,庙内备置《甘珠尔》等大批佛经。

28. 内齐托音喇嘛及其徒弟们应邀到达郭尔罗斯之地时,札木苏台吉等贵族、官员全体出来迎接,举行盛会。

29. 内齐托音喇嘛及其徒弟在索伦、锡伯、卦尔察部落中传播佛教。

30. 蒙古喀喇沁部"善巴达尔汉贝勒"②、土默特贝子俄木布楚琥尔诺颜等,迎请内齐托音喇嘛一行。

---

① "巴音和硕",一般今作"巴彦呼硕"。据《蒙古游牧记》卷一记载,清代科尔沁右翼中旗北部境内一地称"巴音和硕",此处又作"巴烟和邵,二百五十里接乌珠穆沁左翼界"。（[清]张穆撰,张正明、宋举成点校《蒙古游牧记》,山西人民出版社,1991年,4—5页）。另外,从《蒙古地志》寺庙名称中也能够找到"巴音和硕庙"这一名称,该庙蒙古语俗称为"伊克苏莫",清廷赐给的汉名为"遐福寺",位于今内蒙古自治区兴安盟科尔沁右翼中旗"巴彦呼硕"镇。"巴音和硕庙"（今作"巴彦呼硕庙"）,是内齐托音一世在科尔沁部十旗蒙古王公贵族的金银支持下,始建于17世纪30年代,并在寺庙内安置大批《甘珠尔》等佛经。从此,该庙成为科尔沁蒙古共同供养的佛教寺院和内齐托音一世在漠南蒙古东部地区传播佛教的中心地之一。但是,内齐托音一世没有常驻该庙而游历蒙古各地传教,只是由于在内齐托音一世逝世（1653年）之后的舍利安置在该庙,因而该庙也成为当地佛教信徒们的皈依所。笔者于2009年8月曾到今内蒙古自治区兴安盟科尔沁右翼中旗"巴彦呼硕"镇,对破旧的残存"巴彦呼硕庙"建筑进行调研。那时在残存"博格达仓"内供养着实为"第九世"内齐托音呼图克图·图门那苏图的遗像,但由于在遗像下错误地注明为"第八世",当地人也将那遗像当作"第八世"内齐托音呼图克图来供养着。
② 此处指"初封善巴"。据《王公表传》卷一,土默特部扎萨克达尔汉镇国公今袭多罗贝勒条记载,善巴为"元臣济拉玛之裔,初为土默特塔布囊。天聪九年（1635年）,授扎萨克。崇德元年（1636年）,封达尔汉镇国公,诏世袭罔替。顺治十四年（1657年）卒"。（上列史料《蒙古回部王公表传》,16页）。

31.蒙古察哈尔部"阿布奈"① 亲王，迎请内齐托音喇嘛到蒙古察哈尔部传教，但内齐托音喇嘛以"王、公主们是圣祖成吉思汗黄金家族的后裔，我是一个要饭的和尚，不便予您们授戒"为由推辞而离。

32.内齐托音喇嘛及其徒弟，到达蒙古奈曼部奈曼王府外下营。

33.蒙古敖汉部额驸班弟王等王公贵族，迎接内齐托音喇嘛一行。

34.蒙古阿鲁科尔沁部珠勒扎干王以及蒙古扎鲁特部"内

---

① 此处，成崇德、申晓亭译注《内齐托音一世传》汉译本（1990）第137页上译为"阿巴孩"。其实，蒙古文原文为"abanai"（参见 cindamani erike ,67v），故应译为"阿布奈"。阿布奈，是17世纪前期蒙古大汗林丹汗次子，1634年林丹汗在青海病逝后成为清军俘虏。据《清圣祖实录》康熙八年（1669年）二月辛卯条记载："阿布奈系出征所获之人，乃尚以固伦大长公主，命为亲王，恩遇优渥，较之在内诸王及在外蒙古诸王，止有太过，并无不及。乃在外诸王、贝勒等，每年俱来问安，年节来朝。阿布奈竟忘恩养，八年以来不一朝请，且每年遣人存问公主所生之子，颁给恩赐，阿布奈犹不亲身一问太皇太后及朕躬安"（齐木德道尔吉等编《清朝圣祖朝实录蒙古史史料抄》上下册，呼和浩特：内蒙古大学出版社，2003年，63页）。

阿布奈于1645年与"固伦大长公主"结婚后，生有布尔尼、罗卜藏二子。后来，阿布奈长子布尔尼在1675年发动反清武装暴动而战败被杀，其父阿布奈也被株连绞杀。据《清圣祖实录》康熙十四年（1675年）五月癸亥条记载："议政王大臣奏，布尔尼反，既伏诛。其父阿布奈监禁盛京，应立斩。妻郡主，归伊父安亲王，其子于军前正法，女入宫。得旨，阿布奈改为立绞"（上列齐木德道尔吉等编《清朝圣祖朝实录蒙古史史料抄》上下册，63页）。

齐"（Neyiči）汗 ① 等蒙古王公贵族举行盛会，迎接内齐托音喇嘛一行。

35. 巴林的色布腾王、满珠习礼贝子、桌尔沁贝子等蒙古王公贵族，迎接内齐托音喇嘛一行。

36. 内齐托音喇嘛在北京逗留一段期间，与西蒙古阿玉奇汗之地来到北京的阿日鲁森托音喇嘛见面。

37. 内齐托音喇嘛回到蒙古科尔沁部右翼中旗北部的"巴音和硕庙"，铸造众多释迦牟尼与宗喀巴佛像。

38. 内齐托音喇嘛一行在喀喇沁善巴达尔汉贝勒旗寺庙中避寒，并在那里召集书写官抄写《甘珠尔经》108 部，分赠蒙古各旗和北京满族八旗。

39. 清顺治皇帝遣使邀请内齐托音喇嘛进京为其看病，但内齐托音喇嘛以"由我作灌顶仪式，有损于皇上的伟大英名，故不能敬献灌顶"而拒绝。

40. 1653 年年初，五世达赖喇嘛洛桑嘉措（blo-bzang-rgya-mtsho,1617–1682）进京不久受顺治皇帝委托，令内齐托音喇嘛偕同三十名大比丘及三十名小徒弟退居"库库河屯"（今呼和浩特）。

---

① 此处，以东蒙古扎鲁特部贵族人名出现的"内齐"（Neyiči），与西蒙古厄鲁特出身的内齐托音一世（1587—1653）之"内齐"（Neyiči）一词为同义蒙古语，但扎鲁特部"内齐"这一历史人物与内齐托音一世并不是同一个人，他们只是同名而已。另外，蒙古扎鲁特部"内齐"因为继承其父汗号，也称"内齐汗"。据《王公表传》卷二十九，"追封多罗贝勒内齐列传后授扎萨克"条记载："内齐，扎鲁特部人，姓博尔济吉特，元太祖二十一世孙。初，继父忠图称汗。天聪三年（1629 年），来朝。八年（1634 年），从征明朔州，克堡三。崇德二年（1637 年），遣大臣阿什达尔汉，赴其部理庶狱……三年（1638 年），内齐率子尚嘉布，从征喀尔喀。还师，以巴林台吉满珠习礼私遣兵还牧，夺所属之半，赐内齐。四年（1639 年），从征明锦州，分守乌忻河口。七年（1642 年），徐从征功，得优赉。寻卒。顺治五年（1648 年），追封多罗贝勒，以其子尚嘉布袭，诏世袭罔替"。（上列史料《蒙古回部王公表传》，231 页）。可见，蒙古扎鲁特部内齐汗为元太祖成吉思汗第二十一世后裔，于 1629 年投靠后金（即清朝的前身），1642 年去世。

41. 内齐托音喇嘛及其随从徒弟们从蒙古科尔沁部土谢图亲王王府起程，开始了"退居"西部"库库河屯"城的行程。

42. 内齐托音喇嘛及其徒弟们，在返回"库库河屯"城的路上途经蒙古扎鲁特部游牧地。

43. 内齐托音喇嘛及其徒弟们，在返回"库库河屯"城的路上途经蒙古阿鲁科尔沁部游牧地。

44. 内齐托音喇嘛及其徒弟们，在返回"库库河屯"城的路上途经蒙古巴林部游牧地。

45. 内齐托音喇嘛及其徒弟们，在返回"库库河屯"城的路上途经蒙古克什克腾旗游牧地。

46. 内齐托音喇嘛及其徒弟们，在返回"库库河屯"的路上途经蒙古察哈尔部游牧地。

47. 内齐托音喇嘛一行,回到"库库河屯"(今呼和浩特),在"库库河屯"旧城"小召寺"前建房居住。

48. 内齐托音喇嘛应蒙古科尔沁部"秉图哈敦"之邀，再次前往科尔沁之地。

49. 内齐托音喇嘛在前往科尔沁途中，于1653年阴历十月在蒙古翁牛特部地入寂。

如前所列，第一世内齐托音喇嘛的主要游历路线表明，从西蒙古厄鲁特土尔扈特部到后藏扎什伦布寺，从西藏到漠北喀尔喀蒙古，从漠南蒙古西部到东部，特别是在漠南蒙古"库库河屯"（今呼和浩特）地区、漠南蒙古中东部大多数蒙古部落游牧地和盛京（沈阳）、北京等地都留下了内齐托音喇嘛的足迹。笔者认为，在以上历程中，内齐托音喇嘛来到漠南蒙古"库库河屯"（呼和浩特）的大致时间为1618年左右，并从《内齐托音一世传》的记载也可得知，1628年的时候他还在"库库河屯"（呼和浩特）附近的山洞中修行。而内齐托音喇嘛带领徒弟们从"库库河屯"附近的山洞起程，前往漠南蒙古东部地区的年代，据德国蒙古学学者海西希的研究，当在1629年之后①，笔者认同这一观点。

据笔者所见，内齐托音喇嘛一行在1629年之后从"库库河屯"（呼和浩特）郊外的山洞起程，前往漠南蒙古东部地区后，访问盛京（今沈阳）向太宗皇帝皇太极请安的时间，其实是比较明确的。那就是，内齐托音喇嘛一行在天聪六年（1632年）九月土谢图汗奥巴逝世之前，先访问过盛京。

按照《内齐托音一世传》的说法，内齐托音喇嘛为自己的传教活动铺路，首先带领他三十名大弟子前往盛京（沈阳），并"向普天下之主博格达太宗汗（即太宗皇帝皇太极）请安。圣主（即皇太极）赐宴会见内齐托音，询问了他的故乡及宗族"等②。太宗皇帝皇太极还希望内齐托音喇嘛当皇帝的供养喇嘛，留在盛京。但内齐托音喇嘛婉转地谢绝后，游历蒙古科尔沁部等地，锡杖传教。内齐托音喇嘛初到科尔沁部土谢图汗游牧地时，其三十名大弟子已修炼成大僧侣。内齐托音喇嘛一行，游历许多蒙旗传播佛教，先到蒙古科尔沁部土谢图汗府地，在一个村子的井水附近扎营住下。然后，当内齐托音喇嘛带领三十名大弟子抵达土谢图汗府外时，正巧赶上土谢图汗为其长子举行婚宴③。

由此可见，内齐托音喇嘛及其随从的三十名大弟子是先到盛京向"普天下之主博格达太宗汗"即太宗皇帝皇太极请安，然后才去会见蒙古科尔沁部右翼中旗"土谢图汗"的。如前所述，这里所说科尔沁"土谢图汗"就是成吉思汗之弟哈布图哈萨尔的第十八代孙奥巴。奥巴于天命十一年（1626年）六月，被后金皇帝授予"土谢图汗"称号，于天聪六年（1632年）九月去世。而内

---

① W.Heissig, A Mongolian Source to the Lamaist Suppression of Shamanism in the 17th Century, ANTHROPOS,Vol.48,1953, pp.28—29

② 成崇德、申晓亭译注《内齐托音一世传》汉译本（1990），119页。

③ 参见成崇德、申晓亭译注《内齐托音一世传》汉译本（1990），120—122页。蒙古文原文：čindamani erike,41r–44v.

齐托音喇嘛既然在天聪六年（1632年）九月奥巴去世之前会见了土谢图汗奥巴；那么，因为内齐托音喇嘛在会见土谢图汗奥巴之前就已经赴盛京（沈阳）向太宗皇帝皇太极请安，因而内齐托音喇嘛向太宗皇帝皇太极请安的史实，至少也发生在1632年九月土谢图汗奥巴去世之前。换言之，内齐托音喇嘛谒见太宗皇帝皇太极是在内齐托音喇嘛离开"库库河屯"的1629年之后至1632年阴历九月之间的某一岁月。

其实，就内齐托音喇嘛到漠南蒙古东部地区后的传教事迹和晚年"退居库库河屯"的时间而言，有几个特别值得注意的事迹是有明确年代记载的。

其一，据《清太宗实录》卷四十四崇德三年（1638年）冬十月丁巳条记载，内齐托音喇嘛在漠南蒙古东部地区不仅在蒙古人当中收徒传播佛教，而且也"私自收集汉人、朝鲜人"[①]，进行传教活动。这是内齐托音喇嘛在1638年的事迹。

其二，前章也已提及，即在1643年阴历十月清太宗皇帝皇太极逝世时，"内齐托音喇嘛"作为"吊唁牲畜"曾呈上"九匹马"。以上两个关于内齐托音喇嘛事迹的明确记载，对内齐托音一世晚年在漠南蒙古东部地区的宗教活动的深入研究，提供了非常重要的可靠线索。

其三，内齐托音喇嘛，遵从五世达赖喇嘛洛桑嘉措（blo-bzang-rgya-mtsho,1617—1682）的裁决，退居"库库河屯"（呼和浩特）的时间是1653年春。当时内齐托音喇嘛从漠南蒙古东部科尔沁地区被"退居"到"库库河屯"之后，在"库库河屯"旧城破旧的小召寺前建房居住。而这小召寺是由右翼蒙古三万户之一土默特万户阿勒坦汗（俺答汗）之孙俄木布·洪台吉始建的。而且，因为俄木布·洪台吉于明天启四年（1624年）已经去世，

---

① 齐木德道尔吉、巴根那编《清朝太祖太宗世祖朝实录蒙古史料抄——乾隆本康熙本比较》，呼和浩特：内蒙古大学出版社，2002年，488页。

因而小召寺的始建当在 1624 年之前。但是到了 1653 年，当内齐托音喇嘛从科尔沁"退居"到"库库河屯"时，小召寺已经变成破旧的寺庙。因此，内齐托音喇嘛劝当时土默特都统楚库尔·古禄格，重修小召。

内齐托音喇嘛及其徒弟们，在游历漠南蒙古东部各地的传教活动中，经常传播慈悲和"不杀生"等佛教精神。其典型的一例，当属内齐托音喇嘛对蒙古察哈尔部猎人进行佛教教育的生动情景。据《内齐托音一世传》记载，内齐托音喇嘛一行在游历行程中遇到了察哈尔猎人，当内齐托音喇嘛看到猎人们的打猎杀生行为之后，对猎人们的杀生之愚昧产生怜悯之心，泪流满面地对猎人们进行了如下的佛教说教。

蒙古文史料拉丁转写：

"ay-a olquy-a berke čindamani erdeni / metü bey-e-yi oloγsan čaγ-tur /tonilqu-yin mör-ün gisgigür-i ülü / beled-ün tegün-ü deger-e maγu / jayaγan-i nökör bolγan γoridqui-yi / tebčigdeküi, üligerlebesü mese-ün /kürdü öber-tür ergigsen metü / busud-i alaγsan-iyer öber-iyen /basa-kü alaγdamui ǰa, teyimü-yin / tula eneken oqor nasun-dur nigül/-iyer ülü nögčiyen degedü nom-i / simden üiledbesü sayin, ker-be nom-i / ese uiledüged üübesü, erdeni-yin / töb-tür kürüged qoγoson qariǰu / ireküi metü, maγu jayaγan-dur unaqu / boloγuǰai sayitur kičiyegdeküi /"①

蒙古文史料汉译：

"得之不易的如意宝一样的生命，获得之时就不要准备解脱之踏板，而且要克服将噩运当作朋友的贪心。犹

---

① 《内齐托音一世传》蒙古文原文：čindamani erike, 27v.

如机弩在怀中转动，射杀了别人，也射杀了自己。在如此短暂的一生中，不要行恶作孽，要尊佛崇法。若不尊崇佛法，到生命了结时，就如到达宝藏之中但空手而归一样。不要陷入噩运之中，要好好谨慎行事。"①

听了内齐托音喇嘛的如此说教，蒙古察哈尔部猎人们十分信服，于是猎人们发誓以后不再上山打猎。内齐托音喇嘛一行，从"库库河屯"（呼和浩特）前往漠南蒙古东部地区的一路上如此说法讲经，继续赶路，某天游历到了"嫩科尔沁"②之地。在17世纪30年代，嫩科尔沁地区的宗教情况与漠南蒙古西部的鄂尔多斯、土默特等蒙古部落完全不同。当时，由于世俗力量的主宰，佛教在漠南蒙古东部嫩科尔沁地区尚未得到传播，而且只有几个王公贵族和先生识字，大多数民众都祭祀祖灵神像"翁古特"，崇拜萨满教的巫师"博"和巫婆"乌达干"，从而人们偏离了佛教的解脱之道。③

当时漠南蒙古东部地区的这种宗教状况表明，内齐托音喇嘛及其随从徒弟们在17世纪30年代初到达东部科尔沁等地区时，那里的广大民众仍然信奉着作为祖灵神像的翁古特（也作"翁衮"）和主持祖灵崇拜仪式的萨满。对此，内齐托音喇嘛采取了没收和烧毁萨满教徒的信仰对象"翁古特"的强硬措施，同时也对背诵佛经者采取了赏给牛马、金银的奖励措施。结果到17世纪50年代初，即在1653年内齐托音喇嘛圆寂时，漠南蒙古多数蒙古部落的蒙古王公贵族和民众几乎都成了内齐托音喇嘛的佛教

---

① 根据《内齐托音一世传》蒙古文原文，对成崇德、申晓亭译注《内齐托音一世传》汉译本（1990）128页上的汉译，略加改译。
② 据《蒙古游牧记》卷一，科尔沁部条记载，"因同族有阿鲁科尔沁，故号嫩科尔沁以自别"（[清]张穆撰，张正明、宋举成点校《蒙古游牧记》，山西人民出版社，1991年，3页）。
③ 参见成崇德、申晓亭译注《内齐托音一世传》汉译本（1990），128页及151页。

支柱之施主和信徒。在《内齐托音一世传》中所记载的代表性施主就有以下诸多历史人物：

"系成吉思汗世系后裔有：巴林的色布腾王；敖汉的布达王、班第王、墨尔根王；奈曼的鄂其尔达尔罕王；扎鲁特左旗的内齐汗①、昌布贝勒；扎鲁特右旗的色本达尔罕巴特尔贝勒、玛尼青巴特尔公；巴林左旗的满珠习礼贝子、卓尔钦贝子；土默特的拉斯扎布贝子；克什克腾的扎萨克索纳木等诸颜、官员。

哈萨尔世系之分支有：

土谢图汗，扎萨克多罗郡王布达齐，巴达礼土谢图亲王，乌克善桌哩克图亲王，满珠习礼巴特尔达尔罕亲王，扎萨克图拜斯噶勒王，额驸齐塔特王，布达礼郡王，秉图洪古尔郡王，朝尔吉贝勒，扎赉特贝子蒙豁达尔罕和硕齐，杜尔伯特色冷贝子，二郭尔罗斯公——昂哈、扎尔布，及喇嘛什希公等十旗诸颜、僧侣、官员、百姓无数。

此外还有：

阿鲁科尔沁的珠勒扎干王；乌拉特二公——明安、僧格、墨尔根台吉，翁牛特的杜棱王及贝勒、公等，喀喇沁土默特善巴达尔罕贝勒及塔布囊、百姓等，土默特鄂木布楚琥尔等诸颜。

总之，八旗察哈尔等蒙古地区及盛京、索伦、卦尔察、锡伯等地，披红色袈裟者遍布，直达东海之滨，佛教就像初升的太阳一样兴盛"②。

---

① 蒙古扎鲁特部有一位名叫"内齐"（Neyiči）的小汗，他于1629年投靠后金，1642年去世。这个人物名字之"内齐"一词与内齐托音一世（1587—1653）的"内齐"（Neyiči）一词为同义蒙古语，但他们并不是同一个历史人物。关于内齐汗的身世，详见前注。
② 参见成崇德、申晓亭译注《内齐托音一世传》汉译本（1990），148—149页。

第三节　内齐托音一世的蒙古语传教活动与生平年表

其实，使用蒙古人的母语在蒙古人中进行传教活动，是内齐托音喇嘛即内齐托音一世佛教传播活动成功的最重要举措。

众所周知，昔日印度的佛教在西藏以藏语广为传播。而藏传佛教向蒙古地区传播时，因为不是以蒙古语而主要是以藏语传播，因而一般的民众没有能够充分理解其教义的真正内涵。而不完全理解教义就很难有自觉的真正信仰，因此用民族语言来传播宗教是极其重要的。内齐托音喇嘛不仅认识到这一点，而且以身作则，身体力行，在用蒙古语进行传教活动方面做出了贡献。

内齐托音喇嘛主要以科尔沁右翼中旗北部境内的巴音和硕庙为活动据点，不仅铸造诸多佛像让漠南蒙古东部地区各旗蒙古王公、贵族和民众供奉，而且亲自组织众多人员进行了大规模的蒙古语传教活动。具体地说，内齐托音喇嘛采取了如下具体措施。

"为抄写《甘珠尔经》，派人从盛京（今沈阳）买来墨、纸、朱砂等物，召集众多笔贴式（即书写官）来抄写《甘珠尔》经一百零八部，分赠各旗王、公主、格格、大小诺颜、哈敦、僧侣、官员每人一部，令其尽心供奉，并赐予北京满洲八旗都统大臣们多部，以为奉读"①。

笔者认为，史料中所说《甘珠尔经》，当指蒙古文《甘珠尔经》。因为于1628年至1629年，君临于蒙古察哈尔万户的17世纪初期蒙古大汗林丹汗，下令组织学僧和学者，整理、翻译和书写出了113卷《蒙古文金字甘珠尔经》。之后，林丹汗《蒙古文金字

---

① 蒙古文原文：cindamani erike ,73r–73v. 参见成崇德、申晓亭译注《内齐托音一世传》汉译本（1990），141 页。

甘珠尔经》以各种手抄本的形式广为流传①,其墨书转抄本至今现存几部。可以说,现存蒙古文《甘珠尔经》墨书传抄本,与当年内齐托音喇嘛组织抄写《甘珠尔经》有着密不可分的关系。现存于内蒙古社会科学院图书馆的蒙古文《甘珠尔经》手抄本,原系"墨尔根召"(今作梅力更召)所藏佛经。墨尔根(梅力更)召,位于原乌兰察布盟西公旗境内(今包头市西郊阿嘎如泰苏木境内),是以第一世内齐托音喇嘛弟子"墨尔根"活佛的名字命名的寺庙,而且以将内齐托音喇嘛时代以来的蒙古语诵经传统传承至今而著称于世。这是内齐托音喇嘛及其众弟子,坚持用蒙古语传教的有力证明。上引史料显示,内齐托音喇嘛如此召集、组织众多书写官,如此大量地抄写、分赠蒙古语佛教经典《甘珠尔经》即蒙古文《大藏经》,对蒙古地区"佛教的蒙古化"② 和民族文化的发展,都曾产生重要的历史作用。然而,使用蒙古语进行佛教传播活动,对于来到蒙古地区传教的西藏出身的藏人喇嘛来说,似乎是不太受欢迎的做法。关于这一问题,我们可从下一个史事中得到进一步的理解。

却说,由于内齐托音喇嘛使用蒙古语进行佛教传播活动,效果极其显著,逐渐在漠南蒙古东部地区成为有名的佛教传播者,其名声赫然传遍天下。

但是,当时来到蒙古地区传教的西藏喇嘛萨迦诺门汗(sasky-a nom-un qaγan),可能出于忌妒,也可能由于内齐托音喇

---

① 参见笔者(署名:M. 额尔敦巴特尔)拙文:《蒙古林丹汗"蒙古文金字甘珠尔经"的若干问题》(原文中文),载于韩国蒙古学学会杂志"MONGOLIAN STUDIES, No.28 (2010.2), pp.31-44."以及笔者在日本蒙古学学会2013年(平成25年)春季大会上的宣读论文摘要:《蒙古文金字"甘珠尔经"的日本流传及其残卷》(原文日文:M. エルデニバートル[额尔敦巴特尔]《モンゴル文金字"ガンジョール经"の日本"流伝"とその残简》,《日本モンゴル学会纪要》,第44号[2014年],108—109页)。
② 笔者认为,17世纪初,佛教经典《大藏经》蒙古文完整版的问世及其以手抄本形式的广为流传,是"佛教蒙古化"的最主要标志。

嘛自 17 世纪 30 年代末以来擅自招收弟子，作为朝廷扎萨克达喇嘛的萨迦诺门汗对内齐托音喇嘛的蒙古语传教活动进行了种种妨碍。萨迦诺门汗，据乌云毕力格《关于内齐托音喇嘛的顺治朝满文题本》一文，又称"班第达诺门汗，本名为西布扎古勒克（sibjagüreg,?–1657），藏人，从十二岁到三十八岁在西藏学法修佛，获得兰占巴学位，以扎木郎西布扎兰扎巴（Ĵamlang sibja ramjanba）著称。后来，四世班禅额尔德尼和五世达赖喇嘛派他到爱新国。顺治三年（1646 年）朝廷授予他锡埒图（一寺之住持喇嘛）之职，驻锡库伦，并授扎萨克（达喇嘛）之印。他成为锡埒图库伦第三任扎萨克达喇嘛"①。

到 17 世纪 50 年代初，正是上述锡埒图库伦（小库伦，今内蒙古库伦旗）扎萨克达喇嘛诺门汗与内齐托音喇嘛之间的矛盾激化到"打官司"的程度。顺治九年（1652 年），由于清顺治皇帝得病，请了许多御医法师都不见效，因此顺治皇帝召集蒙古众大臣，询问外藩蒙古中有无治疗疾病的其他好办法。当时巴图尔章京等几位蒙古大臣向顺治皇帝推荐，如今蒙古地区内齐托音喇嘛为最好。据《内齐托音一世传》记载：

"这时，由于以往的缘分不合，萨迦诺门汗傲慢地（向皇帝）上书阻止道：'依照惯例，若受灌顶，须为徒弟，并应像供佛一般顶礼授予灌顶的喇嘛，如若不然，反而有害，所以（皇上）不可受灌顶'等等"②。另外，萨迦诺门汗给顺治皇帝的上书中还写到："该内齐托音喇嘛云游外藩蒙古，视己如佛，为他的所有徒弟取佛陀之名，犹如白阎曼德迦、黄阎曼德迦、黑阎曼德迦、红

①　乌云毕力格：《关于内齐托音喇嘛的顺治朝满文题本》，参见乌云毕力格著《十七世纪蒙古史论考》，呼和浩特：内蒙古人民出版社，2009 年，349 页注释。

②　蒙古文原文：čindamani erike ,75r. 参见成崇德、申晓亭译注《内齐托音一世传》汉译本（1990），142 页。

阎曼德迦、绿阎曼德迦、白昆卢遮那①等。还让水夫、打柴人员以上全体人员，不分良莠，毫不隐讳地教其背诵《秘密经》、《金刚乘阎曼德迦》等深奥精致的佛经"②。

有趣的是，《五世达赖喇嘛传》中，也有非常类似的内容，其中说：

"内齐托音给男女众人普遍教授了上乐、密集、大威德等无上瑜伽部之本尊的数种现观法，在坛城之本尊处授予了前所未闻的随许法，他还按自己的想象以白、黄、红、绿等各种颜色涂改了所有本尊的身色，并自诩为宗喀巴大师的转世，毫不吝惜地把财物施舍给贵贱百姓，受到大部分蒙古人的信仰，其事业骤然间繁荣起来。对此，强林诺门汗（即萨迦诺门汗——引者）对别人的富裕完满心生忌妒，对内齐托音的做法很不服气，互相竞争，他（萨迦诺门汗——引者）讲述情况时，像是在揭发内齐托音的过失"③。

上引《五世达赖喇嘛传》中出现的"强林诺门汗"与蒙古文《内齐托音一世传》中出现的"萨迦诺门汗"是同一个历史人物。对上述萨迦诺门汗（强林诺门汗）的告状，当时顺治皇帝采取了"朕乃世间皇帝，不明佛法，此事待达赖喇嘛来后，由他来处理吧"的态度。

尔后，在水龙年（顺治九年）十一月十六日，五世达赖喇嘛洛桑嘉措（blo-bzang-rgya-mtsho，1617—1682）一行，经过今内蒙古自治区凉城县境内的代噶等地，同年十二月初五又从位于长城内的张家口城边经过，十二月十六日抵达北京，在北京南苑旧

① 昆卢遮那的蒙古文原文为"virozan-a"，来自梵文"vairocana"，意为"光明普照"。

② 蒙古文原文：cindamani erike，75v-76r. 参见成崇德、申晓亭译注《内齐托音一世传》汉译本（1990），142—143页。

③ 五世达赖喇嘛阿旺洛桑嘉措著，陈庆英、马连龙、马林译《五世达赖喇嘛传》（上），北京：中国藏学出版社，2005年，245页。

宫谒见顺治皇帝。同年十二月二十三日，内齐托音喇嘛特意赶来五世达赖喇嘛处，奉献了一千两白银，还给五世达赖喇嘛的随从人员散发了一千两白银①。值得注意的是，如此看来，内齐托音喇嘛对五世达赖喇嘛及其随从人员，共计献金两千两白银。由于数目不少，而且这个献金行为正发生在五世达赖喇嘛"裁决"扎萨克达喇嘛萨迦诺门汗控告内齐托音喇嘛的"诉讼"之前，因此内齐托音喇嘛的这个献金行为是否纯属佛教的"布施行为"却不得而知。

五世达赖喇嘛，接到顺治皇帝派来的噶巴喇阿玛和鄂罕阿玛二人关于"二位喇嘛不和之根源在于教法，尔当为此裁决"的传谕之后，派遣墨尔根噶居和车臣温布二人，于水蛇年（1653年）二月初一，对扎萨克达喇嘛萨迦诺门汗和内齐托音喇嘛双方的言辞、理由等进行了裁决。尽管《五世达赖喇嘛传》中没有写明"裁决"的具体内容，但裁决内容主要是对内齐托音喇嘛加以处罚这一点，可从《内齐托音一世传》如下的记载中得到答案。其中说："令内齐托音喇嘛偕同以往向圣主（指太宗皇帝皇太极——引者）叩安时所率三十名大比丘及三十名小徒弟，退居库库河屯，余下六十名僧人入居凯齐文殊院"②。在此所说"凯齐文殊院"便是锡埒图库伦满珠习礼院。

据乌云毕力格近年发表的《关于内齐托音喇嘛的顺治朝满文题本》一文，内齐托音喇嘛相关的顺治朝满文档案中却有与上引传记内容不同的记载。根据顺治十年（1653年）五月理藩院侍郎沙济达喇等朱批题请内容，着留太宗皇帝时所限定的三十八喇嘛，令内齐托音喇嘛本人及限定喇嘛、班第等迁居"库库河屯"（今呼和浩特），不准他们妄行。而且，将内齐托音喇嘛擅自招收的

① 同上《五世达赖喇嘛传》，245页。
② 参见成崇德、申晓亭译注《内齐托音一世传》汉译本（1990），143页。《内齐托音一世传》蒙古文原文：čindamani erike，77r.

其余喇嘛、班第等六十五人中的喇嘛、班第等交给锡埒图库伦，其余俗人带至京城①。由此可见，尽管顺治朝满文档案中没有提及《内齐托音一世传》中所说的"三十名小徒弟"，但对内齐托音喇嘛的处置内容上满蒙史料记载基本一致，只是在准许内齐托音喇嘛所带的限定喇嘛数目和私设喇嘛数目上略有不同而已。

从此，不论"退居"也好，还是"迁居"也罢，总之内齐托音喇嘛不能继续留在漠南蒙古东部地区进行传教活动，而是被赶回到以前多年坐禅的西部"库库河屯"（今呼和浩特）地区。这说明向顺治皇帝告状的藏人、锡埒图库伦扎萨克达喇嘛萨迦诺门汗一方，取得了完全胜诉。

至于内齐托音喇嘛的败诉原因，《内齐托音一世传》中有这样一段记载：

"五世达赖喇嘛来京之后，皇上命令委任噶巴喇公管理达赖喇嘛的一切事务，并委托他处理萨迦诺门汗的控告事件。噶巴喇公与萨迦诺门汗二人从前有厚交，[噶巴喇公]又大量受贿，加之由于达赖喇嘛的翻译格林噶居拙于蒙古语，翻译有误，致使喇嘛（内齐托音喇嘛——引者）受了处罚。"②

以上所述的"受贿"事例和翻译有误等情况，虽在任何一个时代的现实中不乏其人其事，但很难断定当时仅仅由于这些理由会导致内齐托音喇嘛一方的完全败诉。笔者反倒认为，其根本原因在于除了内齐托音喇嘛本人可能缺乏高僧的宗教教养外，更重要的是，当时用藏语进行传教活动的西藏喇嘛的权益，得到了清朝皇帝的保护。这些基本事实，可从五世达赖喇嘛本人所撰写的

---

① 参见乌云毕力格：《关于内齐托音喇嘛的顺治朝满文题本》，参见乌云毕力格著《十七世纪蒙古史论考》，呼和浩特：内蒙古人民出版社，2009年，337—368页。

② 参见成崇德、申晓亭译注《内齐托音一世传》汉译本（1990），143页；《内齐托音一世传》蒙古文原文：čindamani erike ,76v—77r.

西藏方面的史料《五世达赖喇嘛传》的记载中得到证实,其中说:

"看来那位内齐托音确实是怀有利益众生和至尊宗喀巴大师之教法的纯洁心愿。但是他寡见少闻,缺乏具有资格的高僧指导,从这方面说,诺们汗所说的基本正确,但他不全是为了佛教众生的事业而发议论,而是不能忍受对方的权势,一心想把那位蒙古老僧投进皇帝的监牢里去。正如俗语所说'大众、中间人和议事者,偏袒一方是不和的根由',我虽不便发表这种见解,但有皇帝的谕令不便推托,所以我公正地做了双方都能接受的裁定,将争执止息在宗教方面。我如此办理后奏报了皇帝,符合了皇帝的心意。"①

上引史料极其明确,其实无须阐释。也就是说,在五世达赖喇嘛看来,内齐托音喇嘛"寡见少闻,缺乏具有资格的高僧指导",而且锡埒图库伦的藏人喇嘛、作为朝廷扎萨克达喇嘛的萨迦诺门汗"一心想把那位蒙古老僧投进皇帝的监牢里去"。更重要的是,五世达赖喇嘛,由于"皇帝的谕令不便推托",做出了"符合皇帝心意"的裁定。

---

① 同上《五世达赖喇嘛传》(上),245—246页。

第二部

17 世纪蒙古林丹汗政教事迹及其金刚白城

　　16 世纪后期以来,随着以格鲁派佛教为主的"藏传佛教"在蒙古地区的传播,蒙古人再度皈依了佛教。在 16—17 世纪漠南蒙古佛教与萨满教的对抗和融合的历史进程中,君临于蒙古中央部落・左翼察哈尔万户的蒙古大汗土蛮 (图们)・扎萨克图汗 (1558—1592 在位)、蒙古右翼土默特万户首领阿勒坦汗 (俺答汗) 和西蒙古厄鲁特 (卫拉特) 土尔扈特部出身的蒙古佛教高僧内齐托音一世 (1587—1653) 等,在禁止萨满教、扶持和弘扬佛教等方面扮演了蒙古大汗、蒙古王公和蒙古高僧这样一个不同层次上的各种角色,分别做出了各自的历史贡献。而作为 17 世纪初期蒙古大汗的林丹汗①（在位1604—1634）是怎样皈依佛教、与藏传佛教格鲁派呼图克图和萨迦派呼图克图建立了怎样的关系呢？围绕这些问题，以下我们着重探讨蒙古林丹汗的政教事迹。

---

① 《明实录》万历三十四年（1606）十月戊申条载："独凌丹憨新立"。此处"凌丹憨"就是指"林丹汗"。清代《清实录》等汉文文献大都音译作"林丹"汗。林丹汗的"林丹"这一汉语称谓，虽来自藏语的 Legs ldan（具善），但藏语的蒙古语化的书写形式和蒙古语式的发音往往是"Ligden"。尽管蒙古文史籍中有多种写法，然而蒙古人其实将它一直读为"Ligden"。在根据发音书写的斯拉夫蒙古文中也是一直写为"Лигдэн хаан(Ligden khaan)"或"Лэгдэн хаан(Legden khaan)"，因此笔者不赞同有些学者将"Ligden"写成 Lindan (Lingdan) 或 Ligdan。

第四章 林丹汗与格鲁派、萨迦派呼图克图之关系

第一节 林丹汗与格鲁派两位呼图克图

对 17 世纪初期蒙古林丹汗的生平事迹，较早加以关注和进行系统研究的国外代表性研究者，恐怕当属德国著名蒙古学家海西希（W.Heissig,1913—2005）和日本东洋史学家萩原淳平（HAGIWARA Junpei,1920—2000）二位。早在 20 世纪 60 年代，德国学者海西希利用蒙古文《大藏经》的诸写本等史料，以 17 世纪蒙古"最后大汗"林丹汗的《大藏经》翻译事业为中心，对他的生平事迹进行了较系统的考述，其论著日文翻译本在日本出版①。其后在 20 世纪 70 年代，日本学者萩原淳平主要利用日本京都大学编著的《明代满蒙史料》等汉文史料，进行了"明代蒙古史研究"。其中，其第五章专门探讨"林丹汗的一生及其时代"，对 17 世纪初期蒙古林丹汗的"政治思想"、"归化城占据"、宗教政策、"西进及其与清朝的关系"和挺进青海等问题，都加以细致的研究和详尽的论述②。但是，由于在 20 世纪 60—70 年代，还没有挖掘出更多关于林丹汗的新史料，上述研究自然都有了时代的局限性。

以下我们在对传统的旧史料进行新的解释的同时，尽量使用新近发现的相关资料，对 17 世纪初期蒙古林丹汗的政教事迹加

---

① ［德］ハイシッヒ著，［日］田中克彦訳《モンゴルの歴史と文化》，東京·岩波書店，1967 年。
② ［日］萩原淳平著《明代蒙古史研究》，京都·同朋舎，昭和五十五年（1980 年），295—400 頁。

以探讨和考述。蒙古林丹汗是 16—17 世纪初蒙古大汗不彦·扯臣汗（在位 1593—1603）的长孙。这个不彦·扯臣汗的父亲是我们在前面章节中已经论及过的蒙古大汗土蛮（图门）·扎萨克图汗 (在位 1558—1592)。据 17 世纪蒙古文史籍《蒙古源流》（Erdeni-yin tobči）记载：

土蛮（图门）·扎萨克图汗"于丙子年（1576 年）三十八岁时拜见了系结大刀的噶儿麻（噶尔玛）喇嘛，皈依佛门"①。

由此可见，林丹汗的祖先，自从他曾祖父时代就已经是佛教徒。而且，特别值得注意的是，蒙古土蛮（图门）·扎萨克图汗会见"噶尔吗喇嘛，皈依佛门"的时间，比右翼蒙古土默特万户首领阿勒坦汗（俺答汗）于 1578 年在青海会见藏传佛教格鲁派高僧素南嘉措（即后来的三世达赖喇嘛）、皈依佛教的时间还要早两年。仅从这时间上看，土默特万户阿勒坦汗，是否确实最先将佛教再次引入蒙古这一问题，值得进一步深入细致考证。因为这个问题涉及到怎样重新认识后世树立起来的格鲁派历史观的问题。从上引史料可以得知，蒙古土蛮（图门）·扎萨克图汗在 1576 年皈依的是噶尔玛喇嘛，而这个噶尔吗喇嘛很可能是藏传佛教噶玛噶举派的一支噶玛派的喇嘛或者至少可以说噶尔吗喇嘛不是格鲁派高僧。由此可以说，当时蒙古的大汗首先皈依的不是格鲁派喇嘛。这是我们值得注意、也值得进一步研究的课题。换言之，当时藏传佛教几大教派中，属于噶玛噶举派系的噶玛派高僧，已经较早来到蒙古皇室进行活动。但是，16 世纪后期，尤其是 17 世纪之后的蒙古史史书，都带有一种浓厚的格鲁派烙印。信奉格鲁派的喇嘛们在编写历史时有意特写大写格鲁派高僧的传教事迹，而很少提到或忽视像噶玛派高僧噶尔玛喇嘛这样高僧的传教事迹。这种带有主观因素的片面倾向，不是历史的客观的本来面

---

① 乌兰著《〈蒙古源流〉研究》，沈阳：辽宁民族出版社，2000 年，360 页汉译。

貌，因此对研究蒙藏佛教史的研究者来说，必须克服这种主观片面性。而且，上引《蒙古源流》记载虽然简短，但它已充分表明，在正统的蒙古大汗土蛮（图门）·扎萨克图汗的汗廷中，于1576年前后活动的高僧是噶尔吗喇嘛。也就是说，在林丹汗的曾祖父时代，蒙古大汗的汗廷中活动的喇嘛不是格鲁派高僧。这个问题，我们将在下面还会论及。当然，到了后来情况有所变化。比如据《三世达赖喇嘛传》记载，后来到火狗年（1586年）时，当时蒙古右翼土默特万户已故阿勒坦汗（俺答汗）之子"都古楞汗"（即僧格都古楞汗）派遣使者，将格鲁派高僧达赖喇嘛索南嘉措从"蒙古四十大部落的白色毡房的首领吉囊王"的鄂尔多斯万户迎请到"青城"（今内蒙古呼和浩特市），让达赖喇嘛主持已故阿勒坦汗的遗骸火化仪式。那时，蒙古土蛮（图门）·扎萨克图汗也派遣那木岱洪台吉（也作那木大鸿台吉等）到土默特万户会见达赖喇嘛，并邀请达赖喇嘛到大汗直接统领的察哈尔万户传教[1]。这就是说，1576年时拜见非格鲁派"噶尔吗喇嘛"的蒙古大汗土蛮（图门）·扎萨克图汗，十年后的1586年遣使邀请了格鲁派高僧达赖喇嘛。从那以后，受三世达赖喇嘛在蒙古地区的影响，尤其是三世达赖喇嘛在蒙古地区圆寂之后，在三世达赖喇嘛的转世灵童（即四世达赖喇嘛）于1589年在蒙古贵族家庭中诞生的影响以及四世达赖喇嘛派往蒙古地区的达赖喇嘛代表迈达里呼图克图等的影响之下，蒙古大汗直接统领的蒙古中央部落察哈尔万户似乎也同土默特万户一样成为格鲁派的施主。但是，后来在1617年，直接统领察哈尔万户的蒙古林丹汗又为何重新接受格鲁派以外的萨迦派高僧的灌顶呢？要解开这个谜团就必须仔细探讨林丹汗的政教事迹。

---

[1]　五世达赖喇嘛阿旺罗桑嘉措等著，陈庆英、马连龙等译《一世—四世达赖喇嘛传》（一世至四世达赖喇嘛传汉译合并本），北京：中国藏学出版社，2006年第一版，246—247页。

却说，史籍对林丹汗的描述也不尽相同，但值得我们仔细去研究。其中，将《古代蒙古汗统大黄史》（简称：sir-a tuγuji 即《黄史》）作为主要史料来源之一的 17 世纪蒙古文史籍《蒙古源流》（Erdeni-yin tobči）关于林丹汗的记载较为详细，值得我们仔细探讨。其中说：

[不彦·扯臣汗] 的儿子是莽骨速台吉、喇卜噶儿台吉和毛·起炭台吉三人。长兄莽骨速台吉在 [他] 父亲健在时去世。他的儿子是林丹·把都儿台吉和桑噶儿赤·我托汉台吉二人。长兄林丹·把都儿台吉生于壬辰年，于甲辰年十三岁时即位，以"忽秃图合汗"之称扬名各方，从迈答哩法王、桌尼·绰儿只等人接受了精深密乘的灌顶等等，扶崇佛法。[他] 在丁巳年二十六岁时拜见萨思迦·答察·沙儿巴·虎督度，再次接受了精深密乘的灌顶，修建了宏伟的殿宇和金刚白城，在城中兴建了 [供奉] 释迦牟尼像的众多庙宇，一个夏季当中迅速建成，[寺] 内的众佛像 [也] 全部完工。[他] 依照前规均平地建立了 [政教] 二道，[但是] 由于五百 [年] 的灾难时代已经临近，散居于六大兀鲁思的答言合罕后裔、诸合罕的宗亲以及众多臣民之中，违法的行为经常发生，以至于已经无法以仁政来加以统治。说来正如古时旧谚语所说的，'合罕一怒而政权毁，大象一怒而围栅摧'。由于合罕的明慧之心蒙生愤懑，因此六大国 [被] 大清国收服。[林丹·忽秃图合罕] 在位三十一年，于甲戌年遭受厄运去世，享年四十三岁"①。

将上述史料中的前后内容综合起来看，林丹·把都儿（巴图尔）台吉于壬辰年（1592 年）作为莽骨速台吉的长子出生。而莽

---

① 蒙古文原文参见 Erdeni-yin Tobči, öbör mongγol-un arad-un keblel-ün qoriy-a, 1980, 68r–68v；Shastina, Shara Tudji, Moskva–Leningrad, 1957, Text, p.75–76；汉译参见乌兰著《〈蒙古源流〉研究》，沈阳：辽宁民族出版社，2000 年，361 页。

骨速台吉则在其父亲不彦·扯臣汗健在的时候先去世。由于这个原因，不彦·扯臣汗逝世之后，其长孙林丹·把都儿（巴图尔）台吉于甲辰年（1604年）十三岁时即位。他继承蒙古大汗汗位之后，虽然犹如史料中所说"以'忽秃图合汗'（即呼图克图汗）之称扬名各方"或在明代汉文史籍中以"虎墩兔憨"（Qutuγtu qaγan 的明人音写）著称，然而自清代以来的文献中一般以"林丹汗"或"呼图克图汗"之称号扬名天下。

上引史料中还明确记载了林丹汗曾两次接受精深密乘的灌顶、修建宏伟的殿宇和金刚白城，并在城中建造众多寺庙和诸多信仰物以及依照前规均平地建立政教二道等政绩，也记载了关于17世纪蒙古这位末代大汗的"合罕一怒而政权毁"的一个侧面。

林丹·把都儿在继承蒙古大汗的汗位那年即在甲辰年（1604年）十三岁时，从迈答哩法王即迈达里法王、桌尼·绰儿只（曲吉）等人第一次接受了精深密乘的灌顶，皈依佛教。而迈达里法王、桌尼·绰儿只（曲吉）这二位僧人又是藏传佛教哪一教派的高僧呢？这是值得我们关注的问题，因为它牵涉到其他重要事项，下面我们就从四世达赖喇嘛的诞生说起。

在公历1588年早些时候，明朝皇帝曾派遣乘坐八抬大轿的使臣前来封赐三世达赖喇嘛索南嘉措"灌顶大国师"等头衔，并邀请他前往北京。同年阴历三月二十六日，三世达赖索南嘉措在蒙古喀喇沁万户的吉噶苏台之地圆寂。1589年，三世达赖喇嘛索南嘉措的转世灵童，作为蒙古右翼土默特万户已故阿勒坦汗之曾孙，出生在土默特蒙古贵族苏弥尔岱青洪台吉之家。十三年后的水虎年（1602年）二月，西藏三大寺派遣三世达赖喇嘛的大管家贝丹嘉措等人，随同色拉寺、哲蚌寺和甘丹寺为主的各大寺院的众多迎请人员前来蒙古右翼土默特，迎请三世达赖喇嘛索南嘉措的转世灵童即四世达赖喇嘛云丹嘉措（yon-tan-rgya-mtsho,1589—1616）前往西藏坐床。同年八月之前，四世达赖喇嘛云丹嘉措一行准备启程赴藏。八月吉日，当四世达赖喇嘛一行启程前往西藏时，蒙古右翼土默特万户那木岱彻辰汗（即那木岱彻辰诺颜）①、钟根哈敦二人等为首的众多蒙古人依恋不舍，不想让四世达赖喇嘛前往西藏。但出于无奈，那木岱彻辰汗（诺颜）为四世达赖喇嘛准备衣饰、毡房和车辆等，并为确保其沿途安全，特派侦察骑兵，护送四世达赖喇嘛前往西藏②。

从《阿勒坦汗传》等文献记载来看，四世达赖喇嘛云丹嘉措抵达西藏之后，于水兔年（1603年）十月初之吉日，在释迦牟尼佛像之前，由坐床绰尔济喇嘛给他削发为僧。当时，天空出现五色彩虹，奇声作响等奇异瑞兆为众人所见时，陪同护送的乌格台巴图尔塔布囊为首的众臣、随从以及藏民等都产生了崇信之心。由于在西藏的四世达赖喇嘛怀念和怜悯蒙古土默特汗王和哈敦等人，所以就将"慈悲迈达里"即迈达里·呼图克图作为自己在蒙古的代表派往蒙古，扶助蒙古地区的宗教事务。蒙古方面闻讯后，派遣使者迎接迈达里·呼图克图，将他迎接到库库河屯城（今呼和浩特旧城）大召寺（银佛寺），使其承袭三世达赖喇嘛之金床。迈达里·呼图克图如此恩赐慈悲，以圣洁之法音宣法说经③。

四世达赖喇嘛派往蒙古的迈达里·呼图克图，本名称之为根敦巴勒藏扎木苏实哩巴达（dge-'dun dpal-bzang rgya-mtsho sri-badr-a），由于他于甲辰年（1604年）十三岁（虚岁）时来到蒙古，

---

① 据珠荣嘎先生研究，那木岱彻辰汗（那木岱彻辰诺颜），又名"那木岱楚鲁克鸿台吉"，简称"楚鲁克鸿台吉"。阿勒坦汗之孙，僧格都古楞汗之长子。万历十四年（1586年）继承其父汗位，袭号"彻辰汗"。次年，袭封顺义王。万历三十五年（1607年）四月卒。明代汉籍称"扯力克"，亦因其汗号称"乞庆哈（彻辰汗）"（珠荣嘎译注《阿勒坦汗传》汉译本，呼和浩特：内蒙古人民出版社，1990年第一版，64页）。

② 参见珠荣嘎译注《阿勒坦汗传》汉译本，呼和浩特：内蒙古人民出版社，1990年第一版，173—174页；另见：丹珠昂奔主编《历辈达赖喇嘛与班禅额尔德尼年谱》，北京：中央民族大学出版社，1998年，48—51页。

③ 同上珠荣嘎译注《阿勒坦汗传》汉译本，174—176页。

因此应当出生于1592年。迈达里·呼图克图在藏文文献中也被称为"强巴活佛"（byams-pa sprul-sku），他是和东科尔活佛，卓尼·曲吉·金巴达吉三人一起被选为四世达赖喇嘛的代表，派往蒙古地区弘法的①。

迈达里·呼图克图从西藏来到漠南蒙古后，首先以土默特万户的政治、宗教之重要城镇库库河屯即呼和浩特为中心，弘扬佛法。迈达里·呼图克图既然于水兔年（1603年）十月初被派往蒙古右翼土默特，而且在甲辰年（1604年）已经到达蒙古，那么于1604年在蒙古左翼万户察哈尔，给刚刚继承蒙古大汗汗位的林丹汗举行灌顶仪式是完全可能的。因此，前面所引《蒙古源流》关于林丹汗"于甲辰年(1604年)十三岁时即位，以'忽秃图合汗'之称扬名各方，从迈答哩（迈达里）法王、桌尼·绰儿只（曲吉）等人接受了精深密乘的灌顶等等,扶崇佛法"的记载是可以信赖的。

关于迈达里·呼图克图的事迹，其实在蒙古文史籍《蒙古源流》中有较详细的叙述。以下我们据此文献记载，梳理他的主要事迹。

由于当时蒙古地区没有坐床的法台，因此西藏的呼图克图、贤人们经过商议决定，将圣巴达玛散巴斡师（Badm-a sambau-a baɣsi）的心之弟子大慈悲强巴扎木苏（bšamba-rǰamsu < Tib. byams-pa rgya-mtsho）的化身根敦巴勒藏扎木苏·实哩巴达 (lgendun gbalbzang rǰamso siri bada < Tib. dge-'dun dpal-bzang rgya-mtsho dpal-bzang-po) 派往蒙古，让他执掌蒙古地区的佛教事务。他出生于壬辰年（1592年），十二岁时被派往蒙古，于次年甲辰年（1604年）十三岁（虚岁）时来到蒙古，被扶坐于圣识一切索南嘉措·瓦齐尔达喇·达赖喇嘛在蒙古地方的法座上，以大慈悲迈达里·呼图克图之名扬名于遐迩。同年，他还为林丹汗进

① 乔吉著《蒙古佛教史：北元时期（1368—1634）》，呼和浩特：内蒙古人民出版社，2008年，86页。

行佛教灌顶仪式。

丙午年（1606年），当迈达里·呼图克图十五岁时，蒙古右翼土默特万户阿勒坦汗之孙大成矮吉的妻子不颜图达赖哈屯建起一座城寺，寺院内供奉用金银宝石铸造的弥勒（蒙古语称"迈达里"）佛像，并邀请迈达里·呼图克图为新造的迈达里佛像举行开光仪式。从此以后，迈达里·呼图克图就居住在这个寺院，故这个寺院后被称为"迈达里召"（今内蒙古土默特右旗"美岱召"），他也就成为漠南蒙古迈达里·呼图克图转世系统的第一世。

辛亥年（1611年），当迈达里·呼图克图二十岁时，蒙古兀鲁部（uruɣud）的答来·兀巴失诺颜邀请他去为自己修建的寺庙开光。甲寅年（1614年），蒙古右翼鄂尔多斯万户的博硕克图（卜失兔）济农，用珍宝金银铸造了释迦牟尼佛十二岁身高的塑像，并修造了各种法器饰物之后，邀请大慈悲迈达里·呼图克图为此开光。那时，迈达里·呼图克图被博硕克图济农尊称为"大慈悲法王"①。

迈达里·呼图克图是被格鲁派领袖四世达赖喇嘛派往蒙古的高僧。从这一点上看，迈达里·呼图克图应当是藏传佛教格鲁派僧人，而且后来他在蒙古地区的宗教活动也是代表格鲁派的。但是，也有依据《蒙古源流》库伦本中以下记载的不同看法。据《蒙古源流》库伦本记载："为主持蒙古地区之宗教事务，圣巴达玛散巴斡师的心之弟子大慈强巴扎木苏（bsamba rjamso < Tib. byams-pa rgya-mtsho）的化身根敦巴勒藏扎木苏·实哩巴达（lgendun gbalbzang rjamso siri bada < Tib. dge-'dun dpal-bzang rgya-mtsho dpal-bzang-po）于壬辰年（1592年）出生。十二岁时他以蒙古地区的法座无主为由被派往（蒙古）。在他十三岁的甲

---

① 蒙古文原文参见 Erdeni-yin Tobči, öbör mongɣol-un arad-un keblel-ün qoriy-a, 1980,85v—86v；乌兰著《〈蒙古源流〉研究》，沈阳：辽宁民族出版社，2000年，464—465页。

辰年（1604年）来到（蒙古），直接就坐于圣索南嘉措·瓦齐尔达喇·达赖喇嘛的法座时，以大慈迈达里·呼图克图之名扬名于遐迩"。根据以上记载中所出现的宁玛派之祖"巴达玛散巴斡"之名，日本学者认为，根敦巴勒藏扎木苏·实哩巴达（即迈达里·呼图克图），也有可能是宁玛派的化身①。笔者不赞同这一看法。

对于迈达里·呼图克图在蒙古的主要事迹，《黄金史纲》中有个简明扼要的论及。据此，四世达赖喇嘛云丹嘉措到西藏之后，迈达里·呼图克图·诺门汗禀承四世达赖喇嘛的谕旨，代表达赖喇嘛驻锡于蒙古之地，坐在达赖喇嘛在蒙古的黄幄之中，阐扬宗喀巴的佛教②。这个表述尽管简短，但高度概述了迈达里·呼图克图的主要事迹。

林丹汗于1604年第一次接受灌顶时出现的另一位高僧桌尼·绰儿只，也作桌尼·曲吉或卓尼·曲结等。关于他的生平事迹，乔吉先生在《蒙古佛教史：北元时期（1368-1634）》中已有较详细的阐述。据此，桌尼·曲吉的全名为桌尼·曲吉·金巴达吉（co-ni chos-rje spyin-pa dar-rgyas,1574—1641），他是今甘肃省甘南藏族自治州中部洮河上游的卓尼大寺的高僧。该寺起初是萨迦派的一座小寺院，后来到明代天顺年间（1457—1464）卓尼第二代土司时代被改为格鲁派寺院。卓尼·曲吉·金巴达吉在十三岁时出家后，到色拉寺（se-ra dgon-pa）学经，获得噶久（dka'-bcu）名号。

① 转引自：吉田順一·賀希格陶克陶·柳澤明·石濱裕美子·井上治·長井匠·岡洋樹共訳注：《"アルタン·ハーン伝"訳注》，東京·風間書房，平成十年（1998年），358—359頁。
② 参见朱风·贾敬颜译《汉译蒙古黄金史纲》，呼和浩特：内蒙古人民出版社，1985年，107页。由于"蒙克地方"（Möngke ɣaǰar）是特指西藏，因此将此处改写为西藏。

然后在上密院学经的时候，他和东科尔·呼图克图 ①、迈达里·呼图克图三人被选为达赖喇嘛的代表，派往蒙古地区②。另外桌尼·曲吉也有"瓦其尔·达喇·呼图克图"之称号。

如上所述，"瓦其尔·达喇·呼图克图"桌尼·曲吉，若是和迈达里·呼图克图一起被选为达赖喇嘛代表前往蒙古的话，那么事情应该发生在 1603 年以后。因为迈达里·呼图克图是于水兔年（1603 年）十月初被四世达赖喇嘛派往蒙古的。至于东科尔·呼图克图，情况就更应有所不同。因为二世东科尔·呼图克图·云丹嘉措（也称"满珠锡哩·呼图克图"）是于 1578 年土默特阿勒坦汗与索南嘉措（即三世达赖喇嘛）在青海湖岸会晤之后，被三世达赖喇嘛派往蒙古的。他随同阿勒坦汗一行到了呼和浩特之后，不仅去了蒙古左翼万户察哈尔，而且也成了漠北喀尔喀蒙古阿巴岱汗皈依佛教的机缘，于 1586 年为喀尔喀蒙古额尔德尼召 ③ 举行了开光仪式。但由于二世东科尔·呼图克图于 1587 年圆寂，因此他不可能于 1603 年之后与迈达里·呼图克图等一起被派往蒙古。而三世东科尔·呼图克图·嘉瓦嘉措（rgyal-ba rgyal-mtsho, 1588—1639）④ 则于木马年（1594 年）七岁时，到了青海湖边火落赤部落，成为阿勒坦汗后裔的供养喇嘛。于 1615 年他

----

①　此处应该指的是西宁东科尔寺（stong-'khor dgon-pa）东科尔·呼图克图转世系统的二世东科尔·呼图克图·云丹嘉措（Yon-tan rgya-mtsho, 1557—1587）。蒙古文文献一般将这位东科尔·呼图克图称之为满珠习礼（曼珠室利）·呼图克图。

②　乔吉：《蒙古佛教史：北元时期（1368—1634）》，呼和浩特：内蒙古人民出版社，2008 年，88—90 页。

③　关于喀尔喀蒙古额尔德尼召的建寺年代有不同说法，笔者在此沿用了莫斯科出版的《额尔德尼召之历史》的说法。据此该寺于万历十四年（1586 年）建立（А.Д.Цендина, ИСТОРИЯ ЭРДЭНЭ-ДЗУ, Москва, 1999, С.180.）。

④　关于三世东科尔·呼图克图，参见 [韩] 金成修：《明清之际藏传佛教在蒙古地区的传播》，北京：社会科学文献出版社，2006 年，73 页和 109 页；乔吉：《蒙古佛教史：北元时期（1368-1634）》，呼和浩特：内蒙古人民出版社，2008 年，76—77 页。

被邀请去厄鲁特即卫拉特蒙古传教，以四世达赖喇嘛代理人的身份，劝说厄鲁特蒙古和硕特部首领拜巴嘎斯皈依佛教。正是在这1615 年，从三世东科尔·呼图克图受戒出家的是著名的西蒙古厄鲁特部高僧咱雅·班底达（1599—1662）。

通过以上分析可以得知，林丹汗于 1604 年第一次接受灌顶时，二世东科尔·呼图克图已经逝世十余年，而三世东科尔·呼图克图又在青海，后去厄鲁特蒙古，所以于 1604 年当时他们都不可能到蒙古左翼万户察哈尔为林丹汗举行灌顶仪式。这样的解释才有助于理解《蒙古源流》只提林丹汗于 1604 年从迈达里法王（即迈达里·呼图克图）、桌尼·绰儿只（即卓尼·曲吉）等接受灌顶，而未提东科尔·呼图克图的记载。值得注意的是，迈达里·呼图克图和卓尼·曲吉都是格鲁派的高僧，而且都是被达赖喇嘛派遣到蒙古的。但是，林丹汗于 1604 年受灌顶时才十三岁，从佛教哪一教派接受灌顶这一问题上，当时林丹汗本人恐怕没有选择性。当然我们不能因此而忽略更值得留意的史实，那就是蒙古林丹汗的曾祖父土蛮（图门）·扎萨克图汗曾是噶玛派的信徒和林丹汗第二次接受灌顶的高僧也不是格鲁派僧人的情况。因此，如果我们想要充分理解林丹汗于 1604 年十三岁即位时从格鲁派高僧接受灌顶的理由，就必须结合后来林丹汗于 1617 年第二次接受灌顶时的西藏和蒙古历史等诸多因素去思考问题。

第二节 林丹汗与萨迦派沙尔巴·呼图克图

林丹汗自即位那年（1604 年）后，大约时隔十三年，于1617 年他又第二次接受了灌顶。关于这一点，《蒙古源流》中已有明确记载：

林丹汗"在丁巳年二十六岁时拜见萨思迦·答察·沙儿巴·虎

督度（即呼图克图），再次接受了精深密乘的灌顶"①。

《黄史》中则称：林丹汗"二十六岁时，从萨思迦·沙尔巴·答臣·呼图克图处，接受精深密乘之灌顶"②。而《蒙古源流》所说"丁巳年"是公元 1617 年，这时林丹汗已是二十六岁的成年人。汉译引文中所说"萨思迦·答察·沙儿巴·虎督度"，一般作沙尔巴·呼图克图 (šarba qutuɣtu)③。他就是来自西藏佛教萨迦派萨迦寺高僧沙尔巴·呼图克图。

那么，蒙古林丹汗为何于 1617 年从非格鲁派的萨迦派高僧沙尔巴·呼图克图第二次接受灌顶呢？这可能不仅与当时的西藏佛教教派之间的斗争形势有关，更重要的是由于林丹汗试图恢复元代蒙古大汗与萨迦派高僧之间的传统关系。就当时西藏佛教教派之间的斗争形势而言，1617 年前后格鲁派一度处于危机时期。三世达赖喇嘛到蒙古传教并在蒙古圆寂之后，尤其是在四世达赖喇嘛云丹嘉措诞生于蒙古右翼土默特万户以来，格鲁派势力集团积极地与蒙古土默特万户加强联盟关系。正是在这样的历史时期，西藏格鲁派敌对势力的代表藏巴汗噶玛彭措南杰（karma-pun-tshogs-rnam-rgyal,1568—1621），于 1612 年和 1618 年先后控制了后藏的全部地区和前藏大部分地区，压迫和打击格鲁派势力。特别是在"万历十四年十二月十五日（公历 1616 年 1 月 21 日），藏巴汗彭措南杰就以云丹嘉措（即四世达赖喇嘛)用诅咒手段使其致病为由，

---

① 蒙古文原文参见:Erdeni-yin tobči 68rΓ68v;汉译参见乌兰:《〈蒙古源流〉研究》，361 页。

② Н.П.Шастина, ШАРА ТУДЖИ, Москва-Ленинград, 1957, C.75.

③ 沙尔巴·呼图克图的"沙尔巴"，也作"沙喇巴"、"夏尔巴"、"夏儿把"等，都是蒙古文"šarba"的音译或藏文"shar-pa"的不同音写而已。根据《清太宗实录》等史籍的写法，在此我们统一使用"沙尔巴·呼图克图"这一写法。

派人到拉萨将云丹嘉措（即四世达赖喇嘛）刺死"①。在西藏佛教教派之间如此你死我活的激烈斗争时期，各教派都争先恐后地向蒙古求助、在蒙古地区寻找信徒、支持者和同盟势力，试图借助蒙古军事力量保护和壮大各自的教派势力。萨迦派作为蒙元时期与蒙古皇室有着帝师关系的传统教派，在这一时期向蒙古大汗君临的蒙古中央部落察哈尔万户派遣高僧沙尔巴·呼图克图显然不是偶然的事情。

　　为探究沙尔巴·呼图克图来到蒙古的缘由及其事迹，先让我们简单回顾一下西藏佛教萨迦派与蒙古皇室之间的传统历史关系。萨迦派创始人，是具有"神圣家族"和世袭传统的萨迦昆氏家族成员之一的贡却杰布（dkon-chog rgyal-po, 1034—1102）。据悉，他于公元1073年在后藏的温波山白土坡前倡建萨迦寺，是乃以"道果论"为法要的萨迦派的开端。到了12世纪、13世纪，萨迦派在西藏佛教各教派中有了显著的地位。这一历史性发展，恐怕要归功于所谓"萨迦五祖"的功劳。他们依次分别是"神种昆氏萨迦世系之圣主大萨迦巴"②、萨迦五祖之第一代祖师、萨迦寺住持贡噶宁布(Kun-dga'snying-po,1092—1158)、第二代祖师索南策摩(bsod-nams rtse-mo,1142—1182)、第三代祖师札巴坚赞(Grags-pa rgyal-mtshan, 1147—1216)、第四代祖师萨迦·贡嘎坚赞（Sa-skya Kun-dga'rgyal-mtshan, 以"萨迦班智达"著称,1182—1251)以及第五代祖师八思巴·洛追坚赞('Phags-pa blo-gros rgyal-mtshan, 1235—1280)等。而以"萨迦五祖"为代表的萨迦派的教义特征则是，以密教圣典"呼金刚坦陀罗"作为其根本圣典的。

---

① 谢启晃、胡起望、莫俊卿编著《中国少数民族历史人物志》第四辑（宗教人物），北京：民族出版社，1989年第一版，83页。汉译参见乌兰著《〈蒙古源流〉研究》，沈阳：辽宁民族出版社，2000年，361页。
② 贡嘎罗追著、王玉平译《萨迦世系史续编》，北京：中国藏学出版社，2005年，2页。

在"萨迦五祖"中，萨迦班智达（简称萨班）和八思巴叔侄二人有"萨迦红衣二祖"之称，他们与蒙古皇室有着密切的法缘。萨迦班智达，应蒙古元太宗窝阔台汗次子阔端之邀请，于丙午年（1246年）六十五岁时抵达凉州（今甘肃武威）阔端的宫廷 ① 谒见阔端，实现了"凉州会谈"，为元代中央对西藏地方行政管理奠定了基础。其实，八思巴也和其弟恰那多吉一起，随其叔父萨迦班智达前往凉州谒见过阔端。1251年萨迦班智达去世后，八思巴继任萨迦新法主。

据《元史》卷二百二，列传第八十九释老传记载：

"十一年（1251年）夏，八思巴应诏前往六盘山谒见忽必烈，被尊为上师。"

八思巴被尊为"上师"后，似乎没有辜负忽必烈的厚望，在之后的岁月中大显其才华。比如，宋宝祐六年（1258年），在元上都（即开平府，今内蒙古正蓝旗上都镇附近的"元上都"遗址，2012年6月29日已成为世界文化遗产）佛道二家各选十七名代表在忽必烈面前进行了大辩论。八思巴作为佛家名手参加辩论，驳倒对方。

中统元年（1260年），忽必烈在上都继承蒙古大汗汗位，将八思巴尊为国师，赐予玉印。至元二年（1265年），八思巴受命返萨迦，筹建卫藏行政机构，荐举释迦桑波为第一任萨迦本钦，创立了本钦由帝师荐举、皇帝任命的制度。八思巴从萨迦返中都（今北京）之后，又奉命创制蒙古新字，于1269年献新字，颁行全国，是为八思巴文字。因造字有功，八思巴被封大宝法王，

---

① 参见《〈蒙古佛教史〉研究【二】》日文版，第116–117页。（日文原文：[日]窪田新一监修『「モンゴル佛教史」研究 [二]』，東京・株式会社ノンブル，2006年5月）。另见固始噶居巴·洛桑泽培著、陈庆英、乌力吉译注《蒙古佛教史》，天津古籍出版社，1990年12月第一版，43页也说："萨迦班智达于六十五岁的阳火马年（1246年）抵达凉州阔端的宫廷。"

更赐玉印。文曰："皇天在上，一人之下，宣文辅治，大圣至德，普觉真智，佑国如意，大宝法王，西天佛子，大元帝师。"八思巴于 1276 年离京返回萨迦，自任萨迦法王①。

值得特别注意的是，如上所述"大元帝师"八思巴之萨迦寺主继任者当中，就有"沙尔巴"（夏尔巴）敬称的人物。比如，八思巴的弟子沙尔巴·绛央希妥巴（Shar-pa 'Jam-dbyngs bzhi-thog-pa,1257—1305），本名为绛央辇真监藏（'Jam-dbyngs rin-chen rgyal-mtshan），在公元 1287—1304 年间，继承塔麻八喇担任西藏萨迦寺主十八年，并在 1303—1305 年间，任大元帝师②。

在得知元代蒙古皇室萨迦派出身的帝师中有冠有"沙尔巴"敬称的帝师之后，我们再看看蒙古林丹汗于 1617 年为何从萨迦派高僧沙尔巴·呼图克图接受灌顶的缘由和沙尔巴·呼图克图的事迹。

沙尔巴·呼图克图在《蒙古源流》中，以 "saskiy-a bdaɣčan šarba qutuɣtu"（萨迦·答克阑·沙儿巴·呼图克图）的称谓出现。其中，首先 "saskiy-a"（萨迦）显然指萨迦派，无需多加解释。其次 "bdaɣčan"（答克阑）是由藏语 "bdag-chen"（答克臣）音变而来，意为"大主"。"bdag-chen"（答克臣）是冠以萨迦派高僧的敬称③。萨迦派自八思巴以来，兼摄政教两权的高僧才有"答克臣"这个称号。而蒙古语化的 "šarba"（沙尔巴）一词也是由<u>藏语 "shar-pa"</u> 音变而来，"shar-pa" 的原意为 :（1）东方人 ;（2）

① 贡嘎罗追著、王玉平译《萨迦世系史续编》，北京：中国藏学出版社，2005 年，3—4 页。另外，关于八思巴的生平事迹与蒙古的关系，在《"蒙古佛教史"研究【二】》日文版，133—187 页有详细的介绍。（原文：[日] 窪田新一监修《"モンゴル佛教史"研究【二】》，東京·株式会社ノンブル，2006 年 5 月）。
② 张怡荪主编《藏汉大辞典》下卷，北京：民族出版社，1993 年，2837 页。
③ 石濱裕美子："リンデン＝ハーン碑文に見るチャハルのチベット仏教"，《アジア·アフリカ言語文化研究》第 79 号，東京·2010 年，133 页注 53。

西藏古时称之为"沙尔巴"（夏尔巴）的一部族名；（3）元代指萨迦东院；（4）也指居住在今聂拉木县中尼边境一带的"沙尔巴人"等①。看来，此处"shar-pa"（沙尔巴），可能与萨迦寺东殿法主有关。而意为"圣者或活佛"的蒙古语"呼图克图"（qutuɣtu）史籍中又作"虎墩兔"、"虎督度"、"忽秃兔"等，但清代以来一般都作"库图克图"或"呼图克图"。这样看来，沙尔巴·呼图克图无疑是萨迦派高僧。至于沙尔巴·呼图克图的本名，我们可从林丹汗时期的为数不多的第一手史料即藏文及蒙古文"林丹汗碑文"中得到确认。其藏文碑文中，将沙尔巴·呼图克图称之为"沙尔巴·答克臣·阿南达·师利巴都拉"（shar-pa bdag-chen ā nanda shr ī -bhadra）②，而在蒙古文碑文中则称"沙尔巴·也克鄂怎·阿南达·师利巴都拉"（šarba yeke eǰen ananda šrii badra）③。有趣的是，蒙古文碑文中将意为"大主"的藏语"bdag-chen"（答克臣），译成蒙古语"也克鄂怎"（yeke eǰen），其意正是"大主"。由于"答克臣"是意为"大主"的敬称，而且只有兼摄政教两权的高僧才有"答克臣"这个称号，这一点值得关注。因此，沙尔巴·呼图克图的本名为"阿南达·师利巴都拉"（ā nanda shr ī -bhadra）。

更值得关注的是，沙尔巴·呼图克图来到蒙古大汗君临的蒙古中央部落察哈尔万户时，带来了元朝时期的"国宝"。也就是说，

---

① 参见张怡荪主编：《藏汉大辞典》下卷，北京：民族出版社，1993 年，2837 页。

② 林丹汗碑文之藏文碑文，参见 [俄] 阿·马·波斯德涅夫著，刘汉明等汉译.《蒙古及蒙古人》第二卷，呼和浩特：内蒙古人民出版社，1983 年第一版，438—447 页。对林丹汗碑文，近年日本藏学家石濱裕美子将藏文碑文拉丁转写的基础上进行了详尽的研究。其日文研究论文参见：石濱裕美子："リンデン＝ハーン碑文に見るチャハルのチベット仏教"，《アジア・アフリカ言語文化研究》第 79 号，東京・2010 年。

③ 林丹汗碑文之蒙古文原文，参见同上《蒙古及蒙古人》第二卷，447—459 页。

正是这位沙尔巴·呼图克图，将元世祖忽必烈汗时代，由其帝师八思巴喇嘛用千两黄金铸造的护法神"嘛哈噶喇"金佛像，带到蒙古林丹汗君临的察哈尔万户祭祀。关于这一点，《清太宗实录》天聪八年（1634年）十二月丁酉明确记载：

"墨尔根喇嘛戴护法嘛哈噶喇佛像至。初元世祖时，有帕斯八喇嘛用千金铸护法嘛哈噶喇佛像，奉祀于五台山。后请移于蒙古萨思遐地方。又有沙尔巴胡土克图喇嘛复移于元裔察哈尔国祀之。"①

上引史料表明，先是将元代"嘛哈噶喇"金佛像奉祀于五台山，后由"沙尔巴胡土克图喇嘛"即上述沙尔巴·呼图克图喇嘛，将"嘛哈噶喇"金佛像又移到元朝后裔"察哈尔国"祭祀。如此看来，沙尔巴·呼图克图来到蒙古大汗君临的蒙古中央部落"察哈尔国"时，带来了元代的"嘛哈噶喇"金佛像。这样，作为元朝皇帝的正统皇位继承者，林丹汗于1617年从萨迦派高僧沙尔巴·呼图克图接受灌顶也就成为天经地义的事情。

后来于1634年秋，蒙古林丹汗在青海大草滩逝世之后，同年年底上述沙尔巴·呼图克图的生前弟子"墨尔根喇嘛"又将"嘛哈噶喇"金佛像送到盛京，献给了太宗皇帝皇太极。

至于沙尔巴·呼图克图的主要事迹，据悉，他著有《蒙古源流》主要史料之一的《诸汗源流史》（qad-un ündüsün-ü tuγuji），但这部史书今已失传。关于他的主要事迹《蒙古源流》中说，沙尔巴·呼图克图协助蒙古林丹汗于1617年建造了宏伟的殿宇和"金刚白城"，并在城中建造了供奉释迦牟尼像的众多寺庙和诸多信仰物，依照前规均平地建立了政教二规等等。关于林丹汗于1617年建成的"金刚白城"，我们将在另章中专题加以探讨。

---

① 参见齐木德道尔吉、巴根那编.《清朝太祖太宗世祖朝实录蒙古史史料抄》，呼和浩特：内蒙古大学出版社，2002年.315页太宗朝天聪八年（1634）十二月丁酉条。

从1626年林丹汗碑文也可确认与本章内容密切相关的以下内容：即有德的君王们在诸神居住的印度四方所有国土里都扶持了佛教，在雪国西藏是如此，在北方的蒙古也是如此。依靠长生天的神助，蒙古成吉思汗德高望重，英明远扬。到成吉思汗的第三十六代，诞生了大转佛法宝轮的菩萨化身"岱明车臣成吉思汗"即蒙古林丹汗。在《甘珠尔经》被译成蒙古文以后，林丹汗拥有诸多称号，比如林丹呼图克图汗、苏图成吉思岱明车臣汗、转金轮·诺门汗（法王）等等。林丹汗统治着许多异族人，首先是汉族和藏族人，他扩大了自己的统治范围。而最主要的是，由于早就定下来的天意，林丹汗以自己的信仰和虔诚，为蒙古请来了受到古代君主、法王尊崇的喇嘛，在知识、慈悲和力量方面都具有光芒四射的满珠习礼化身，即阿南达·师利巴都拉·沙尔巴·呼图克图①。而西藏萨迦派高僧沙尔巴·呼图克图的生平最大主要事迹莫过于他受蒙古林丹·呼图克图汗之命，以"兼摄政教两权"的"萨迦大主"的身份主持、组织学僧和学者进行了《大藏经》的蒙古语翻译、校审和金字书写等重大工程，在1628年至1629年间，主持完成了113卷《蒙古文金字甘珠尔经》②。

总之，据《蒙古源流》等文献记载，壬辰年（1592年），蒙古林丹汗出身于佛教传统浓厚的蒙古黄金家族。甲辰年（1604年），"林丹·把都儿"台吉继承蒙古大汗汗位，以"忽秃图合汗"（呼图克图汗）之称扬名天下，并在同年林丹·呼图克图汗第一次接受了四世达赖云丹嘉措派往蒙古地区的格鲁派高僧迈达里·呼图克图等的灌顶，皈依佛教。但笔者认为，因迈达里·呼图克图是四世达赖喇嘛所派，而且林丹汗在1604年第一次接受灌顶时才十三虚岁，故当时他的接受灌顶行为可能缺乏深思熟虑、没有其

① 参见[俄]阿·马·波斯德涅夫著，刘汉明等汉译《蒙古及蒙古人》第二卷，呼和浩特：内蒙古人民出版社，1983年第一版，466—467页。
② 详见本编第六章.

他选择余地。

但后来在丁巳年（1617年），林丹汗在其二十六岁时，又拜见萨迦派高僧沙尔巴·呼图克图，接受了精深密乘的第二次灌顶，并下令修建了宏伟的殿宇和"金刚白城"（wčir čaγan qota），在城中又建造了供奉释迦牟尼像的众多寺庙和诸多信仰物，将工程及佛像等在一个夏季当中全部完成，并"依照前例"均平地建立了"政教二道"（šasin törö-yin qoyar yoso）。值得一提的是，林丹汗在1617年接受灌顶时已是二十六岁的成人，应该说他的这一行为显然有选择性。而且，如前所述，1616年四世达赖喇嘛在西藏拉萨被藏巴汗彭措南杰派人杀害。当时处于激烈争斗中的西藏佛教各教派，都积极从蒙古地区寻找信徒和同盟军，试图借助蒙古军事力量重整旗鼓。正在这个时期，西藏萨迦派高僧沙尔巴·呼图克图又携带元朝时期的"国宝"级信仰物"嘛哈噶喇"金佛像来到蒙古大汗林丹汗直接统领的察哈尔万户。这样，林丹汗从萨迦派高僧沙尔巴·呼图克图接受灌顶一事就成为极其自然的事情。

在另一方面，从当时西藏格鲁派的处境来看，1616年格鲁派宗教领袖四世达赖喇嘛云丹嘉措在拉萨被害之后，格鲁派势力（即"黄教"势力）集团的处境一度陷入了困境。几年后的1621年，已故三世达赖喇嘛和四世达赖喇嘛的生前施主、土默特蒙古拉尊（lha-btsun, 即为僧的王族子弟）罗桑丹津嘉措（blo-bzang-bstan-'dzin-rgya-mtsho）和洪台吉率领的蒙古军队到达前藏，与当时已继承其父藏巴汗汗位的新藏巴汗噶玛丹迥旺波（karma-bstan-skyong-dbang -po,1606-1642）的军队发生了战斗。结果新藏巴汗噶玛丹迥旺波的军队败北，大约一万多人被包围在甲波山（药王山）里。就在藏军准备投降时，四世班禅喇嘛罗桑却吉坚赞和甘丹池巴衮却群培（dkon-mchog-chos-'phel）出面调停，才使藏巴汗噶玛丹迥旺波的军队脱离了被全部歼灭的危险，从而支持格鲁派的蒙古军和藏巴汗双方达成了一些协议。藏巴汗噶玛丹迥旺波做出了重大妥协，重新划定了甘丹颇章的所属地界，退还了从前侵占的色拉寺、哲蚌寺的土地和庄园等。除此之外，最关键的是，由于拉尊和洪台吉派人交涉，藏巴汗被迫认可了新的达赖喇嘛的合法性，允许四世班禅喇嘛于第二年（1622年）主持迎请五世达赖喇嘛阿旺洛桑嘉措（ngag-dbang-blo-bzang-rgya-mtsho,1617–1682）到哲蚌寺坐床①。五世达赖喇嘛坐床之后，从青海、蒙古等地，建造和供养已故四世达赖喇嘛的灵塔以及朝拜五世达赖喇嘛的朝拜大军不断涌向拉萨。比如在1625年，右翼蒙古博硕克图济农之第三子济农图巴台吉等人到拉萨参加四世达赖喇嘛灵塔的开光仪式，担任施主，并拜见五世达赖喇嘛。关于这一点，《四世达赖喇嘛传》中有这样一段较详细的记载：

"木牛年（公元1625年），由土默特（蒙古）首领洪台吉担任施主，在管家萨钧哇素南饶丹的关怀下，由贵杰多杰担任设计师，恰哇噶居桑杰喜饶、温波香巴罗桑、尼泊尔人诺布才让等二十余人担任管事，终于顺利地建成了（四世达赖喇嘛的）灵塔。灵塔建成以后，由绛央喇嘛甘丹赤巴官却群培和果莽罗本桑杰扎西二人主持了装藏仪式，作为具吉祥哲蚌寺的三解脱门而供奉在那里。以一切部主堪钦罗桑曲吉坚赞（即四世班禅喇嘛）为首的色拉、哲蚌寺的卸任住持以及南杰扎仓的僧人们为灵塔举行了开光典礼。蒙古四十部落的白色蒙古包之主图巴济农托松洪台吉被委派为施主"②。

上引史料所表明的那样，格鲁派与蒙古右翼势力联盟的趋向日益明显化。这种情况，不仅引起西藏藏巴汗噶玛丹迥旺波

---

① 王森著：《西藏佛教发展史略》，北京：中国社会科学出版社，1997年，196—198页。

② 五世达赖喇嘛阿旺罗桑嘉措等著，陈庆英、马连龙等译《一世一四世达赖喇嘛传》（一世至四世达赖喇嘛传汉译合并本），北京：中国藏学出版社，2006年第一版，319页。

的恐惧，从而使他加强策划压制格鲁派的举措，而且也因为它削弱蒙古大汗的号召力和中央集权，很有可能引起了当时蒙古大汗的关注。

但是，从 1626 年"林丹汗碑文"史料中也可以得到确认，林丹汗选择萨迦派高僧沙尔巴·呼图克图作为自己的皈依喇嘛，并不是因为其他什么原因，而是为了恢复元代"正统的"萨迦派帝师制度传统，并依照元代的"前例"均平地实施"政教二规"，试图以此来再度统一蒙古各部。当然，当时的萨迦派虽然已经是改革后的教派，然而它终究属于广义的"红教"系统。在这个意义上讲，林丹汗接受萨迦派高僧灌顶等举动实际上成为与"黄教"（即格鲁派）势力对立的行为。后来，由于西藏藏巴汗与格鲁派之间矛盾的激化，"藏巴汗也积极拉拢和收买其他蒙古部落，企图联合蒙古军事力量，一举击败黄教势力。1633 年，藏巴汗派人到漠南蒙古察哈尔部，说服察哈尔部的林丹汗改信噶玛派，劝其率领蒙古军队前往西藏联合消灭格鲁派"①。蒙古林丹汗率众西迁后，挺进青海，试图与喀尔喀蒙古的朝克图台吉、西藏非"黄教"的宗派及其世俗政权等势力结盟，以图东山再起。但于 1634 年秋，蒙古林丹汗在青海患病暴亡，随后其长子额哲为首的察哈尔部众归附后金。

---

① 苏发祥著:《清代治藏政策研究》，北京: 民族出版社，1999 年，5—6 页。

第五章　17世纪蒙古林丹汗政治、宗教之都金刚白城

第一节　从历史文献记载看林丹汗金刚白城

据《蒙古源流》记载，蒙古林丹汗在丁巳年（1617年）二十六岁时，不仅拜见藏传佛教萨迦派高僧沙尔巴·呼图克图，接受了精深密乘之灌顶，而且还修建了宏伟的殿宇和"金刚白城"（wčir-tu čaγan qota，瓦齐尔图·查干浩特），城中又建造了供奉释迦牟尼像的众多寺庙和诸多信仰物，在一个夏季中迅速建成完工，并依照前规均等地建立了"（政教）二道"①。由此可见，林丹汗于1617年下令建成了一座都城"瓦齐尔图·查干浩特"即"金刚白城"，这个史实恐怕毋庸置疑。

那么，在其他历史文献中，有无关于林丹汗"金刚白城"或简称"查干浩特"（白城）的记载呢。我们先看看1739年成书的蒙古文历史文献《金轮千幅》（Altan kürdün mingγan kegesütü）的记载。《金轮千幅》的作者、清代史学家答里麻说：林丹·呼图克图汗在木龙年（1604年）继承蒙古大汗汗位之后，"将八鄂托克察哈尔万户整顿成左右翼三万户，在阿巴嘎·哈喇山南麓建造查干浩特（白城）"；并"建立金顶白寺，铸造诸多召释迦牟尼佛像"；又明确行政管辖职责，"右翼三万户由却如斯·塔布囊来管理，左翼三万户由苏日呼纳克·塔布囊来管理"等②。由此可见，

---

① 参见乌兰著《〈蒙古源流〉研究》，沈阳：辽宁民族出版社，2000年，361页。

② 参见[清]答里麻著，乔吉校注《金轮千幅》（Altan kürdün mingγan kegesütü），呼和浩特：内蒙古人民出版社，2000年第二版，132—133页。

林丹汗在阿巴嘎·哈喇山南麓曾建造一座都城蒙古语称作"查干浩特"即白城，城中又建有"金顶白寺"等。

我们再看看比《金轮千幅》成书稍后的蒙古历史文献、清代史学家拉喜彭斯克的蒙古文《水晶珠》(Bolor erike)。其中说：在甲辰年（1604年），林丹·呼图克图汗继承蒙古大汗汗位之后，"将八鄂托克察哈尔分成左右各三万户，在阿巴嘎·哈喇山南麓建城"①。而1817年成书的蒙古文历史文献《金鬘》(Altan erike)中也说：林丹·呼图克图汗在接受藏传佛教萨迦派高僧沙尔巴·呼图克图喇嘛的密宗灌顶之后，"建立了金刚白城（瓦齐尔图·查干浩特）大殿宇，城中供奉释迦牟尼佛，并在一夏当中建城诸多寺庙"②。如此看来，有几部蒙古文历史文献都说：林丹汗于1617年在阿巴嘎·哈喇山南麓曾经建有一座"金刚白城"或"查干浩特"（也作"察罕浩特"等）即白城。

学界周知，1616年努尔哈赤统一女真各部，建立了后金即爱新国。努尔哈赤建国后，由于明朝边民每年越境窃采满洲矿藏、果木等物，在广宁附近边界之地与明朝经常发生纠纷。当时的蒙古林丹汗或许是为确保同明朝的贸易收益，对新兴的后金势力及其首领努尔哈赤态度显得有点反常。据《清实录》记载，天命四年（1619年）十月，"蒙古国察哈尔林丹汗及喀尔喀五部落（即内喀尔喀蒙古五部落）众贝勒遣使"来到后金，其使臣康喀儿拜虎所带来的书曰：

"统四十万众蒙古国主巴图鲁成吉思汗（即林丹汗——引者），问水滨三万人满洲国主英明皇帝安宁无恙耶。明与吾二国，仇雠也。闻自午年（1618年）来，汝数苦明国。今年夏，我已亲

---

① 参见[清]拉喜彭斯克著，胡和温都尔校注《水晶珠》(Bolor erike)下册，呼和浩特：内蒙古人民出版社，2002年第二版，369页。
② 参见[清]纳塔著，乔吉校注《金鬘》(Altan erike)，呼和浩特：内蒙古人民出版社，1999年第二版，113页

往明之广宁,招抚其城,收其贡赋。倘汝兵往广宁,吾将牵制汝"等等①。

接到上引林丹汗的这个信函,满洲贝勒、诸臣都很发怒,努尔哈赤亦未尝不怒。因此,后金国将林丹汗的使臣康喀儿拜虎羁押起来。

天命五年(1620年)正月,后金(爱新国)努尔哈赤派遣使臣硕色吴巴什,复信致林丹汗。努尔哈赤的复信曰:

"阅察哈尔汗来书,称四十万蒙古国主巴图鲁成吉思汗(即林丹汗)致书水滨三万满洲国主神武英明皇帝云云。尔奈何以四十万蒙古之众骄吾国耶。我闻明洪武时取尔大都,尔蒙古以四十万众败亡殆尽,逃窜得脱者仅六万人。且此六万之众,又不仅属于尔,属鄂尔多斯者万人,属十二土默特者万人,属阿索忒、雍谢布、喀喇沁者万人,此右三万之众,固各有所主也,与尔何与哉。即左三万之众,亦岂尽为尔有。以不足三万人之国,乃远引陈言,骄语四十万,而轻吾国为三万人,天地岂不知之……"②

由于林丹汗先前派遣的使臣康喀儿拜虎被后金羁押,林丹汗得到上引努尔哈赤复信之后,也羁押了后金使臣硕色吴巴什。对于林丹汗扣留后金使臣之事,《清太祖实录》中有如下一段记载。即:

"察哈尔林丹汗得书,执我使臣硕色吴巴什,系拜星所居城"③。

由此可见,蒙古林丹汗本营有一座都城,因此将后金使臣硕色吴巴什羁押在那个城中。如果结合前面蒙古文历史文献的其他

---

① 参见齐木德道尔吉、巴根那编:《清朝太祖太宗世祖朝实录蒙古史史料抄》,呼和浩特:内蒙古大学出版社,2002年,59页

② 参见同上《清朝太祖太宗世祖朝实录蒙古史史料抄》,62页。

③ 参见齐木德道尔吉、巴根那编:《清朝太祖太宗世祖朝实录蒙古史史料抄》,呼和浩特:内蒙古大学出版社,2002年,63页。

记载看，林丹汗本营的这座都城应当是 1617 年在阿巴嘎·哈喇山南麓建成的"瓦齐尔图·查干浩特"即金刚白城，它在蒙古文文献中往往被简称为"查干浩特"即白城。

第二节　从研究史及察哈尔游牧地看林丹汗金刚白城

蒙古林丹汗于 1617 年在阿巴嘎·哈喇山南麓建成的都城"金刚白城"或"查干浩特"（白城），到底具体在何处呢。对此，中国研究者自 20 世纪 80 年代初以来发表了各自不同的见解。其中，最早的一篇代表性论文，恐怕就是都嘎尔先生在 1982 年发表的《林丹·呼图克图汗的白城》一文 ①。后在 1984 年，该论文同名转载《内蒙古社会科学》第二期上 ②。都嘎尔论文，是他 1981 年 8 月对内蒙古阿鲁科沁旗罕苏木（Qayan süm-e）·苏木（sumu）境内阿巴嘎·哈喇山南麓"亚新查干浩特遗址"（今称旧查干浩特遗址）进行田野调查的基础上发表的。都嘎尔认为，自达延汗（答言汗）以来继承大汗汗位的蒙古诸汗汗廷及其直属左翼三万户，都驻牧在宣府（今宣化）以北的地方。而且在蒙古不地·阿喇克汗的儿子打来孙·枯登汗时，为躲避蒙古右翼三万户的墨尔根·济农和阿勒坦汗的势力，察哈尔万户在 1546—1547 年间移居到辽东地区。都嘎尔认为，首先，当地人都说阿鲁科尔沁旗罕苏木境内的这个故城遗址就是当年蒙古林丹汗居住过的"查干浩特"（意为白城），而且故城遗址所在地的山名、城名等都与史书记载相吻合；其次，从查干浩特遗址所在的地理位置上看，该城旧遗址所在地与学者们考证的林丹汗住地基本一致；第三，该故城遗址

---

① 都嘎尔：《林丹·呼图克图汗的白城》，载《智慧之钥匙》（oyun tülkigür）杂志，1982 年第 2 期。

② 都嘎尔：《林丹·呼图克图汗的白城》，载《内蒙古社会科学》（蒙古文），1984 年第 2 期。

内还有不少建筑物的残迹、大量的琉璃瓦块等，与史书所记林丹汗崇佛修庙的记载相符合。据此，都嘎尔先生首次提出了今内蒙古赤峰市阿鲁科尔沁旗罕苏木（Qaγan süm-e）·苏木（sumu）境内阿巴嘎·哈喇山南麓旧城址就是林丹汗都城"金刚白城"即查干浩特（白城）遗址的结论。

在 20 世纪 80 年代初，都嘎尔论文发表后，内蒙古赤峰市阿鲁科尔沁旗文史工作者敖·包音乌力吉在 1988 年发表题为《关于林丹汗都城遗址札记》一文，认为阿鲁科尔沁旗阿巴嘎·哈喇山南麓旧城址查干浩特就是林丹·呼图克图汗都城"金刚白城"之遗址 [1]。之后具有重要学术价值的论文，当属张松柏在 1994 年从考古学角度发表的《阿鲁科沁旗白城明代遗址调查报告》一文。该文从考古学的角度认为，由于阿鲁科尔沁旗白城遗址（即查干浩特遗址）上层部分属于明末时期所建都城遗址，其规模和建筑特点符合汗王宫廷规模，因此阿鲁科尔沁旗白城遗址即林丹汗时期修建的都城"金刚白城"遗址 [2]。

其实，学界对 17 世纪初期蒙古林丹汗都城"金刚白城"或查干浩特（白城）的确切地理位置，有以下几种见解。

第一，20 世纪 80 年代初首先由都嘎尔提出的、将今内蒙古阿鲁科尔沁旗阿巴嘎·哈喇山南麓查干浩特（白城）遗址，认定为 17 世纪蒙古林丹汗查干浩特（白城）遗址之说。阿鲁科尔沁旗阿巴嘎·哈喇山南麓故城遗址就是林丹汗察罕浩特（今作"查干浩特"）遗址的观点，经过内蒙古师范大学金峰、内蒙古大学那仁朝克图等学者自 20 世纪 90 年代末以来的进一步深入拓展研究和从文献记载、历史地理、民间传说、故城遗址以及前人成果

[1] 敖·包音乌力吉：《关于林丹汗都城遗址札记》，载《阿鲁科尔沁旗文史》（蒙古文）第二期，1988 年 7 月，297—306 页。
[2] 参见《内蒙古文物考古文集》第一辑，中国大百科全书出版社，1994 年，677—688 页。

等多视角考证①，已被学术界和社会普遍接受。并在此基础上于2005年7月21日至24日在内蒙古阿鲁科尔沁旗罕苏木（Qaγan süm-e）·苏木召开了《阿巴嘎哈喇——察罕浩特全国学术研讨会》，随后阿鲁科尔沁旗罕苏木境内阿巴嘎·哈喇山南麓故城遗址也已成为国家级文物保护单位。后于2009年7月18日至21日在内蒙古鲁科尔沁旗天山镇（查布嘎镇），再次召开《蒙古林丹汗暨汗国都城察罕浩特全国学术研讨会》，笔者也出席了本次会议。最近在2012年5月，萨义宁布发表题为《北元林丹汗都城地理位置考》（蒙古文题目为：Ligden qutuγtu qaγan-u čaγan qota-yin γaǰar ǰüi-yin bayiri-yin učir -tu）的重要论文，从相关文献记载、故城地理位置、巴林右旗白塔周围故城遗址和巴林右旗白塔林丹汗碑文以及其他档案史料、故城遗址考古研究成果等多方面进行考证，也认为今内蒙古阿鲁科尔沁旗境内阿巴嘎·哈喇山南麓查干浩特（白城）遗址就是17世纪初期蒙古林丹汗建造的都城"金刚白城"的遗址②。

　　第二，今辽宁省蒙古贞旗境内白城遗址说。1987年，内蒙古社会科学院历史研究所研究员乔吉认为蒙古察哈尔部"东迁"以来到林丹汗"西迁"为止驻牧于辽东、广宁、开原一带，由此首

① 金峰、那仁朝克图、阿拉坛吉雅：《蒙古汗国最后都城林丹汗察罕浩特考》（蒙古文），载《内蒙古师范大学学报》1999年第一期。该文经过采纳国内外专家学者修改意见之后，发表于《蒙古史研究》第八辑，内蒙古大学出版社，2005年。2008年4月，那仁朝克图发表了《林丹汗金刚白城考》一文（参见《内蒙古保护和开发少数民族非物质文化遗产研讨会会议文件汇编》，大会学术委员会，2008年4月内部资料，191—209页）。后经过修改后，于2009年7月18日至21日在阿鲁科尔沁旗天山镇（查布嘎镇）召开的《蒙古林丹汗暨汗国都城察罕浩特全国学术研讨会》上，那仁朝克图宣读了该论文（参见《蒙古林丹汗暨汗国都城察罕浩特全国学术研讨会会议论文集》，阿鲁科尔沁旗天山镇，2009年7月，193—209页）。
② 参见萨义宁布：《北元林丹汗都城地理位置考》（蒙古文：Ligden qutuγtu qaγan-u čaγan qota-yin γaǰar ǰüi-yin bayiri-yin učir -tu），载《内蒙古大学学报》哲学社会科学蒙古文版，2012年（第41卷）第3期，55—67页。

次提出了《大清一统志》所载"插汗城"（意为白城）或许是林丹汗建造的都城"瓦齐尔图·查干浩特"（金刚白城）遗址的观点①。1994 年，内蒙古民族师范学院吴芝宽、昌戴等发表论文，认为今辽宁省阜新蒙古族自治县（即蒙古贞）境内的"白城"就是"林丹汗白城遗址"②。据《大清一统志》记载，察汉城（即白城）"在牧厂东南五里"③ 处，但建造年代不详。对蒙古贞白城遗址说，那仁朝克图在其《林丹汗金刚白城考》一文中指出：1617 年"蒙古林丹汗建造了察罕浩特（今作查干浩特，意为白城——引者）城。今蒙古贞旗境内的察罕浩特东边离努尔哈赤首都赫图阿拉城（今辽宁新宾县）并不远，并且后金国军队入关时正好从旁边经过。在当时的满蒙激烈斗争中，林丹汗不可能把首都建在后金进兵路线上。再说，要是蒙古贞旗境内的察罕浩特遗址是 1617 年林丹汗建造的察罕浩特遗址的话，清代的官方史家不可能那么快就忘记它的修建年代"④。笔者认为，蒙古贞旗境内白城遗址说，尚待进一步研究。

第三，内蒙古巴林右旗辽代白塔故城遗址说。这一观点，首先是由德国著名蒙古学家海西希（W.Heissig,1913—2005）早在 20 世纪 60 年代初提出的。关于这一观点，我们将在下面"从德日两国学者不同观点看林丹汗都城查干浩特"一项中加以介绍和探讨。

第四，辽代上京防备都城遗址说。提出这一观点的时间更早，这是由日本考古学家和辽代文化研究者鸟居龙藏（TORII Ryuzou,1870—1953）早在 1908 年首先提出的。关于这一点，我

---

① 参见 [清] 答里麻著，乔吉校注《金轮千幅》（Altan kürdün mingyan kegesütü），呼和浩特：内蒙 古人民出版 社，2000 年第二版，172 页。
② 吴芝宽、昌戴：《蒙古贞发现了林丹汗白城遗址》，载《内蒙古民族师范学院学报》（哲学社科版),1994 年第三期，13 页。
③ 参见嘉庆重修《一统志》古迹条。
④ 参见《蒙古林丹汗暨汗国都城察罕浩特全国学术研讨会会议论文集》，阿鲁科尔沁旗天山镇，2009 年 7 月，195 页。

们也将在"从德日两国学者不同观点看林丹汗都城查干浩特"中加以探讨。

却说，对蒙古大汗林丹汗逝世之后的原大汗所属察哈尔部众游牧地或清初"察哈尔国"的游牧地，已有前人研究成果。乌云毕力格在 2007 年发表的《清初"察哈尔国"游牧地考》一文中写道："清初'察哈尔国'游牧地以今日（内蒙古）通辽市库伦旗全境为中心，包括科尔沁左翼后旗西北一角、开鲁县辽河以南的部分和奈曼旗东北一部分。这个地方，入清以前是察哈尔万户的一个鄂托克——兀鲁特人的牧地①。兀鲁特部于 1622 年投附努尔哈赤，后来被移入爱新国腹地，其牧地变成了暂时无人居住的空地。这可能是 1635 年爱新国将（林丹汗长子）额哲部众安置在这里的一个原因。"② 但由于乌云毕力格的上述论文所探讨的时间及内容是 1634 年蒙古林丹汗逝世之后的额哲及其部众"察哈尔国"的游牧地，因而它与 1617 年左右林丹汗健在时的察哈尔万户游牧地还大不相同。

在 20 世纪 50 年代末，日本著名东洋史学家、明代蒙古史研究者和田清（WADA Sei,1890—1963）在其昭和三十四年（1959）出版的《东亚史研究（蒙古篇）》中，根据明人郑晓在明嘉靖三十一年（1552）刊印的《皇明北虏考》等史料为主的有关记载，指出了蒙古察哈尔万户"东迁"之前的蒙古大汗本营等察哈尔诸部原住根据地。和田清引用郑晓《皇明北虏考》中有关记载后解释说："所谓亦克罕（即'大汗'之意——引者）的五大营，肯定是以今锡林郭勒 (Shilin ghoul) 盟为中心，跨昭乌达 (Joo Uda)

① 据达力扎布研究："兀鲁特部的原住地离明广宁北边镇靖、镇边、镇远等堡三百余里，大约在今内蒙古库伦旗一带，位于察哈尔之敖汉、奈曼及辽河河套的喀尔喀之间。"（参见：达力扎布《明代漠南蒙古历史研究》，海拉尔：内蒙古文化出版社，1997 年，128 页）。
② 乌云毕力格：《十七世纪蒙古史论考》，呼和浩特：内蒙古人民出版社，2009 年，203 页。

盟一部分地区，也就是内蒙古的中心地区。其中又分左（召阿儿 =J̌egün γhar）、右（把朗阿儿 =Baraghun γhar）两翼，另外还有察罕儿（Čhakhar）、克失旦（Keshikten）等部。而可汗（即蒙古大汗——引者）屯牧在中央，五营环卫。恐怕那个地方就是今达尔泊（Dal Naghur）畔故元旧都应昌府附近。"① 以上引文中出现的"察罕儿"即察哈尔，"克失旦"即克什克腾，克什克腾在历史上是察哈尔八大主要鄂托克之一。早在明洪武二年（1369）六月，为逃避明军袭击，元惠宗从元上都迁居到克什克腾的"应昌府"，次年病逝于这里。而这"应昌府"的遗址，正处于今内蒙古自治区赤峰市克什克腾旗西北部境内"达里诺尔"湖畔。

达力扎布在 1997 年出版的《明代漠南蒙古历史研究》一书中，专门探讨过"察哈尔部的南迁及其分布"问题。达力扎布论述说："对蒙古左翼察哈尔部的迁徙问题，日本学者和田清先生最早予以注意和研究。他（和田清）认为察哈尔原驻牧于今内蒙古锡林郭勒盟及赤峰市（原昭乌达盟）北部一带。明嘉靖二十六年（1547），达来逊汗惧为俺答所并，举部东迁，驻牧于辽河河套。……自和田清先生提出这个'东迁'说以来，史学界似乎毫无异议，然而此说是值得进一步商榷的，我（达力扎布）认为其迁移方向应该是南迁而不是东迁，这也不只是察哈尔一部的迁移活动，而是几乎整个（蒙古）左翼诸部的大迁移。"②

那么，蒙古察哈尔万户何时"南迁"？"南迁"之后的察哈尔万户游牧地及其分布又如何呢？对此，乌兰认为，蒙古打来孙汗在位时期，蒙古右翼部落势力更加强盛，尤其是右翼土默特万户俺答汗（阿勒坦汗）已成为蒙古右翼三万户实际上的领袖，俺

---

① 日文原文参见：[日]和田清著《東亜史研究（蒙古篇）》，東京·東洋文庫，昭和三十四年(1959)，526 頁。

② 达力扎布：《明代漠南蒙古历史研究》，海拉尔：内蒙古文化出版社，1997 年，77 页。

答汗竟仗势向打来孙大汗所得汗号。"受到（蒙古）右翼势力的冲击，为图发展，（蒙古）打来孙（汗）率察罕儿（察哈尔）万户于16世纪中叶开始南下至西拉木伦河一带驻牧"①。看来，在察哈尔万户迁移时间上，乌兰的看法与日本学者和田清的看法没有本质区别。而达力扎布在上列书中，引用多种史料分析后进一步明确指出："我们从北元历代大汗的游牧地以及明人对察哈尔部和左翼诸部的记载来看，蒙古大汗直接统领的察哈尔部原住牧地，大约在今内蒙古呼伦贝尔盟（今已改称呼伦贝尔市——引者）、锡林郭勒盟及蒙古国的东方省部分地区。而不会是在明朝宣府、大同边外。"②

但是，上述"蒙古大汗直接统领的察哈尔部原住牧地"范围过于广阔，对我们考察今内蒙古阿鲁科尔沁旗境内的"查干浩特"（白城）遗址是否为蒙古林丹汗的"金刚白城"遗址帮助不大，因此我们需要进一步缩小范围确定蒙古大汗本营的所在位置。对这一问题的细究，达力扎布关于"察哈尔部南迁后的分布"研究则很有参考价值。据达力扎布研究，对蒙古察哈尔万户"南迁"后的游牧地，虽然明朝人一般认为是潢水 (sir-a mören) 之北，然而对具体地点缺乏记载。但在其中，张鼐对蒙古左翼诸部在明万历年间游牧地的论述最为详细。张鼐在其《辽夷略》序言中明确说："余自庚申（万历四十八年，1620年）③十一月归途撰此《辽夷略》"，并在该书中写道：

"自宁前而东，我边地渐广，则广宁、锦、义诸堡矣。踞塞外者，皆朵颜诸部也。其酋曰土蛮憨（即蒙古土蛮·扎萨克图汗——

---

① 乌兰著《〈蒙古源流〉研究》，沈阳：辽宁民族出版社，2000年，396页。
② 达力扎布《明代漠南蒙古历史研究》，海拉尔：内蒙古文化出版社，1997年，97页。
③ 达力扎布：《明代漠南蒙古历史研究》，海拉尔：内蒙古文化出版社，1997年，118页上原为"1618"年，误。庚申年（万历四十八年）当为1620年。

引者），号老王子，九子，自长男扯臣憨（即蒙古林丹汗祖父不彦扯臣汗——引者）而下，曰委正黄台吉、曰额参台吉（以下土蛮汗诸子世系从略）……今诸酋皆虎墩兔憨（即林丹汗）约束之，牧地直广宁，去寨十（千）余里，而市赏皆广宁镇远关。"①

笔者认为，上引史料极其重要。首先，它是记载自16世纪中叶察哈尔万户及左翼诸部"南迁"以来至明万历四十八年（1620年）为止的蒙古察哈尔万户游牧地的较详细的史料。其次，其中后一部分即"今诸酋皆虎墩兔憨（即林丹汗）约束之，牧地直广宁，去寨十（千）余里，而市赏皆广宁镇远关"的表述更为值得关注。因为在这里，已经出现了蒙古林丹汗，而且史料中说"诸酋"皆受林丹汗约束。学界周知，林丹汗于1604年继承蒙古大汗汗位，因此"诸酋"皆受林丹汗约束，当是林丹汗即位后的事情。第三，这个《辽夷略》在庚申（万历四十八年，1620年）十一月撰写，因此这与《蒙古源流》中所记1617年林丹汗建造"金刚白城"在年代上十分接近。总之，我们再从这个时期蒙古大汗直接统领的察哈尔万户游牧地在"潢水(sir-a mören)之北"和这个时期蒙古大汗本部也在大兴安岭之北（即山后）等情况综合起来看，今内蒙古自治区赤峰市阿鲁科尔沁旗北部境内阿巴嘎·哈喇山南麓查干浩特（白城）遗址，很可能就是1617年蒙古林丹汗下令建造的"金刚白城"之遗址。但是，我们同时又不能完全忽视如下国外学者重要的不同观点。

第三节　从国外学者不同观点看林丹汗金刚白城

在20世纪30年代即日本昭和六年（1931年）和昭和十年（1935年），日本"东亚考古学会蒙古调查班"从张家口出发，分别在

---

① 转引自同上达力扎布《明代漠南蒙古历史研究》，118页。

当时内蒙古锡林郭勒贝子庙、苏尼特王府和林西、"白塔子"、林东、开鲁以及乌兰察布凉城、包头、百灵庙、归化城等地进行了实地调查。其中，上述日本考古调查团于1931年8月18日抵达今内蒙古赤峰市巴林右旗北部境内的辽代白塔，对环绕白塔的"辽庆州土城遗址"进行了考古调查。在此值得注意的是，日本考古调查团，称该地为"辽庆州土城遗址"，调查当时的汉名为"白塔子"，蒙古语名称为"čaɣan suburɣ-a"（查干苏布尔嘎）①，意为"白塔"。"查干苏布尔嘎"也写作"察罕苏布尔嘎"等，同为"白塔"的汉语音译。据笔者的实地考察，该白塔具体位置在今内蒙古巴林右旗北部"素博日嘎苏木"境内。

其实，早在1893年6月初，俄国学者波慈德涅耶夫对上述今内蒙古巴林右旗境内的"察罕苏布尔嘎"（白塔）以及以"察罕苏布尔嘎"（白塔）为名的辽代古城遗址进行过实地调查，并给后人留下了列宁格勒所藏著名的1626年林丹汗碑文拓本②。

但是，波慈德涅耶夫没有论及巴林右旗白塔周围古城遗址与蒙古林丹汗都城"查干浩特"（白城）之间有无联系。到20世纪的1941年，德国著名蒙古学家海西希也在今内蒙古巴林右旗境内的辽代白塔旁打起帐房进行了长期调查。海西希根据佛教经典《大藏经》蒙古文诸写本史料，结合1626年林丹汗碑文拓本史料，认为蒙古大汗林丹汗在政治上比当时其他蒙古诸侯更具有远见卓识，较早认识到满洲势力会成为阻碍蒙古独立的危害，从而林丹汗加强了中央集权。而且，与我们所探讨的问题密切相关的重要结论是，海西希明确表示，遥望大兴安岭的内蒙古巴林右旗境内的辽代古白塔，是17世纪20年代蒙古林丹汗所"定居的本

---

① ［日］東亜考古学会蒙古調査班《蒙古高原横断記》，東京·日光書院，昭和十六年(1941年)，123—131頁。

② ［俄］阿·马·波斯德涅夫著，刘汉明等汉译《蒙古及蒙古人》第二卷，呼和浩特：内蒙古人民出版社，1983年第一版，470页。

营"①。海西希关于巴林右旗白塔为林丹汗"定居的本营"的这一重要观点，值得我们充分关注和仔细探讨。因为林丹汗健在时的 1626 年林丹汗碑文史料等证明，以巴林右旗白塔为中心的那个地区毕竟是 1626 年前后林丹汗本人及其妹妹以及翻译《甘珠尔经》的学僧团曾经大显身手的地方和林丹汗建立过供养曾祖父的寺庙的地方。其实大家都明白，蒙古大汗供养祖先的寺庙是不会在随便一个地方建立起来的。

另外，特别令人关注的另一个地方是，与上述白塔所在地今内蒙古巴林右旗横跨巴林左旗而相邻的阿鲁科尔沁旗。阿鲁科尔沁旗北部境内有著名的"查干浩特"（白城）遗址。早在一百多年之前，日本考古学家、著名辽文化研究者鳥居龍藏（TORII Ryuzou,1870—1953）于 1908 年曾在今内蒙古赤峰市阿鲁科尔沁旗北部境内的故城遗址进行过考古考察。但是，鳥居龍藏先生将"查干浩特"（白城）遗址作为辽代故城的典型来考察，而且从故城的结构特征和他在遗址上所发现的硬币"治平元宝"等分析，鳥居龍藏先生认为阿鲁科尔沁旗北部"查干浩特"（白城）曾是辽代上京的防备都城②。因此，阿鲁科尔沁旗境内的"查干浩特"故城遗址，是否的确是蒙古林丹汗在 1617 年建造的"金刚白城"（瓦齐尔图·查干浩特）之遗址，那里是否的确存在不同时代的多层故城遗址，还有待于进一步考证和尤其是考古学方面的深入、细致的研究。

最后值得一提的是，笔者在内蒙古阿鲁科尔沁旗天山镇（查布嘎镇）参加"蒙古林丹汗暨汗国都城察罕浩特全国学术研讨会"期间，于 2009 年 7 月 20 日，同与会者一起到今内蒙古阿鲁科尔

① ［德］ハイシッヒ (W.Heissig) 著，［日］田中克彦訳《モンゴルの歴史と文化》，東京·岩波書店文庫版，2000 年，199—201 頁。

② ［日］鳥居龍藏著《蒙古旅行》，東京·博文館，明治四十四年 (1911 年)，189—196 頁。

沁旗北部罕苏木·苏木境内的"查干浩特"故城遗址进行了学术考察。从整体印象看，总觉得蒙古人修复或扩建使用辽代故城的可能性较大。据《蒙古源流》记载，林丹汗"金刚白城"即林丹汗"查干浩特"（也作察罕浩特）是于 1617 年建成的。蒙古语简称为"查干浩特"的林丹汗"金刚白城"，无疑曾是 17 世纪初期蒙古大汗林丹汗的政治、军事和宗教文化之都城。

第六章　17 世纪蒙古林丹汗《蒙古文金字甘珠尔经》

第一节　林丹汗《蒙古文金字甘珠尔经》的成书过程

在蒙古精神文化史上，16 世纪末至 17 世纪前半期是一个极其重要的历史时期。在这一时期，佛教在蒙古各地得以广泛传播和发展，对蒙古民族的固有文化和成吉思汗祭祀文化等产生了深远的影响①。而且，流传到今天的蒙古文《甘珠尔经》各种写本，大多为林丹汗（在位 1604—1634）时期所译，后世人们通称的林丹汗《蒙古文金字甘珠尔经》(Mongγol altan γanjuur) 也在这一时期以金字写成。更值得注意的是，由于蒙古右翼土默特万户阿勒坦汗（俺答汗）之孙那木岱彻辰汗、钟根哈敦、温布（鄂木博）鸿台吉等组织译师翻译的蒙古文《甘珠尔经》没有流传于后世，因而蒙古林丹汗《蒙古文金字甘珠尔经》的抄写本成为清代 1717 年至 1720 年间御制《北京木刻版蒙古文甘珠尔经》(108 卷 [函]，也称《北京红花水版蒙古文甘珠尔经》等等）得以刊印的基础②。也就是说，林丹汗《蒙古文金字甘珠尔经》即金字本蒙古文《甘珠尔经》就成为金字本、墨写本（包括朱、墨两色）和木刻本（如北京木刻版《甘珠尔经》）等三种蒙古文《甘珠尔经》中最重要的一种蒙古文《甘珠尔经》。当然，林丹汗《蒙古文金字甘珠尔经》，虽然也没有以原有完整的"金字本"形式流传至今，但它的墨写本毕竟成了《北京木刻版蒙古文

---

① 详见拙文：M.Erdenebaatar, "A Study of the Cult of Chingis Khaan Based Upon Mongolian Documents", Proceeding of the International Symposium Past and Present Dynamics: the Great Mongolian State, Tokyo, 2008, pp.19–27.

② 详见本书第九章。

甘珠尔经》(108 卷）的底本。因此，研究 17 世纪蒙古林丹汗《蒙古文金字甘珠尔经》的成书过程、内容及其残卷乃至它在 20 世纪初怎样"流传"到日本等相关问题，都具有一定的学术意义。

史书对蒙古林丹汗一生的叙述不尽相同，值得我们仔细研究。犹如第四章中已经分析，在《蒙古源流》中尽管明确记载了 17 世纪蒙古林丹汗曾经两次接受精深密乘的佛教灌顶、修建宏伟的殿宇和金刚白城，并在城中建造众多寺庙、信仰物以及依照前规均平地建立政教二道等政绩，但却没有提到林丹汗时期以蒙古文翻译《甘珠尔经》的事迹。而成书早于《蒙古源流》的《黄史》以及稍后的《黄金史纲》等则都提到林丹汗在位时下令以蒙古文翻译《甘珠尔经》的事迹①。而对此，更详细地叙述的还是 1817 年成书的蒙古文史书《金鬘》。其中记载说：

"[林丹汗下令] 将佛说之化身《甘珠尔经》法宝译成蒙古文，功德甚大。就其详情而言，正是这位呼图克图·合罕(即林丹汗——引者）为一切众生带来利益和幸福，使佛陀之法宝犹如阳光般地普照蒙古地区，提议 [将佛教经典] 译成蒙古文。并命诸贤哲译师结集成百十三卷（函），在如同青玉般的青色纸上绘制出犹如日月般的金银字，从而照耀了有缘众生的无知之黑暗，甚为奇妙也。参加翻译的贤哲译师有：以呼图克图·班智达·文殊师利法王·贡嘎翰杰尔、如来法光·萨姆丹僧格·达尔罕喇嘛·灌顶国师二人为首的众多译师。其时为自第十一绕迴之第二龙年十一月二十一日始至翌年仲夏圆日结束。其译处为第二昭宝寺·锡垳图·诺颜·绰尔济三界殊胜普乐园。其底本法宝为宾图·车臣·温

---

① Н.П.Шастина, ШАРА ТУДЖИ монгольская летопись 17 века, Москва·Ленинград, 1957, p.75; 乔吉校注《黄金史》（Altan tobci），呼和浩特：内蒙古人民出版社，1983 年，648 页。

布之招来的《甘珠尔经》云。"①

上引史料中的"第十一绕迥之第二龙年"为戊辰年即1628年，因此其翌年为1629年。按照上面史料记载，首先是蒙古"呼图克图·合罕"即林丹汗提议将佛教经典译成蒙古文，并下令组织诸多贤者译师，翻译、编审和集成了113卷（函）佛教经典。其次，林丹汗《蒙古文金字甘珠尔经》是在戊辰年（1628年）十一月至翌年（1629年）仲夏之间，由"以呼图克图·班智达·文珠师利法王·贡嘎斡杰尔、如来法光·萨姆丹僧格·达尔罕喇嘛·灌顶国师二人为首的众多译师"完成的。第三，其译经及制作地点是，作为锡埒图·诺颜·绰尔济三界殊胜普乐园的第二昭宝寺。此处所说锡埒图·诺颜·绰尔济，当是活跃于16世纪后半期至17世纪初期的著名翻译家锡埒图·固什·绰尔济。"库库河屯"即今呼和浩特则是他曾经的活动根据地，因此"第二昭宝寺"当指呼和浩特"锡埒图召"（今作"席力图召"），现存于今内蒙古呼和浩特市旧城玉泉区。

然而，在这里有必要简单回顾一下林丹汗西征的时间和大致过程，以便理解林丹汗《金字甘珠尔经》的翻译、校勘等工作有无可能在西部呼和浩特进行。据乌云毕力格等学者研究成果，大体在1627年阴历三月底至四月初，林丹汗从辽东地区率众西迁，首当其冲的是驻牧于上都、开平一带的哈喇嗔部。林丹汗在半年之内接连击溃了哈喇嗔、土默特两大部落，从而他的西征取得了初步的成功。到1628年正月时，察哈尔的军队已经纵横于开平一带。进而在1628年春夏之交，林丹汗的军队基本征服今内蒙古西部土默特地区（即今呼和浩特地区），于1628年九月打垮了蒙古永邵布、沃儿都司（鄂尔多斯）部等的联军。蒙古沃儿都司（鄂尔多斯）部是与土默特部实力不相上下的蒙古右翼三万户强

① ［清］纳塔著，乔吉校注《金鬘》（Altan erike），呼和浩特：内蒙古人民出版社，1999年第二版，113—114页。

部。因此它的服属标志着林丹汗的西征取得了胜利①。上述情况表明，1628年九月以后，林丹汗直接统领的察哈尔万户译师团以及校订、编辑委员会等在西部"库库河屯"（呼和浩特）的"锡埒图召"（今作"席力图召"）进行《甘珠尔经》的蒙译、编审等工作是完全有可能的。

　　但是，笔者同时又认为林丹汗113卷《金字甘珠尔经》的蒙译、校勘等工作，虽然于1628年十一月至1629年仲夏之间在呼和浩特"锡埒图召"（席力图召）最终完成，但应当理解它的筹备和基础性工作是早已在别处开始的。因为林丹汗在1626年左右在今内蒙古赤峰市巴林右旗西北部境内的辽代白塔旁边建立了供养曾祖父的寺庙和"林丹汗石碑"等，而且至少在1627年春季林丹汗从辽东率众西迁之前，林丹汗《蒙古文金字甘珠尔经》的"编辑委员会"已经活跃在巴林右旗辽代白塔（蒙古语称 čaγan subury-a，音译称"查干苏布尔嘎"）一带②。所以《蒙古文金字甘珠尔经》的翻译、校审等诸多积累和基础性工作一定在1627年之前已经有了坚实的基础。能够证明这一点的第一手史料，就是俄国学者波慈德涅耶夫制作的林丹汗石碑拓本史料。这一拓本史料是俄国学者波慈德涅耶夫在1892年6月至1893年10月在蒙古地区田野调查时，于1893年6月初从辽代白塔·林丹汗石碑复制而来的藏文和蒙古文拓本史料，学界简称1626年林丹汗碑文。其中，与《蒙古文金字甘珠尔经》的准备工作有直接关系的重要内容，可归纳为以下方面。

　　林丹汗碑文史料表明，在碑文中以"岱明车臣成吉思汗"的称号自居的林丹汗于1626年在今内蒙古巴林右旗境内的辽代

---

① 乌云毕力格、成崇德、张永江撰《蒙古民族通史》第四卷，呼和浩特：内蒙古大学出版社，1993年，18—23页。
② ［德］ハイシッヒ（W.Heissig）著，［日］田中克彦訳《モンゴルの歴史と文化》，東京・岩波書店，2000年，198—202頁。

白塔旁边建立了寺庙和石碑。林丹汗与以普遍被称为"阿南达·师利巴都拉"的萨迦派高僧沙尔巴（夏尔巴）·呼图克图建立皈依喇嘛和施主的关系，并以喇嘛和施主的相互联系为基础，将不信教的愚昧一扫而光，为创造身体、语言和精神的崇拜对象而重新发展了佛教僧团，使佛教发展得欣欣向荣。由于那里自古以来就有一座白塔（敬经塔），在那里专一地信奉着佛教至尊法王满珠习礼的技艺，这使林丹汗增强了尊佛之心。因此林丹汗也想按照古时印度和西藏的菩萨圣王的榜样，建立佛塔，扶植佛教。林丹汗对北方诸国众生的利益和幸福源泉——佛教极为虔诚，因此林丹汗将已遭破坏的旧日的一切佛教古迹加以复兴和整顿。特别是，为纪念高贵的佛教教主的功绩，林丹汗将曾祖土蛮（图门）·扎萨克图汗的遗体举行火化后建成法身崇拜的对象即"大神变塔"，又为实现其母后的愿望，建造了"天降塔"。林丹汗又按照典藏中所载的经义，用奇珍异宝建起了这两座蔚为壮观的精神的崇拜对象即佛塔以及其他许多法身崇拜对象以后，使蒙古地区充满了佛教的光辉，将天下照耀得光辉壮丽。而且，林丹汗的御妹索拉斯瓦蒂（<Skt.Sarasvati）·泰松公主遵照林丹汗的吩咐，监督建立佛塔的一切事宜，包括佛塔美丽的构造、宏伟的建筑形式和周围布置祥云等等，最后在佛祖升天以后的三千七百五十九年的丙寅年（公元 1626 年）七月初三完成了这一事业 [1]。

值得指出的是，身体的崇拜对象是指寺院和佛像，精神的崇拜对象是指佛塔。而在上述"语言的崇拜对象"具体指的是什么呢？林丹汗碑文汉译中的"语言"一词，在藏文碑文拓本中为"gsung"，蒙古文碑文拓本中为"jarliɣ"。藏语"gsung"一词的词意，除"语

---

[1] 林丹汗碑文之藏文碑文和蒙古文碑文及其汉译全文,详见[俄]阿·马·波斯德涅夫著,刘汉明等汉译:《蒙古及蒙古人》第二卷,呼和浩特:内蒙古人民出版社，1983 年第一版，431—471 页。

言的敬语"之外,还可指"佛经"、"佛法"等①。而蒙古语"jarliγ"一词同样具有"语言的敬语"等意思以外,在蒙古宗教史上往往指的是佛教经典《甘珠尔经》。因此,林丹汗碑文可解读为,林丹汗为创建佛寺、佛像、佛塔和翻译《甘珠尔经》而重新组织了以沙日巴·呼图克图为首的学僧团;并于丙寅年即1626年阴历七月,林丹汗及其妹妹索拉斯瓦蒂·泰松公主在今内蒙古巴林右旗境内辽代白塔旁边,为曾祖父土蛮(图门)·扎萨克图汗和母后各建了一座佛塔。

1893年6月初,俄国学者波慈德涅耶夫在今内蒙古巴林右旗境内的"查干苏布尔嘎"(白塔)以及以"查干苏布尔嘎"为名的古城遗址进行实地调查时,1626年林丹汗曾在这个地方所建的"大神变塔"和"天降塔"这两座佛塔已经毫无踪迹②。

尽管如此,笔者于2009年8月8日到今内蒙古赤峰市巴林右旗西北部境内"素博日嘎苏木"(蒙古语suburγ-a sumu的音译),对现存的辽代白塔及其周围故城遗址进行了学术考察。笔者是怀着重踏波慈德涅耶夫足迹的心情,于8日早7时半,和内蒙古师范大学外语系英语专业硕士研究生都兰助手一起乘长途汽车,从巴林右旗政府所在地大板镇出发的。途经沙巴尔台苏木、查干沐沦苏木、朝阳等地,沿着"查干沐沦河"(即波慈德涅耶夫蒙古旅行日记《蒙古及蒙古人》汉译本中所称"察罕木伦河")岸的土路北上,上午11时抵达"查干苏布尔嘎"(白塔)。这座白塔从远处看,的确很像今呼和浩特东郊的白塔,是座八棱重叠式塔。第一层棱的每一面长十四步(笔者步测),相当于当年波慈德涅耶夫所说十三俄尺。白塔一层南面通往塔内的石梯和一层内部小庙以及离宝塔约五十俄尺的一座寺院(大

---

① 张怡荪主编《藏汉大辞典》(上下册),民族出版社,2008年3月重印版,3013页。

② 上列《蒙古及蒙古人》第二卷,470页。

概乾隆时期所建）等也已不存在。因此，笔者这次巴林右旗白塔考察，尽管没有能够发现林丹汗时期新的遗迹，但是巴林右旗这座白塔及辽代庆州城遗址一带，毕竟是1626年前后林丹汗及其妹妹索拉斯瓦蒂·泰松公主以及大汗的学僧团等曾经大显身手的历史舞台。

顺便值得一提的相关问题是，自20世纪80年代初以来，国内一些学者认为，今内蒙古赤峰市阿鲁科尔沁旗北部境内罕苏莫·苏木（Qaγan süm-e sumu）的故城遗址是蒙古林丹汗1617年建成的"察罕浩特"（今作"查干浩特"）遗址①。关于这一点，我们在第五章已作专题考述。

总之可以说，蒙古林丹汗时期《甘珠尔经》蒙古文翻译工程的前期工作在1628年前早已开始，并已有长期的积累。至少于1626年前后林丹汗的学僧团，的确活跃在今内蒙古巴林右旗的辽代白塔一带。更何况，蒙古人对佛教典籍的蒙古文翻译事业早在元初就已经开始，蒙古人用回鹘文或蒙古文自梵文、汉文、藏文等佛教典籍翻译了诸多佛教典籍，对后来的佛教典籍蒙古文翻译事业打下了坚实的基础。因此17世纪20年代末蒙古林丹汗113卷《蒙古文金字甘珠尔经》写本的诞生，无疑是元代以来蒙古人佛教经典翻译事业的一大集成②。

---

① 国内最早提出这一见解的恐怕是1982年发表的都嘎尔论文。参见都嘎尔：《林丹·呼图克图汗的白城》，载《智慧之钥匙》（oyun tülkigür）杂志，1982年第2期及其转载论文：《林丹·呼图克图汗的白城》，载《内蒙古社会科学》（蒙古文），1984年第2期。
② 笔者拙文《林丹汗与蒙古佛教》：（M. エルデニバートル 2001："リグデン·ハーンとモンゴル仏教"，日本《三康文化研究所年报》第32号，平成十三年 [2001年] 三月），1—20页。

第二节　林丹汗《蒙古文金字甘珠尔经》的内容及意义

那么，蒙古林丹汗下令组织人员于1629年完成的113卷《蒙古文金字甘珠尔经》写本中，选入了哪些佛教经典蒙译经文作品呢。由于林丹汗113卷《蒙古文金字甘珠尔经》本身没有以原有完整的卷数流传至今，因此我们可以根据它的墨书写本等几种抄写本，列出其目录。

林丹汗《蒙古文金字甘珠尔经》，原本共计113卷，分卷目录如下：

一、《秘密经》(dandr-a)，二十五卷

二、《圣般若波罗密多十万颂》(qutuγ-tu bilig-ün činadu kijaγar-a kürügsen jaγun mingγan toγ-a-tu)，十二卷

三、《圣般若波罗密多二万五千颂》(qutuγ-tu bilig-ün činadu kijaγar-a kürügsen qorin tabun mingγ-a-tu)，四卷

四、《圣般若波罗密多一万八千颂》(qutuγ-tu bilig-ün činadu kijaγar-a kürügsen arban nayiman mingγan silüg-tü kemegdekü yeke kölgen sudur)，三卷

五、《圣般若波罗密多一万颂》(qutuγ-tu bilig-ün činadu kijaγar-a kürügsen tümen silüg-tü kemegdekü yeke kölgen sudur)，一卷

六、《圣般若波罗密多八千颂》(qutuγ-tu bilig-ün činadu kijaγar-a kürügsen nayiman mingγ-a-tu)，一卷

七、《诸般若波罗密多经》(eldeb bilig baramid)，一卷

八、《大宝积经》(erdeni dabqurliγ)，六卷

九、《华严经》(olangki)，六卷

十、《诸品经》(eldeb)，四十卷

十一、《律师戒行经》(dülv-a)，十三卷

十二、《大藏经总目录》（γarčaγ），一卷，共计 113 卷 ①

从 113 卷·《蒙古文金字甘珠尔经》的以上目录可以得知，它的内容包括三藏典籍中的"经"和"律"二部。当然，1629 年蒙古林丹汗《蒙古文金字甘珠尔经》写本最终集成之前，早在元代已经翻译成蒙古文的《大藏经》经文篇目就有十几种。根据张双福在《蒙古文"大藏经·甘珠尔经"概论》中已整理出的篇目，元代翻译成蒙古文的经文主要有：

(1)《圣文殊师利真实名义经》(qutuγtu manjuširi–yin yeke nere üneker ügülehüi)

(2)《最圣指示菩萨行大乘经》(qutuγtu bodisatva–nar–un yabudal–i uqaγuluγsan neretü yeke kölgen sudur)

(3)《圣者妙行王誓愿》(qutuγtu sayin yabudal–un iröger–ün qaγan)

(4)《华严经》(olangki burqan–u masida delgeregsen yeke sudur)

(5)《圣勇行禅定大乘经》(qutuγtu baγaturqan yabuγči samadi neretü yeke kölgen sudur)

(6)《圣庄严宝觉大乘经》(qutuγtu čimeg jokiyaγsan erdeni tuγuluγsan neretü yeke kölgen sudur)

(7)《圣慧到彼岸略集颂》(qutuγtu bilig–ün činadu kijaγar–a kürügsen quriyangγui silüg)

(8)《佛母大般若波罗密多多心经》(ilaju tegüs nögčigsen eke bilig–ün činadu kijaγar–a kürügsen jirüken[–ü sudur])

(9)《北斗七星经》(doloγan ebügen odon–u sudur)

(10)《大般涅经》(yeke bari nirvana–u sudur)。

以上为必喇纳识大师所翻译。

---

① 林丹汗《蒙古文金字甘珠尔经》目录，参见宝力高著《蒙古文佛教文献研究》，北京：人民出版社，2012 年第一版，182—183 页。

(11)《圣金光明最圣王大乘经》(qutuɤtu altan gereltü erketü sudur nuɤud-un qaɤan neretü yeke kölgen sudur)

(12)《大千护国仁王经》(yeke mingɤan-i maɤad daruɤči sudur)

(13)《明咒大孔雀王佛母陀罗尼经》(yeke toɤos-un qatun sudur)

(14)《圣明咒大随求佛母陀罗尼经》(yeke öbere öbere daɤaɤči eke-yin sudur)

(15)《大寒林佛母经》(yeke serigün oitün-ü sudur)

(16)《大密咒随持佛母经》(yeke niɤuča taini-yi daɤan bariɤči-yin sudur)

以上为锡喇布僧格大师所翻译。

(17)《大方广园具首陀罗了义经》(yeke ǰüg-ün aɤui delger tegüs tuɤuluɤsan udqa-yi medegülküi neretu sudur ,该经文译者不明)

除以上十几种元代翻译的蒙古文经文以外，在1368年后的北元后期，蒙古右翼土默特万户首领阿勒坦汗（俺答汗）积极致力于扶持佛教，在蒙古历史上又一次掀起了翻译佛教经典的高潮。在阿勒坦汗及其后裔的库库河屯（今呼和浩特）地区，于16世纪末即1592年至1600年间，锡埒图·固什·绰尔济（siregetü güüši čorǰi）已经将《大般若经》十二卷(函)翻译成蒙古文。但是，当时所译成蒙古文的经文已不多见，可列举的经文只有编入木刻版蒙古文《大藏经》中的少量几篇经文①。

史实正因为如此，1629年最终集成的蒙古林丹汗113卷《蒙古文金字甘珠尔经》的史料价值和历史意义就显得更为重要。因为，《阿勒坦汗传》中所记载的、1602—1607年曾在土默特地区阿勒坦汗之孙那木岱彻辰汗、钟根哈敦、温布（鄂木博）鸿台吉

---

① 元代及北元时期所译上引蒙古文经文参见：张双福：《蒙古文"大藏经·甘珠尔经"概论》，载《蒙古学研究年鉴·2002年》，呼和浩特：内蒙古社会科学院，2005年，238—239页。

等组织译师翻译完成的蒙古文《甘珠尔经》至今尚未发现。而《黄史》、《黄金史纲》、《金鬘》等蒙古文历史文献中则都有关于蒙古林丹汗在位时下令以蒙古文翻译《甘珠尔经》的记载。这些文献所记1629年完成的林丹汗113卷《蒙古文金字甘珠尔经》写本，尽管也没有以它原来的完整的"金字本"卷数形式流传至今，但它的墨书抄写本却成为现存木刻版蒙古文《大藏经》的底本，并以它完整的卷数和内容现存于国内图书馆。因此，林丹汗《蒙古文金字甘珠尔经》写本，在蒙古佛教史上起到了承前继后的重要历史作用，对蒙古民族佛教文化和整体蒙古文化的发展都产生了深远的历史影响。从而对丰富和发展整个中国佛教文化也做出了一定的贡献。具体而言，其重要意义至少有以下几点。

首先，蒙古林丹汗下令组织人员完成的113卷《蒙古文金字甘珠尔经》写本，是至1629年为止内容最丰富的蒙古文佛教经典总集。众所周知，就基督徒而言，他们拥有一个圣典称作《圣经》。佛教的《大藏经》当然不能简单与《圣经》媲美，但《大藏经》对佛教僧人及佛教徒而言，也可称之为"圣典"般的重要佛教经典。而《蒙古文金字甘珠尔经》的诞生，意味着蒙古人从此有了较完整的蒙古文版《大藏经》。它就是蒙古语中一般简称《甘珠尔经》的蒙古文版佛教经典总集。蒙古人不仅将《大藏经》翻译成了蒙古文《甘珠尔经》，而且将《蒙古文金字甘珠尔经》的各种抄写本，较完整地继承到今天。更值得强调的是，蒙古文佛教经典《甘珠尔经》写本（金字本）的诞生，是"蒙古佛教"形成的最主要标志和"佛教蒙古化"的最主要表现。应当说蒙古人有了蒙古文佛教经典《甘珠尔经》的那个时候起，就有了充分的理由称作"蒙古佛教"这一称谓。毫无疑问，蒙古文《甘珠尔经》写本或称蒙古文《大藏经》的诞生，同时给整个中国佛教文化宝库也增添了一朵珍贵的奇葩。

第二，《大藏经》是佛教经典的总集，因而又称《一切经》，同时它又是一部佛教哲学典籍。而1629年完成的蒙古林丹汗113卷《蒙古文金字甘珠尔经》写本（即蒙古文《大藏经》的金字本），以它墨书抄写本的形式流传至今。佛教的声明、因明、医方明、工巧明和内明等思想，通过蒙古文佛教经典总集《甘珠尔经》各种写本及其后来的木刻版蒙古文《甘珠尔经》等，直接影响了蒙古僧人及蒙古人的思想和思维方式，丰富了蒙古人的精神生活和精神文化。

第三，1629年完成的蒙古林丹汗113卷《蒙古文金字甘珠尔经》（金字本）是以墨写本形式保留下来的。而墨写本蒙古文《甘珠尔经》则是1720年北京木刻版蒙古文《大藏经》刊印约九十年之前的较完整的蒙古文《大藏经》写本。因此，1629年完成的蒙古林丹汗《蒙古文金字甘珠尔经》写本及流传于后世的它的蒙古文墨书抄写本等，促进了17世纪初期以来蒙古语的进一步规范化和蒙古语言文化的发展，并给后世中国少数民族文化宝库留下了珍贵而丰富的蒙古语言学第一手史料。

第三节　林丹汗《蒙古文金字甘珠尔经》的流传及其残卷

如前所述，林丹汗113卷《蒙古文金字甘珠尔经》虽然没有以原有完整的形式流传至今，但它的墨书抄写本却成为1720年《北京木刻版蒙古文甘珠尔经》（108卷）的底本。在此我们暂且不谈墨书抄写本的流传等问题，而是主要探讨林丹汗《蒙古文金字甘珠尔经》写本本身的流传状况。

学界周知，元代嘛哈噶喇金佛像、蒙古传国玉玺和《蒙古文金字甘珠尔经》等三项，通常被称之为17世纪蒙古林丹汗的"三宝"。公元1634年秋，林丹汗在青海大草滩病逝之后，以上国宝级"三宝"相继被满洲后金（后于1636年改称大清）统治者所占有。据《清太宗实录》天聪八年（1634年）十二月丁酉记载：

"墨尔根喇嘛见皇上威德遐敷，臣服诸国，旌旗西指，察哈尔汗不战自遁，知天运已归我国，于是戴佛像来归。上（闻之）遣毕礼克图囊苏迎至盛京"①

上引史料中的"墨尔根喇嘛"，当是17世纪10年代至20年代末林丹汗"国师"、萨迦派高僧沙尔巴（夏尔巴）·呼图克图的生前弟子。沙尔巴·呼图克图逝世后由墨尔根喇嘛来总管蒙古宗教事务。墨尔根喇嘛认为"天运"已归满洲后金，于是将供奉于蒙古中央部落察哈尔万户的"佛像"即"嘛哈噶喇"金佛像，带到了后金朝廷。对此，太宗皇帝皇太极派毕礼克图囊素喇嘛迎接。上述史料表明，天聪八年十二月，墨尔根喇嘛以及奉皇帝之命迎接他的毕礼克图囊苏喇嘛二人，将元朝以来的传家宝"嘛哈噶喇"金佛像送到了盛京（沈阳）。

林丹汗在青海大草滩病逝后的第二年即1635年，是蒙古中央部落察哈尔万户残部归顺后金的一年。同年八月初旬，太宗皇帝皇太极命令和硕墨尔根戴青贝勒多尔衮、贝勒岳托、贝勒萨哈廉和贝勒豪格等四贝勒，率兵出征蒙古中央部落察哈尔万户残部。多尔衮等四贝勒，闻"历代传国玉玺"在林丹汗苏泰太后福晋处的消息之后，趁大雾包围林丹汗长子额尔克孔果尔额哲及苏泰太后军营，使人劝降，索取了玉玺。多尔衮等四贝勒，看到玉玺的"制诰之宝"四字，十分喜悦。然后，收其传国玉玺，携带蒙古察哈尔万户降民渡过黄河，抵达归化城（今内蒙古呼和浩特市）。由于当时贝勒岳托得疾，分兵一千驻营于归化城，暂时留在那里防守察哈尔降民。多尔衮、萨哈廉、豪格等其他三贝勒，率领众兵，将林丹汗长子额尔克孔果尔额哲及其诸大臣，首先押往盛京。到1635年九月初旬，多尔衮、萨哈廉、豪格等三贝勒为首的出师大臣和元朝传国玉玺、林丹汗苏泰太后福晋以及林丹

① 参见齐木德道尔吉、巴根那编《清朝太祖太宗世祖朝实录蒙古史史料抄》，呼和浩特：内蒙古大学出版社，2002年，315页。

汗长子额尔克孔果尔额哲等兵民众人抵达盛京。对此，太宗皇帝皇太极亲自出迎凯旋的诸贝勒。多尔衮等凯旋的诸贝勒，将所得"传国玉玺"置于顶上，率众下跪献出。如此，皇太极不仅收服了林丹汗长子额尔克孔果尔额哲、林丹汗苏泰太后福晋为首的察哈尔群臣百姓，而且又获得了历代帝王"传国玉玺"。而从蒙古察哈尔万户的角度而言，林丹汗的妻子苏泰太后及其子额哲、林丹汗妹妹索拉斯瓦蒂·泰松公主以及大臣额尔克楚虎尔琐诺木卫寨桑等察哈尔残部，无奈选择了归顺后金的道路①。

经过以上过程，元朝以来的"护法嘛哈噶喇"金佛像和"传国玉玺"，就这样相继落入了满洲后金统治者手中。那么，林丹汗"三宝"之一的 1629 年《蒙古文金字甘珠尔经》写本，又是怎样归清朝所有的呢？对此史书尚无明确的记载。然而，施工于 1636 年、建成于 1638 年的盛京（沈阳）莲华净土实胜寺碑文相关内容给我们提供一些有力的线索。清崇德三年（1638 年）的实胜寺（俗称皇寺或黄寺）碑文中写道：

"至大元世祖时，有喇嘛帕斯八，用千金铸护法嘛哈噶喇，奉祀于五台山，后请移于沙漠。又有喇嘛沙尔巴胡图克图，复移于大元后裔察哈尔林丹汗国祀之。我大清国宽温仁圣皇帝，征破其国，人民咸归。时有喇嘛墨尔根载佛像而来，上闻之，乃命众喇嘛往迎，以礼昇至盛京西郊，因曰：'有护法，不可无大圣。酉之乎有大圣，不可无护法也。'乃命工部，卜地建寺于城西三里许，构大殿五楹，装塑西方佛像三尊，左右列阿难、迦叶、无量寿、莲华生八大菩萨，十八罗汉。绘四怛的喇佛城于棚厂，又陈设尊胜塔，菩萨塔，供佛金华严世界。又有须弥山七寶八物，及金壶、金钟、金银器皿俱全。东西庑各三楹，东藏如来一百八

---

① 参见齐木德道尔吉、巴根那编《清朝太祖太宗世祖朝实录蒙古史史料抄》，呼和浩特：内蒙古大学出版社，2002 年，338—339 页及 344—345 页太宗朝天聪九年（1635 年）八月、九月条。

毫托生画像，并诸品经卷，西供嘛哈噶喇。"①

上引史料显示，元世祖忽必烈汗时期，"帕斯八"即八思巴喇嘛用千金铸造的"嘛哈噶喇"金佛像，先前祭祀于五台山。后来沙尔巴·呼图克图喇嘛又把"嘛哈噶喇"移送到蒙古林丹汗直接统领的察哈尔万户供养。清"宽温仁圣皇帝"即皇太极率军征破察哈尔后，墨尔根喇嘛携带"嘛哈噶喇"金佛像归附清朝。后来，皇太极下令所建盛京（沈阳）实胜寺（也称嘛哈噶喇寺）的西佛阁里供养"嘛哈噶喇"金佛像，东佛阁里供养如来佛和"诸品经卷"等。

笔者认为，首先，上述碑文史料中所记载的"诸品经卷"中包括林丹汗"蒙古文金字甘珠尔经"等经卷。其次，据张双福研究，《盛京通志》中也载有"实胜寺，外攘门关外，俗呼黄寺，国初敕建。前有下马牌，内供迈达里佛。又有吗哈噶喇（即碑文所记"嘛哈噶喇"）楼。天聪九年（1635年），元裔察哈尔林丹汗之母以白骆载吗哈噶喇佛金像并金字喇嘛经、传国玉玺至此"等内容，其中所言"金字喇嘛经"者即林丹·呼图克图汗时期所制作的蒙古文《金字甘珠尔经》无疑②。值得注意的是，1817年成书的蒙古文史书《金鬘》(Altan erike)，给我们提供另一种信息。书中写道，林丹·呼图克图汗时期首次以蒙古文翻译的《金字甘珠尔经》写本，当时(19世纪初)在克什克腾旗的一位贵族所收藏，并成为那位贵族的供养物③，但其后来的情况不详。

据内蒙古图书馆色·斯琴毕力格先生所见，1957年有位称作照都巴（J̌odba）的人，从盛京（沈阳）实胜寺送到当时内蒙古语

① 实胜寺碑文，详见张羽新著《清政府与喇嘛教·附清代喇嘛教碑刻录》，拉萨：西藏人民出版社，1988年，208—211页。
② 张双福：《蒙古文"大藏经·甘珠尔经"概论》，载《蒙古学研究年鉴2005年》，呼和浩特：内蒙古社会科学院，2005年，240页。
③ ［清］纳塔著，乔吉校注《金鬘》（Altan erike），呼和浩特：内蒙古人民出版社，1999年第二版，115页。

言文学研究所的十几函（卷）《蒙古文金字甘珠尔经》，从它的书写、装饰、纸质等看，非一般条件所能制造，并且它是北元末期作品，因此，可以说它可能是林丹汗《蒙古文金字甘珠尔经》的一部分①，笔者认同这一见解。被认为林丹汗《蒙古文金字甘珠尔经》写本的残部共有19卷（其中一卷只残存1张）②，它和林丹汗《蒙古文金字甘珠尔经》其他三种转抄本，现都收藏于内蒙古社会科学院图书馆。笔者于2009年6月9日，承蒙色·斯琴毕力格先生和乌·托娅女士的好意，在内蒙古社会科学院图书馆目睹林丹汗《蒙古文金字甘珠尔经》的残卷，并对其第一函（卷）进行了拍摄。现藏于内蒙古社会科学院图书馆的林丹汗《蒙古文金字甘珠尔经》残卷共19卷（函），其规格为72厘米X25厘米，在宝石蓝色周边的倭缎青纸上，以金汁书写。每函还冠以彩图和附图。

林丹汗《蒙古文金字甘珠尔经》残卷中，残缺不全的经卷不少。据蒙古佛教文献研究者宝力高研究，《秘密经》第十九卷不全，仅存1—83页；《圣般若波罗密多十万经》第十二卷不全，仅存5—325页；《华严经》一卷不全，仅存一页为328页，第几卷不详；《诸品经》第二十卷不全，仅存等1—256页；第三十三卷不全，仅存1—39页和54页；第三十四卷不全，仅存等1—352页，第三十六卷不全，仅存等83—173页，第三十八卷不全，仅存189—191页；《律师戒行经》第二卷不全，仅存1—183页，第十卷不全，仅存364—432页，第十二卷不全，仅存14—15页，第十三卷不全，仅存1—356页③。

如上所述，蒙古林丹汗《蒙古文金字甘珠尔经》写本当初制

---

① 《蒙古文甘珠尔·丹珠尔目录》编委会编：《蒙古文甘珠尔·丹珠尔目录》（上册），呼和浩特：远方出版社，2002年12月，10页。
② 《中国蒙古文古籍总目》（蒙古文，上册），北京图书馆出版社，1999年12月，1页。
③ 宝力高著《蒙古文佛教文献研究》，北京：人民出版社，2012年第一版，183页。

作成 113 卷（函），如果说内蒙古社会科学院图书馆所藏《蒙古文金字甘珠尔经》写本残卷（共 19 卷）是林丹汗《蒙古文金字甘珠尔经》写本的一部分的话，那么，其余大部分卷（函）的去向又是如何呢？

据蒙古文《蒙古宗教概论》一书记载，林丹汗《蒙古文金字甘珠尔经》，在 20 世纪初被日本人从盛京（沈阳）偷走，然后被运到日本之后，先在地下室收藏，后来在"1926 年日本大地震"①火灾中被烧毁。首先值得指出的是，这里所说"1926 年日本大地震"有误，而应当是 1923 年日本关东大地震。其次，据日本东洋史学者内藤湖南（又名内藤虎次郎，1866—1934）的明治三十五年（1902 年）十月月二日调研日记以及明治三十八年（1905年）八月四日至十三日实地调查，"金字蒙古文藏经"在当时收藏于盛京（沈阳）实胜寺（俗称黄寺）东佛阁②。尔后，有位称作中岛的日本翻译，遵从日本关东军军部福岛将军的命令将"金字蒙古文藏经"从盛京实胜寺"借走"，到明治三十九年（1906 年）八月时，"金字蒙古文藏经"已被送到东京，受命在东京帝国大学（即现在的东京大学）保管③。这就是"东京大学藏金字写本蒙古大藏经"的来历，后来"金字蒙古文大藏经"在 1923 年的日本关东大地震火灾中被烧失④。以上所述"金字蒙古文藏经"或"东京大学藏金字写本蒙古大藏经"，很可能就是 17 世纪蒙古林丹汗《蒙古文金字甘珠尔经》的多半部分。因为自 1634 年林丹汗在

---

① 元斯格：《蒙古宗教概论》（蒙古文），呼和浩特：内蒙古人民出版社，1991 年，343 页。

② 内藤虎次郎的这篇"调查报告"，最初载于大正十三年（1924 年）三月《藝文》第 3 号上，后在 1970 年收录其全集。详见：日文《内藤湖南全集》第七卷（日文），427—430 页。

③ 《内藤湖南全集》第七卷（日文），433 页。

④ [日]金冈秀友：《蒙古文大藏経の成立過程》，日本《佛教史学》6—1，昭和三十二年（1957 年），42—43 页。

青海病逝以后，《蒙古文金字甘珠尔经》、"嘛哈噶喇"金佛像等被移送到盛京（沈阳），至20世纪初为止一直被供养在盛京（沈阳）实胜寺。

笔者在东京外国语大学和日本大正大学留学及任教期间（1992年4月至2008年7月），于2000年12月13日，曾到东京大学图书馆调研，得知"东京大学藏金字写本蒙古大藏经"确实来自中国"盛京（沈阳）实胜寺"。只是由于"金字写本蒙古大藏经"已在1923年日本关东大地震火灾中被烧失，未能目睹其实物。而且确切的是，日本的"东京大学藏金字写本蒙古大藏经"是在1905年8月至1906年8月之间被日本人运到日本的。尽管"流传"到日本的具体函数不详，但日本学者石滨纯太郎曾在东京大学图书馆阅读过该蒙古文"金字经"，并确认在其"跋文"中记载该蒙古文"金字经"为蒙古林丹汗时期所书写①。

以上就是17世纪20年代末写成的蒙古林丹汗《蒙古文金字甘珠尔经》写本，在20世纪初怎样从中国东北沈阳"流传"到日本的始末概要。现在仅仅能够看到《蒙古文金字甘珠尔经》留传至20世纪初的珍贵黑白照片。在20世纪初日本人内藤湖南拍摄的这幅《金字蒙文藏经》照片虽然是黑白的，但这幅照片与笔者于2009年6月9日在内蒙古社会科学院图书馆拍摄的《蒙古文金字甘珠尔经》彩色照片，在字体等方面有相似之处。

小　结

本章主要利用《黄金史》《蒙古源流》《阿勒坦汗传》《金鬘》(Altan erike)等蒙古文史料和《清实录》、实胜寺碑文史料以及林丹汗石碑拓本等史料，对通称17世纪蒙古林丹汗"三宝"之一的《蒙

---

① 同上《内藤湖南全集》第七卷（日文），436页。

古文金字甘珠尔经》若干问题进行了研究。并根据有关日文日记、日文调查资料和笔者自身实地考察等，在前人研究的基础上比较系统地探讨了林丹汗《蒙古文金字甘珠尔经》写本的成书、内容和意义，也探讨了其在 20 世纪初怎样从中国东北"流传"到日本的相关问题。现将笔者主要见解归纳如下，以供诸位专家参考。

其一，历史研究要从史书记载和历史事实这两个方面去综合考察。从这一视角来看，17 世纪 20 年代末制成的蒙古林丹汗《蒙古文金字甘珠尔经》（113 卷）的抄写本，是现存 1720 年《北京木刻版蒙古文甘珠尔经》（108 卷）的底本。因此，深入研究林丹汗《蒙古文金字甘珠尔经》写本更具有重要的学术意义和现实意义。

其二，按照《黄史》、《黄金史》、《金鬘》等蒙古文史书记载，蒙古林丹汗在位时期，翻译、编辑、校勘完成了 113 卷《蒙古文金字甘珠尔经》。林丹汗《蒙古文金字甘珠尔经》虽然于 1628 年阴历十一月至 1629 年仲夏之间在漠南蒙古呼和浩特"锡埒图召"（今作"席力图召"）最终完成，但它的筹备和基础性工作是于 1627 年四月初林丹汗率部西征之前，在辽东地区进行的。林丹汗石碑拓本史料表明，于 1626 年之前，林丹汗为恢复元代的"政教二规"传统和振兴佛教，重新组织了以萨迦派高僧沙尔巴·呼图克图为首的学僧团，林丹汗及其学僧团活跃在今内蒙古巴林右旗辽代白塔一带。

其三，1634 年秋蒙古林丹汗在青海病逝之后，林丹汗的"三宝"之一《蒙古文金字甘珠尔经》也落到了满洲统治者手中。笔者从各种迹象认为，盛京（沈阳）实胜寺碑文中所记载的東佛阁"诸品经卷"，乃是指林丹汗"蒙古文金字甘珠尔经"等经卷。另外，《盛京通志》中所记实胜寺"金字喇嘛经"，也是指林丹汗《蒙古文金字甘珠尔经》。日本东洋史学者内藤湖南的明治三十八年（1905 年）八月四日至十三日实地调查证实了这一点。内藤湖南所说"金字蒙古文藏经"（笔者认为此乃《蒙古文金字甘珠尔经》）在20世纪初正是供养在实胜寺（俗称黄寺）东佛阁中。

其四，在明治三十八年（1905年）八月十三日以后的某一天，有位称作中岛的日本翻译，将"金字蒙古文藏经"（笔者认为这正是《蒙古文金字甘珠尔经》）从盛京（沈阳）实胜寺东佛阁"借走"，但"借走"多少卷尚无记录。到明治三十九年（1906年）八月时，"金字蒙古文藏经"已被运送到日本东京，受命在东京帝国大学（即现在的东京大学）保管。后来"金字蒙古文藏经"在1923年的日本关东大地震火灾中被烧失。但"金字蒙古文藏经"即林丹汗《蒙古文金字甘珠尔经》（全113卷）当中，从中国东北实胜寺被运送到日本的具体卷数到底有多少尚不清楚，这是今后有待进一步研究的课题。

其五，1957年，有位称作照都巴（J̌odba）的蒙古人，从东北沈阳实胜寺送到当时内蒙古语言文学研究所的十几卷（函）蒙古文金字经卷，被学界认为是林丹汗《蒙古文金字甘珠尔经》的残部。这些残部共有19卷（其中一卷只有1张），它和林丹汗《蒙古文金字甘珠尔经》其他三种转抄本经卷，现在都收藏于内蒙古社会科学院图书馆。而上述19卷蒙古文"金字经卷"，是1629年林丹汗《蒙古文金字甘珠尔经》113卷（函）当中流传至今的少数现存残卷。

第三部

17—18 世纪清
朝对蒙佛教政策

  自 16 世纪后期蒙古人再度皈依佛教以来,以格鲁派
(dge-lugs-pa)佛教为主的藏传佛教在蒙古地区得到广
泛传播,格鲁派(黄帽派)在 17 世纪 40 年代初在西藏建
立甘丹颇章政权(和硕特汗廷)之后取得绝对优势地位,
进而在 18 世纪中叶进入了其在蒙古地区的畸形发展阶
段。在清朝前期,藏传佛教对蒙古会社如此深广渗透的
根本原因何在? 对此,需要有一个依据史料的客观、理性
的分析。其实,在清代虽有几位皇帝对佛教感兴趣或对
佛教有一定的信仰,但清朝前期诸帝对待佛教的基本认
识和基本佛教观,却成为清朝对蒙佛教政策的思想基础,
这是无可否认的历史事实。因此,在第三部中我们主要
从 17—18 世纪清朝诸帝基本佛教观及其对蒙藏上层怀
柔与册封、17—18 世纪清廷利用活佛转世制度和广建佛
教寺院以及 18 世纪前期御制蒙古文佛教经典《甘珠尔
经》的刊印等不同角度,加以梳理和探讨清朝对蒙佛教
政策的诸象。

第七章 17—18世纪清朝诸帝佛教观及其对蒙藏上层的册封

在本章我们以缔造清王朝基础的爱新觉罗·努尔哈赤（1616—1626在位）为首，主要对清太宗皇太极（1626—1643在位）、清世祖顺治帝（1643—1661在位）、清圣祖康熙帝（1661—1722在位）、清世宗雍正帝（1722—1735在位）和清高宗乾隆帝（1735—1795在位）等清朝前期诸帝的佛教观与基本佛教认识加以梳理，并在此基础上，探讨和考述清廷对蒙藏僧俗上层怀柔与册封的具体历史进程。

第一节 清朝前期诸帝佛教观

要探讨清朝前期诸帝的佛教观，首先有必要对清朝前身后金（1616—1636）的缔造者、太祖努尔哈赤的佛教观，加以考察和分析。早在天命三年（1618年），努尔哈赤曾发布"圣训"说：

"人皆称仙佛之善，然仙佛虽善而居心不善者，不能为也。必勤修善行，始能与之相合，人君奉天理国，修明政道，克宽克仁，举世享太平之福，则一人有道，万国数宁，胜于仙佛多矣。"①

上面史料中所说"仙佛"无疑是指道教和佛教。因此，"人皆称仙佛之善"这第一句话，换言之就是说人们都承认道教和佛教的"善"，而且努尔哈赤本人也似乎承认道教和佛教的"善"。但是，道教和佛教"虽善而居心不善者"，也"不能为也"。必须"勤修善行，始能与之相合"，意思是说，只有通过人们认真的"勤修"

---

① 《清"圣训"西南民族史料》，四川大学出版社，1988年，1页。

才开始真正能做到"善"。这也就是说，单靠信道、信佛治理不了国家，要有效治理国家，君主必须"奉天理国，修明政道"，"一人（即皇帝）有道，万国数宁"，而靠这种圣学、圣教的政治理念去治理国家则远远胜于道教和佛教的教化。总之，太祖努尔哈赤的基本佛教观是，承认佛教的"善"，但并没有把佛教思想当作治理国家的指导思想。他认为，要有效治理国家和确保国家的安宁，必须"奉天理国"，确保皇帝的权威，以圣教化的儒教思想作为治理国家的根本。其实，将圣教化的儒教置于道教和佛教之上的努尔哈赤这一思想，深深影响了后来的有清一代诸帝的思想，成为清朝诸帝遵循的宗教政策基本原则，这是不容置疑的历史事实。

学界周知，太祖努尔哈赤的第八子皇太极是清王朝的缔造者。在天聪十年（1636年），皇太极把国号改为大清，继承其父努尔哈赤的皇位，成为清太宗皇帝。皇太极不仅没有把佛教当作治理国家的"国教"，而且对藏传佛教、喇嘛及其与蒙古的关系等表达了明确的认识。比如在天聪八年（1634年）夏四月，皇太极曾颁布上谕说：

"朕闻国家承天创业，各有制度，不相沿袭，未有弃其国语，反习他国之语者。……弃国语而效他国，其国亦未有长久者也。蒙古诸贝子，自弃蒙古之语、名号，俱学喇嘛，卒致国运衰微。"[1]

由此可见，皇太极不仅指出了弃其国语、使用他国之语者，"其国亦未有长久"的问题，而且举出蒙古作为具体例子，指出蒙古因"自弃蒙古语"，"俱学喇嘛"，致使国运走向衰微的事实。在这里蒙古"俱学喇嘛"是问题的关键。

两年后的天聪十年（1636年）三月，皇太极进一步明确地对

---

[1]　齐木德道尔吉、巴根那编《清朝太祖太宗世祖朝实录蒙古史史料抄》，呼和浩特：内蒙古大学出版社，2002年，268页。

诸臣说：

"喇嘛等口作讹音，假以供佛，持戒为名，潜肆邪淫，贪图财物，悖逆造罪，又索取生人财帛、牲畜，诡称使人免罪于幽冥，其诞妄为尤甚。喇嘛等不过身在世间，造作罪孽，欺诳无知之人耳。至于冥司，孰念彼之情面，逐免其罪孽乎。今之喇嘛当称为妄人，不易称（之）为喇嘛。乃蒙古等深信喇嘛，糜费财物，忏悔罪过，欲求冥魂，超生福地，是以（致）有悬转轮，结布幡之事，甚属愚谬。嗣后俱宜禁止"①。

上引"圣训"史料表明，在清太宗皇太极看来，佛教尊奉为"三宝"（佛法僧）之一的喇嘛，而且在蒙古地区传播藏传佛教的历史进程中起到重要作用的喇嘛，"不过身在世间，造作罪过"，欺骗无知之人的骗子而已。而蒙古等深信这种喇嘛之辈，"甚属愚谬"，今后应"俱宜禁止"。皇太极的这种佛教观，直到他去世为止，没有发生根本的变化。当然，这只是皇太极对佛教认识的一个侧面，在另一方面，皇太极又将佛教当作"驭藩之具"，后来在崇德四年（1639年）十月，向西藏派遣以额尔德尼达尔汗格隆喇嘛和察汉格隆喇嘛为首的使者团，并分别致信"图白忒汗"（即藏王）和西藏"掌佛法大喇嘛"，并延请西藏高僧到清朝传教。皇太极的这些"圣训"和举动，为日后清朝诸帝的宗教政策，奠定了一定基础。

崇德八年（1643年）八月，清太宗皇太极在盛京（今辽宁沈阳）去世。但是，皇太极的去世似乎并没有改变清军入关的计划，1644年清军攻占了北京，当时年幼的爱新觉罗·福临被推上皇位，重新举行了仪式，成为清世祖顺治帝。那么，清太宗皇太极的继承者世祖顺治帝，持有怎样的佛教认识呢。对此，顺治帝长大亲政后，关于如何对待召请西藏达赖喇嘛进京的一段话，从一个侧

---

① 同上《清朝太祖太宗世祖朝实录蒙古史史料抄》，380页。

面反映了顺治帝对佛教的基本态度。

据顺治九年（1652 年）九月条记载，顺治帝对诸王、贝勒、满洲诸臣和众汉臣等说：

"当太宗皇帝时，尚有喀尔喀一隅未服，以外藩蒙古惟喇嘛之言是听，因往召达赖喇嘛，其使未至，太宗皇帝晏驾。后睿王摄政时，往请达赖喇嘛，许于辰年前来。及朕亲政后，召之，达赖喇嘛即启行前来，从者三千人。今朕欲亲至边外迎之，令喇嘛即住边外。外藩蒙古贝子欲见喇嘛者，即令在外相见。若令喇嘛入内地，今年岁收甚歉，喇嘛从者又众，恐于我无益。倘不往迎喇嘛，以我既召之来，又不往迎，必至中途而返，恐喀尔喀亦因之不来归顺。其应否往迎之处，尔等各抒所见以奏。"①

上引史料显示，在清太宗皇太极及其去世后的睿王即努尔哈赤第十四子多尔衮摄政时期，都是因为"外藩蒙古惟喇嘛之言是听"而召请西藏达赖喇嘛，并已得到达赖喇嘛辰年（1652 年）进京朝见的承诺。而顺治帝亲政后，也不是仅仅从佛教教义或信仰的层次上去考虑达赖喇嘛进京问题，而是主要从如何使外藩喀尔喀蒙古归顺清朝的政治需要去考虑是否亲自到边外迎接达赖喇嘛进京的利弊。换言之，其实从这一史料中看不出顺治帝对佛教到底持有什么样的认识，而只能窥见其如何收服外藩喀尔喀蒙古的政治谋略。不过，据蒙古佛教史学者乔吉先生研究，"顺治帝是一位对佛教很虔诚的皇帝，他的母后笃信佛教，他也酷好喇嘛。册封五世达赖喇嘛不久，顺治十二年（1655 年）、十四年（1657 年）曾两次各派数十名喇嘛到五台山道场，以佛门弟子自居，并自称僧人转世等等。"②可见，顺治帝与将喇嘛等视作"不过身在世间，造作罪孽，欺诳无知之人"之辈的皇太极有所不同，恐怕他至少

① 齐木德道尔吉、巴根那编《清朝太祖太宗世祖朝实录蒙古史史料抄》，呼和浩特：内蒙古大学出版社，2002 年，778 页。
② 乔吉著《内蒙古寺庙》，呼和浩特：内蒙古人民出版社，1994 年，31 页。

还称得上佛教的维护者。

顺治十八年（1661年），清世祖顺治帝去世，世祖第三子爱新觉罗·玄烨继承皇位，成为清圣祖康熙帝。在清代诸帝当中，康熙是一位君临长达六十一年之久的皇帝，是他缔造了清代"康乾盛世"。对清代发挥如此重要历史作用的康熙，曾道出他对藏传佛教及其信徒蒙古人的明确看法。康熙说：

"蒙古惑于喇嘛，罄其家资不知顾惜，此皆愚人偏信祸福之说，而不知其终无益也。"①

由此可见，在康熙看来，蒙古人被喇嘛所诱惑，不知顾惜家产而对喇嘛加以布施。这些行为都是因为愚昧的人们"偏信祸福之说"的结果，而这些愚昧的蒙古人又不知喇嘛的祸福之说终究不能给他们带来利益。这是反映康熙如何认识藏传佛教及其信徒蒙古人的一个基本史料。不仅如此，康熙还从"正风俗重教化"的角度，主张以儒教的"正学"教化全国民众，而对佛教等其他宗教则采取了轻视、甚至视为"异端"的态度。其最典型的具体举措无外乎是，康熙九年（1670年）颁布的、以"黜异端以崇正学"等为主要内容的康熙《圣谕十六条》②。

尽管康熙本人对佛教经典也产生过兴趣，并在1718年至1720年间，在康熙的敕令（也作敕令）和扶植下，组织众多学僧翻译、编审和刊印完成了蒙古文佛教经典《甘珠尔经》等，然而上引康熙关于"蒙古惑于喇嘛"的史料和康熙《圣谕十六条》等举措，都已充分表明康熙对佛教及其信徒的基本看法。

康熙六十一年（1722年），清圣祖康熙去世后，圣祖第四子爱新觉罗·胤禛继承皇位，成为清世宗雍正帝。雍正虽然以佛教高僧章嘉呼图克图为师，并受其佛教影响甚深，但雍正仍然继承

---

① 《东华录》康熙卷十三，第9页。
② 中国人民大学清史研究所编《清史编年》第二卷康熙朝（上），北京：中国人民大学出版社，2004年4月第2次重印版，127—128页。

和推行了以儒教"正学"为主要内容的、清朝教化民众的基本政策，继续推行康熙的《圣谕十六条》。雍正即位不久，即于雍正二年（1724 年），将康熙的《圣谕十六条》推衍成万言大作《圣谕广训》。从此，逐渐形成在清朝各地每月都要召开两次《圣谕广训》宣讲会的习惯。而在雍正《圣谕广训》第七条中，就有斥退"异端"、崇尚"正学"的条款，其中明确规定佛教等为"异端"，儒教为"正学"。特别值得注意的是，《圣谕广训》中，宣扬"黜异端以崇正学"，严词指责佛教的"一子出家九族升天之妄说"和地狱、轮回、应报等"虚谈来迷惑民众"的做法①。这些举措在一定程度上反映了当时中国佛教界已经出现堕落和腐败现象的现实，也使我们不难解读出清朝已经认定儒家"圣教"为"正统"，视佛教等其他宗教为"异端"的基本看法。但是，清朝执政者同时又认为，"异端"宗教与"邪教"不同，尤其佛教劝人为善，戒人为恶，有利于社会安宁，因此允许它的存在，并可利用、甚至扶植佛教，教化民众。

雍正九年（1731 年），清世宗雍正，为分藏传佛教大活佛的教权，在内蒙古多伦诺尔勅建"善因寺"，作为章嘉呼图克图若必多吉（rol-pai-rdo-rje,1717—1786）的"净修"之处，并令若必多吉掌管漠南蒙古地区佛教事务。同年建寺时，雍正御书《善因寺碑文》，其中说：

"稽古圣王之治天下，因其教不易其俗，使人易知易从，此朕总承先志，护持黄教之意也。"②

上引史料中雍正帝明确表达了"护持"佛教之一教派"黄教"的目的，那就是，要治理蒙古地区，就必须"因其教不易其俗"，

---

① ［日］野上俊清等《仏教史概说・中国篇》，日本京都平楽寺书店，1998 年版，180—182 页。

② 张羽新著《清政府与喇嘛教・附清代喇嘛教碑刻录》，拉萨：西藏人民出版社，1988 年，第 319 页附录《善因寺碑文》史料。

使蒙古人易知易从，护持蒙古人已经皈依、信奉、习惯成俗的"黄帽派（格鲁派）佛教"即黄教。

与雍正帝相比，雍正的继承者清高宗乾隆的佛教观，更为明确。乾隆一生留下不少关于藏传佛教和喇嘛的言论。但是，其中最著名、最有代表性的，还是乾隆五十七年（1792年）乾隆御书的、现存于北京雍和宫的乾隆御制《喇嘛说》碑文史料。其中写道：

"佛法始自天竺，即厄纳特珂部，其地曰痕都斯坦。东流而至西番。即唐古特部，其地曰三藏，其番僧又相传称为喇嘛……喇嘛者，谓无上。即汉语称僧为上人之意耳。喇嘛又称黄教，盖自西番高僧帕克巴，旧作八思巴，始盛于元，沿及于明封帝师、国师者皆有之……我朝惟康熙年间，祇封一章嘉国师，相袭至今。我朝虽兴黄教，而并无加崇帝师封号者。惟康熙四十五年 [1706年] 敕封章嘉呼土克图为灌顶国师，示寂后，雍正十二年 [1734年] 乃照前袭号为国师。其达赖喇嘛、班禅额尔德尼之号，不过沿元明之旧，换其袭敕耳。黄教之兴，始于明。番僧宗喀巴生于永乐十五年 [1417年] 丁酉，至成化十四年 [1478年] 戊戌示寂。其二大弟子曰达赖喇嘛、曰班禅喇嘛。达赖喇嘛位居首，其名曰罗伦嘉穆错，世以化身掌黄教。一世曰根敦珠巴，二世曰根敦嘉穆错，三世曰素诺木嘉穆错，即明时所称活佛错南坚错也，四世曰云丹嘉穆错，五世曰阿旺罗卜藏嘉穆错。我朝崇德七年 [1642年]，达赖喇嘛、班禅喇嘛遣使贡方物。八年 [1643年]，赐书达赖喇嘛及班禅呼土克图，盖仍沿元明旧号。及定鼎后，始颁给敕印，命统领中外黄教焉。盖中外黄教，总司以此二人。各部蒙古，一心归之。兴黄教，即所以安众蒙古，所系非小，故不可不保护之，而非若元朝之曲庇诸敬番僧也。

元朝尊重喇嘛，有妨政事之弊……"①

① 全文参见同上《清政府与喇嘛教·附清代喇嘛教碑刻录》，第339—343页附录乾隆御制《喇嘛说》史料。

上引乾隆《喇嘛说》碑文史料，较系统、简要地阐述了佛教传播史和清朝扶持藏传佛教的基本政策，并明确指出元朝"曲庇谄敬"般的过分尊重番僧和喇嘛，那样做"有防政事之弊"。因此，清朝在不妨碍"政事"的前提下，"兴黄教，即所以安众蒙古，所系非小，故不可不保护之"。该碑文史料全文较长，对清代藏传佛教史研究，具有重要的史料价值。

总之，以上我们简明扼要地梳理了关于清朝前期诸帝佛教观的各种史料，而贯穿于清朝前期诸帝的共同特点是，他们大多不是从佛教信仰的立场，而是主要从如何治理国家和如何教化国民的立场去认识和解释佛教、喇嘛和信徒。诸帝的佛教观，虽有所不同，但基本上都承认佛教之"善"，而且尽管都承认佛教的"劝人为善"，然而也都没有将佛教当作治理国家的指导思想，而是在不妨碍"政事"的前提下，推行了有限度的扶持藏传佛教政策。

第二节　清初清廷对蒙藏上层的册封

清朝前期诸帝，既然将佛法都没有当作治理国家的根本大法，那还为何保护佛教之一教派格鲁派（也称黄帽派），采取扶植藏传佛教的宗教政策呢？对此，清高宗皇帝乾隆曾说：

"本朝之维护黄教，原因众蒙古素所皈依，用示尊崇，为从易从俗之计。"①

在此史料中乾隆皇帝明确表达了清朝之所以扶植藏传佛教的目的，即因为蒙古各部素来已经"皈依"黄教，因此，清朝"维护黄教"，"为从易从俗"之计谋。前面我们所引用和探讨的御制《喇嘛说》碑文中，乾隆皇帝也曾写道：

"盖以蒙古奉佛信喇嘛，不可不保护之，以为怀柔之道而

---

① 《清实录》高宗卷，乾隆五十八年四月下辛巳条。

已"①。这些正是雍正帝也曾推行的"因其教不易其俗"的清朝对蒙佛教政策的一个原则。

早在后金时代，出于政治、军事需要，满洲领袖就已提出同蒙古人结成"满蒙同盟"之方针。但是，要想得到蒙古王公的支持，赢得蒙古强有力的军事力量，就必须尊重蒙古人的宗教信仰，维护蒙古人已经皈依的藏传佛教。清王朝的奠基者努尔哈赤，熟知此理，并以身作则，付诸实践。比如早在天命六年（1621年），努尔哈赤对从漠南蒙古东部地区寄居到沈阳的"法师斡禄打儿罕囊素"喇嘛，加以"敬礼尊师，倍常供给"。后于天聪四年（1630年），"斡禄打儿罕囊素"喇嘛去世后，努尔哈赤的继承者、清太宗皇太极为"斡禄打儿罕囊素"喇嘛建立了舍利宝塔。建宝塔时所立碑文"大金喇嘛法师宝记"②，是后金时代较古老的法师碑文，碑文表明了满洲统治者对藏传佛教的早期态度。天聪三年（1629年），清太宗皇太极还善待当时在漠南蒙古东部巴林、喀喇沁等地进行传教活动的阿兴喇嘛，派遣使者，将他召请到沈阳供养。后来，阿兴喇嘛移居于小库伦（即今内蒙古库伦旗），从此人们称这个地方为满珠习礼·库伦③。另外，据清朝太宗朝天聪六年五月乙丑条记载，公元1632年"归化城诸喇嘛朝见，上赐宴遣之"④。可见，皇太极还曾延请归化城（今呼和浩特）诸喇嘛到沈阳朝见。这次"归化城诸喇嘛朝见"时的首领喇嘛为一世内齐托音（Neyiči

---

① 张羽新著《清政府与喇嘛教·附清代喇嘛教碑刻录》，拉萨：西藏人民出版社，1988年版附录《喇嘛说》碑文史料，340页。
② 同上《清政府与喇嘛教·附清代喇嘛教碑刻录》205—206页附录"大金喇嘛法师宝记"史料。
③ 吉田順一他《"アルタン·ハーン伝"訳注》，日本東京風間書房，1998年，316页。
④ 齐木德道尔吉、巴根那编《清朝太祖太宗世祖朝实录蒙古史史料抄》，呼和浩特：内蒙古大学出版社，2002年，205页。

toyin, 1587—1653）①，他曾被皇太极挽留于沈阳供养，但一世内齐托音喇嘛本人婉转地拒绝皇帝的意愿后，去蒙古嫩科尔沁地区进行了传教活动。

在另一方面，清初蒙古与西藏之间的往来也比较频繁。关于这一点，以往的研究涉及较少。但在这方面最近有了王力先生的《明末清初达赖喇嘛系统与蒙古诸部互动关系研究》这部新的专著。其中，明确指出："达赖喇嘛系统与蒙古诸部之间互动关系的研究，以往学者虽有涉及，但大都从以中央政府为中心的政治秩序的角度论述，其研究思路和论述方式侧重于中原王朝对蒙藏地区的扩展，从而忽略了对蒙藏之间互动关系的关注。"②

其实，在蒙古各部与西藏之间的"互动关系"中，至少有两个重大历史事实值得仔细研究。

其一，早在明末1578年（明万历六年），西藏高僧索南嘉措（bsod-nams-rgya-mtsho,1543—1588）被蒙古右翼土默特万户首领阿拉坦（俺答）汗招致青海，二人在青海湖岸"仰华寺"会晤。当时，阿勒坦汗对索南嘉措赠号为"达赖喇嘛"，这是"达赖喇嘛"这一称谓的开始。西藏高僧索南嘉措（后来被称之为三世达赖喇嘛）与土默特万户首领阿勒坦汗会晤以来，西藏佛教格鲁派势力与右翼蒙古之间的同盟关系日益加强，到17世纪前半期时，格鲁派在蒙古军事力量的庇护下在西藏取得了政治和宗教上的优势地位。

其二，在格鲁派取得政治与宗教上的优势地位的历史进程中，西部厄鲁特（卫拉特）蒙古和硕特部顾实汗（也作固始汗）

①　关于一世内齐托音（1587—1653）一生的事迹概述，参见笔者日文拙文（M. エルデニバートル：《16-17世纪のモンゴル宗教史におけるニーチ·トイン一世（1587—1653）の生涯》，载《東洋の歴史と文化》3—24页，日本東京山喜房佛書林，2004年4月）。

②　参见王力著《明末清初达赖喇嘛系统与蒙古诸部互动关系研究》，北京：民族出版社，2011年绪论部分。

曾发挥决定性的历史作用。顾实汗出生于1582年，本名为图鲁拜琥，是厄鲁特蒙古汗哈尼诺颜洪果尔第四子。早在1636年（崇德元年），清军还未攻占北京之前，顾实汗就曾遣使与清廷沟通关系，为后来扶持格鲁派的顾实汗建立西藏格鲁派政权创造了条件。由于四世班禅喇嘛等西藏高僧曾派人到厄鲁特蒙古游牧地，请求崇奉格鲁派的顾实汗出兵援助，自1637年开始，扶持格鲁派的顾实汗率领西蒙古大军挺进青藏地区①，进而在1642年，顾实汗消灭当时西藏地方政权藏巴汗及其噶玛噶举派僧俗势力之后，在西藏建立了新的格鲁派政权②。

格鲁派势力的迅速壮大，对17世纪前半期西藏反格鲁派势力，曾带来极大的冲击。因此，以西藏噶玛噶举派僧俗势力代表藏巴汗为首的反格鲁派势力在1642年战败之前，也曾积极探索过利用蒙古军事力量一举击败格鲁派势力的策略。比如，据《班禅额尔德尼传》记载，早在1633年，西藏地方政权藏巴汗，曾对漠南蒙古察哈尔万户派遣使者，说服蒙古大汗林丹汗改信噶玛派③，并力劝林丹汗率领蒙古军前往西藏援助藏巴汗，联合消灭西藏格鲁派势力④。但由于蒙古林丹汗在出征西藏的途中行至青海夏日塔拉之地时，患病身亡，联合蒙古军试图消灭格鲁派的藏巴汗计划，未能得以实现⑤。1634年，蒙古末代大汗林丹汗在青海病故之后，林丹汗的宗教顾问墨尔根喇嘛于同年年底，以为"天

---

① 关于顾实汗率领蒙古军占领青藏地区的缘由，五世达赖喇嘛在其《传记》的"蒙古军歼灭白利土司，固始汗占领多麦地区"一节中，有较详细的相关论述（参见五世达赖喇嘛阿旺洛桑嘉措著，陈庆英、马连龙、马林译《五世达赖喇嘛传》上册，北京：中国藏学出版社，2005年，123—126页）。

② 详见苏发祥著《清代治藏政策研究》，北京：民族出版社，1999年，1—16页。

③ "改信噶玛派"这种说法，是否恰当，有待进一步研究。

④ 牙含章著《班禅额尔德尼传》，拉萨：西藏人民出版社，1987年，32页。

⑤ 苏发祥著《清代治藏政策研究》，北京：民族出版社，1999年，6页。

运"已转移到满洲人，带着元朝时代用黄金铸造的国宝"护法嘛哈嘎喇佛像"，投靠了后金皇太极①。这可谓皇太极在宗教上的胜利，嘛哈嘎喇金佛像后来成为凝聚蒙古民众人心的极好神物。天聪十年（1636年）四月，漠南蒙古各部、后金满汉大臣等聚集于东北盛京（今沈阳），共同推举皇太极为"博格达彻辰汗"（Boɣda sečen qaɣan），皇太极改称国号为"大清"，这标志着漠南蒙古各部正式归附清朝。为了供养"护法嘛哈嘎喇佛像"以安抚众蒙古，清太宗皇太极在同年下令创建寺庙，后于崇德三年（1638年）竣工，在盛京（今沈阳）郊外建成了实胜寺。该寺俗称黄寺，蒙古人一般称为"嘛哈嘎喇寺"。

值得注意的是，漠南蒙古各部归附清朝之后，如何收服漠北喀尔喀蒙古各部之问题，很快提到清朝统治者的日程上来。为此，清朝统治者尚在关外时已认识到，西藏宗教领袖达赖喇嘛对漠北喀尔喀蒙古影响力之重要性。从《清实录》史料看，围绕延请达赖喇嘛进京事宜，清朝皇帝与漠北喀尔喀蒙古塞臣汗（也作彻辰汗、车臣汗等）部塞臣汗、喀尔喀蒙古土谢图汗部土谢图汗和喀尔喀蒙古扎萨克图汗等之间，较早有了使者及书信往来。据《清实录》崇德二年（1637年）八月辛丑记载，同年漠北喀尔喀蒙古"马哈撒嘛谛塞臣汗遣使臣麻尼塞臣浑津、毕礼克图山津"等来到朝廷，对此皇帝在"崇政殿"接待他们。此次喀尔喀蒙古塞臣汗部塞臣汗使者带来的致清朝皇帝信函中说：

"马哈撒嘛谛塞臣汗奉表敬候皇上起居万安。闻欲延致达赖喇嘛，甚善。此地喀尔喀七固山 [即七鄂托克——引者] 及厄鲁特四部落亦有同心，乞遣使者过我国，同往请之，我等三汗合议，遣使候安，并献方物。"②

①　《清实录》太宗卷，天聪八年十二月丁酉条。

②　齐木德道尔吉、巴根那编《清朝太祖太宗世祖朝实录蒙古史史料抄》，呼和浩特：内蒙古大学出版社，2002年，436页。

从信函中可以窥见，清廷"欲延致达赖喇嘛"之消息，此前已经传到漠北喀尔喀蒙古。而对清廷"欲延致达赖喇嘛"之事，喀尔喀蒙古赛臣汗表示赞成，并希望喀尔喀蒙古也派遣使者与清廷使者一同前往西藏，延请达赖喇嘛。其实，上述引文内容，与《清实录》崇德二年（1637年）八月庚戌记载有所不同。即不同的内容是遣使及来信者为漠北喀尔喀蒙古土谢图汗部土谢图汗。喀尔喀土谢图汗致清朝皇帝的信函中说：

"土谢图汗敬奉表于宽温仁圣皇帝陛下，恭候万安。近闻欲延致达赖喇嘛，反覆思之，诚是。喀尔喀七固山及厄鲁特四部落皆有同心。若遣使延致，乞同往何如。凡所议，悉与皇上无异。谨随表文献黄弓二张、马三匹，奉使者卿里萨木、纳古尔沙津二人，已自宝庙前起行矣。"①

由此可见，对清朝延请达赖喇嘛之事，漠北喀尔喀蒙古七鄂托克及厄鲁特（即卫拉特蒙古）四部落皆赞成，并表示"若遣使延致，乞同往何如"。不过，清朝皇帝与喀尔喀蒙古另一位汗王之间的两年后的信函内容，与上引两封信函内容略微不同，而且信函不是喀尔喀蒙古的来信，而是皇太极致喀尔喀蒙古扎萨克图汗的回信形式的诏书。具体而言，据《清内秘书院蒙古文档案汇编》史料记载，在崇德四年（1639年）九月，清太宗皇太极致喀尔喀蒙古扎萨克图汗的蒙古文诏书中说：

蒙古文诏书拉丁音转写：

"aɣuda örösiyegči nayiramdaɣu boɣda qaɣan-u ǰarliɣ, ǰasaɣ-tuqaɣan-du bičig ilegekü-yin učir, bi törö šasin qoyar-du dura[dur-a] ügei bisi, šasin-u tulada töbed-eče siditü qutuɣ-tan-i abču ireǰü, bügüde-dü šasin-i

---

① 齐木德道尔吉、巴根那编《清朝太祖太宗世祖朝实录蒙古史史料抄》，呼和浩特：内蒙古大学出版社，2002年，437页。

delgeregülüy~e gejü sanaju ilegekü mini tere"①

蒙古文诏书汉译：

"宽温仁圣皇帝诏书，致书于（喀尔喀）扎萨克图汗，
朕并非不喜政教二（道），故为教法而从西藏延致神通的
呼图克图，欲在众中兴教而遣之。"②

有趣的是，上引史料中皇太极没有直接提及达赖喇嘛，而
是说"宽温仁圣皇帝"要从西藏延请"神通的呼图克图"喇嘛，
其目的是在众人中"兴教"。总之，清太宗皇太极与漠北喀尔
喀蒙古及西部厄鲁特蒙古初步协调之后，在崇德四年（1639
年）十月，派遣以额尔德尼达尔汉格隆、察汉格隆等组成的九
人使者团前往西藏，并分别致书于"土白忒汗"（即藏王）和
西藏"掌佛法大喇嘛"二人。其中说：

"大清国宽温仁圣皇帝致书于图白忒汗。自古释氏所制经
典，宜于流布，朕不欲其泯绝不传，故特遣使延致高僧，宣扬
法教。尔乃图白忒之主，振兴三宝，是所乐闻，倘即敦遣前来，
朕心嘉悦。至所以延请之意，俱令所遣额尔德尼达尔汉格隆、
察汉格隆、玉噶扎礼格隆、盆绰克额木齐、巴喇衮噶尔格隆、
喇克巴格隆，伊思谈巴达尔扎、准雷俄木布、根敦班第等使臣
口述。"

又与喇嘛书曰：

"大清国宽温仁圣皇帝致书于掌佛法大喇嘛。朕不忍古来经
典泯绝不传，故特遣使延致高僧，宣扬佛教，利益众生，唯尔意
所原耳。其所以延请之意，俱令使臣口述。"③

---

① 蒙古文原文参见齐木德道尔吉、吴元丰、萨·那日松等编《清内秘书院
蒙古文档案汇编》第一辑，呼和浩特：内蒙古人民出版社，2003年，255页。
② 笔者自行汉译，以下未注出典的均属自行汉译。
③ 以上两封信函均见齐木德道尔吉、巴根那编《清朝太祖太宗世祖朝实录
蒙古史史料抄》，呼和浩特：内蒙古大学出版社，2002年，519页。

上引皇太极两封信函，分明是对当时西藏政治领袖和宗教领袖区别对待的。其第一封为致"图白忒汗"之书，"图白忒汗"是蒙古语，汉译为"藏王"，未尝不可。皇太极去信当时（即1639年），西藏地方政权掌权者是后藏藏巴汗（也作"藏霸"汗）丹迥旺波（bstan-skyongs-dbang-po,1606—1642），皇太极在书中所称"图白忒汗"（即藏王）正是这个藏巴汗丹迥旺波。此人为西藏佛教噶玛噶举派信徒，同时又是西藏反格鲁派势力代表，当时"图白忒（即西藏）之主"，因此，皇太极希望藏巴汗丹迥旺波为"振兴三宝"，"敦遣"西藏高僧前来清朝"宣扬法教"。

皇太极信函的第二封为致"掌佛法大喇嘛"之书。此封信函中，皇太极所说"掌佛法大喇嘛"，当指达赖喇嘛，当时是五世达赖喇嘛洛桑嘉措（blo-bzang-rgya-mtsho,1617—1682）时期。但是，由于没有明确提及"达赖喇嘛"这一称号，此封信函也可理解为有意使用抽象言辞，以保持书信的灵活性。因为，如果只说"掌佛法大喇嘛"，在当时的西藏至少还有一位德高望重的宗教领袖班禅喇嘛。而且，皇太极在信函中也未特定延请西藏佛教哪一教派的高僧，只是抽象地说"延致高僧，宣扬佛教，利益众生"。其实，此类言辞不管对佛教哪一教派，凡是佛教徒都是欣然接受的。

但是，皇太极这次派遣的以额尔德尼达尔汉格隆、察汉格隆等组成的九人使者团，没有抵达西藏，而是抵达漠南蒙古"库库河屯"（归化城，今内蒙古自治区首府呼和浩特旧城）之后，返回了盛京（今沈阳）。因此，皇太极致藏王和"掌佛法大喇嘛"的信函也未及时送到物主。这可能与17世纪30年代末至40年代初的西藏政局剧烈动荡有关。据《清内秘书院蒙古文档案汇编》史料记载，在崇德五年（1640年）二月，以额尔德尼达尔汉格隆喇嘛为首的前往西藏使者团，仍然在漠南蒙古的"库库河屯"城逗留时，皇太极曾向前往西藏使者团，追加发送过诏书。其蒙古文诏书中说：

蒙古文诏书拉丁转写：

"aγuda örösiyegči nayiramdaγu boγda qaγan-u ǰarliγ-
[un] bičig, siditen lam-a-nar-i ǰalar-a odoγsan erdeni
darqan lam-a ekilen olan lam-a nar-a bičig ögbe, ta köke
qotan-dur noγoγan-duraγtaban[aγta-ban] tarγulaγuluy-a
geǰü udatal-a büü saγudqun, noγoγan-i iden mori-dur-
iyan idegülügseger yabu, sisitenlam-a-nar-i ǰalaqu-yi
saγad kikü kümün ügei, kerkibečü ǰoriγ-tan-ubütümüi-ǰe,
ta nököd- iyen ǰarim-ud-i qaγaslaǰu, tümed-ünkümün-tei
maq-a sambadi [<škt. samadhi] qaγan, tüsiy-e-tü qaγan,
ǰasaγ-tu qaγan γurbaγula-dur urid elči liege."①

蒙古文诏书汉译：

"宽温仁圣皇帝诏书，致书于前往延请神通喇嘛的额
尔德尼达尔汉喇嘛等众喇嘛，尔等勿在库库河屯为养肥
马匹而久留，须边养马边往前赶路，无人妨碍延请神通喇
嘛，有志者必成。尔等分出人马，与土默特人一同先给（喀
尔喀蒙古——引者）马哈撒嘛谛塞臣汗、土谢图汗和扎
萨克图汗三人遣使。"

以上皇太极蒙古文诏书中说，要从西藏延请"神通喇嘛"
（siditen lam-a），而在蒙古文史料中未出现汉文史料中的"高僧"
或"圣僧"等语的对应词。当然，我们将"神通喇嘛"这一说法
意译成"高僧"也未尝不可，但是在此只是为了尽量保留蒙古文
史料的原貌，有意直译为"神通喇嘛"。这封蒙古文诏书明确说明，
皇太极一边敦促逗留在中途"库库河屯"（今内蒙古呼和浩特旧
城）的、以额尔德尼达尔汉格隆喇嘛为首的延请西藏"神通喇嘛"

① 蒙古文原文，参见齐木德道尔吉、吴元丰、萨·那日松等编《清内秘书
院蒙古文档案汇编》第一辑，呼和浩特：内蒙古人民出版社，2003年，266页。

使者团继续往前赶路，一边又敕令使者团与"库库河屯"城的土默特蒙古一同先遣使至漠北喀尔喀蒙古"马哈撒嘛谛塞臣汗、土谢图汗和扎萨克图汗"等三汗，以协调延请西藏高僧计划。

但是，以额尔德尼达尔汉格隆喇嘛为首的延请西藏高僧使者团并没有继续往前赶路，而是在"库库河屯"城郊"久留"之后返回了盛京（沈阳）。这是为什么呢？难道这是"抗旨"吗？事情并非那么简单。延请西藏高僧使者团，从"库库河屯"半途返回盛京，主要原因有二。

其一，学界周知，佛教一向崇尚"不杀生"精神，但在西藏佛教教派之间激烈的权益斗争中，高僧们也曾利用或动用过武力解决问题的方法。具体而言，在17世纪30年代后期，从西藏佛教教派之间的权益斗争需要出发，利用西部厄鲁特（卫拉特）蒙古与漠北喀尔喀蒙古之间的冲突，由格鲁派高僧策划、引入西部厄鲁特蒙古军队进驻青藏高原，并要求对格鲁派进行军事援助。为此，丁丑年（1637年），西部厄鲁特蒙古和硕特部顾实汗率领西蒙古军队挺进青海，首先歼灭了反格鲁派的喀尔喀蒙古绰克图（也作却图）台吉军队。同年，顾实汗本人化装成香客亲赴西藏，"于藏金刚座寺热萨神变殿堂之中，展布双足"，"并接受大法王之称号与职位"[1]。然后，自己卯年（1639年）五月开始，作为佛教格鲁派"大法王"的顾实汗率领大兵进攻青藏边界中康地区，并收服了该地区崇奉苯教、反对佛教的白利土司顿悦多吉（don-yod-rdo-rje）及其土地和属民。继而顾实汗继续率领"百万雄师，转战南部"地区，至壬午年（1642年）二月二十五日，藏地所有王臣、百姓上下，"均改其傲慢之容，俯首礼拜，恭敬归顺"来自西部厄鲁特蒙古和硕特部的顾实汗，顾实汗"即成为全藏三区之主"[2]。也在1642年三月，扶持西藏佛教噶玛噶举派的西藏地方

① 五世达赖喇嘛著，刘立千译注《西藏王臣记》，北京：民族出版社，127页。
② 同上《西藏王臣记》，128页。

政权（噶斯政权）掌权者藏巴汗丹迥旺波（bstan-skyongs-dbang-po,1606—1642）和当道诸人联合发动了反格鲁派军事行动。对此，支持格鲁派的"大法王"顾实汗进行反击，藏巴汗丹迥旺波本人被顾实汗生擒后处死，从而在西藏建立了格鲁派甘丹颇章政权。蒙古学著名学者乌云毕力格，将这个西藏地方政权称之为西藏"和硕特汗廷"①。至此，西藏佛教格鲁派借助西部厄鲁特蒙古军事力量，以流血的战争手段结束了反格鲁派势力即噶玛噶举派僧俗势力在西藏的长期统治。因此，1639 年左右的青藏地区正处于战争状态，清太宗皇太极派遣的赴藏使者团无法安全进入藏区。

其二，或许漠北喀尔喀蒙古当时也已经掌握上述青藏高原战争状态和西藏政局的剧变情况，从而喀尔喀蒙古马哈撒嘛谛塞臣汗、土谢图汗和扎萨克图汗等三汗，没有派出与皇太极使者团一同赴藏的使臣，故清廷赴藏使者团与喀尔喀蒙古协调计划失败，清廷使者团只好返回盛京。

综上所述，自 1639 年的清廷派遣赴藏使者团时隔三年，1642 年春夏之际青藏高原政局发生了如前所述的剧变，即西部厄鲁特蒙古和硕特部出身的顾实汗率军进藏后，结束了噶玛噶举派僧俗势力在西藏的长期统治，建立了西藏新的格鲁派政权即"和硕特汗廷"。值得注意的是，其间，大约在铁龙年（1640 年）春季之后，有位称作"色钦曲杰"的使者等人从西藏五世达赖喇嘛处启程前往"济尔齐特"（女真）地区（即东北满族兴起地区），那时，五世达赖喇嘛"给博格达汗（清太宗皇太极）捎去了书信和礼品"②。到崇德七年（1642 年）冬季十月，五世"达赖喇嘛、

---

① 关于厄鲁特蒙古顾实汗创建的"和硕特汗廷对青藏高原的统治"，详见乌云毕力格、成崇德、张永江撰《蒙古民族通史》第四卷，呼和浩特：内蒙古大学出版社，1993 年，67—87 页。
② 五世达赖喇嘛阿旺洛桑嘉措著，陈庆英、马连龙、马林译《五世达赖喇嘛传》（上），北京：中国藏学出版社，2005 年，119—120 页。

班禅（当时为四世）派遣青海和硕特部额齐尔图的第三子伊拉古克三呼图克图和厄鲁特部戴青绰尔济等一行人为西藏格鲁派的代表，经长途跋涉后到达盛京"①。关于这一点，在《清实录》太宗朝崇德七年（1642）冬十月己亥记载中有较详细的描述。其中说：

"图白忒部落达赖喇嘛遣伊拉古克三胡图克图、戴青绰尔济等至盛京。上亲率诸王、贝勒、大臣出怀远门迎之，还至马馆前，上率众拜天，行三跪九叩头礼毕，进马馆。上御座，伊拉古克三胡图克图等朝见，上起迎。伊拉古克三胡图克图等以达赖喇嘛书进上，上立受之，遇以优礼。上升御榻座，设二座于榻右，命两喇嘛坐。其同来徒众，行三跪九叩头礼。于是命古式安布宣读达赖喇嘛及图白忒部落藏巴汗来书。赐茶，喇嘛等诵经一遍方饮，设大宴宴之。羢单、羢褐、花毯、茶叶、狐腋裘、狐皮等物。酌纳之。"②

对上引史料中出现的"图白忒"（即西藏）达赖喇嘛所遣"戴青绰尔济"或"岱青绰尔济"，《五世达赖喇嘛传》译者陈庆英、马连龙、马林等说："岱青绰尔济似即藏文中的色钦曲杰，确否待考"③。笔者认为，上引《清实录》史料中的"戴青绰尔济"，正是《五世达赖喇嘛传》译文中出现的"色钦曲杰"。五世达赖喇嘛派遣的伊拉古克三呼图克图和"厄鲁特（卫拉特）部落戴青绰尔济"（即色钦曲杰）等西域使臣在盛京逗留八个月后，到崇德八年（1643年）五月时准备"遣还"④。另外，从上引史料中的"命

---

① 乔吉编著《内蒙古寺庙》，内蒙古人民出版社，2003 年版，25—26 页。
② 参见齐木德道尔吉、巴根那编《清朝太祖太宗世祖朝实录蒙古史史料抄》，呼和浩特：内蒙古大学出版社，2002 年，613—614 页。
③ 五世达赖喇嘛阿旺洛桑嘉措著，陈庆英、马连龙、马林译《五世达赖喇嘛传》（上），北京：中国藏学出版社，2005 年，122 页。
④ 关于西域青藏使臣到达盛京及其返回经过，参见齐木德道尔吉、巴根那编《清朝太祖太宗世祖朝实录蒙古史史料抄》，呼和浩特：内蒙古大学出版社，2002 年，第 624 页，太宗朝崇德八年（1643）五月丁丑条。

古式安布宣读达赖喇嘛及图白忒部落藏巴汗来书"来看，当时的清太宗皇太极对已故西藏藏巴汗还了解甚少。当伊拉古克三呼图克图、厄鲁特蒙古和尼图巴克式等青藏使臣准备返回时，清太宗皇太极还曾另派察干格隆等自己的七人僧人团，与来自西域的使臣一起派往西域，并对五世达赖喇嘛、四世班禅喇嘛等西藏宗教领袖和当时已故西藏旧政权藏巴汗以及西藏格鲁派新政权政治领袖顾实汗等新旧政治领袖，各致书函。现将皇太极致上述四人的信函原文照录后，略加阐释。其中，皇太极致达赖喇嘛和班禅喇嘛二人的信函中说：

"大清国宽温仁圣皇帝致书于大持金刚达赖喇嘛。今承喇嘛有拯济众生之念，欲兴扶佛法，遣使通书，朕心甚悦，兹特恭候安吉。凡所欲言，俱令察干格隆、巴喇衮噶尔格隆、喇巴克格隆、诺木齐格隆、诺莫干格隆、萨木谭格隆、衮格垂尔扎尔格隆等口悉外，附奉金碗一、银盆二、银茶桶三、玛瑙杯一、水晶杯二、玉杯三、玉壶一、镀金甲二、玲珑撒袋二、雕鞍二、金镶玉带一、镀金银带一、玲珑刀二、锦缎四、特以侑缄。又与班禅胡图克图书一，书词与附送礼物同。"①

其实，在《清内秘书院蒙古文档案汇编》所收蒙古文档案史料中，也有与上引史料内容基本相同的皇太极致达赖喇嘛的信函。但仅在达赖喇嘛的称号上，蒙古文档案史料中不称"大持金刚达赖喇嘛"，而是使用"金刚持"的梵文式称谓"瓦赤喇怛喇呼图克图达赖喇嘛"(wčir-a dar-a qutuγ-tu dalai lam-a)②，而且也并用"呼图克图"的称谓。从上引史料及相关史料中，我们可以得

---

① 参见齐木德道尔吉、巴根那编《清朝太祖太宗世祖朝实录蒙古史史料抄》，呼和浩特：内蒙古大学出版社，2002年，625页。

② 皇太极致达赖喇嘛的蒙古文信函原文，参见齐木德道尔吉、吴元丰、萨·那日松等编《清内秘书院蒙古文档案汇编》第一辑，呼和浩特：内蒙古人民出版社，2003年，367—368页。

知以下几个深度含义。首先，皇太极1639年的信函曾称五世达赖喇嘛为"掌佛法达喇嘛"，而到1643年的皇太极信函则改称为"大持金刚达赖喇嘛"。"大持金刚"即"金刚持"是三世达赖喇嘛以来一直使用的达赖喇嘛称号，梵文音译为"瓦赤喇怛喇"，因此皇太极使用这一称号不仅将达赖喇嘛与其他高僧或大喇嘛区别开来，而且也等于实际上承认了西藏佛教达赖喇嘛转世系统及其地位。其次，皇太极的1643年这封信函是在伊拉古克三和厄鲁特（卫拉特）蒙古戴青绰尔济等青藏使臣来到盛京，并带来达赖喇嘛、藏巴汗（也作藏霸汗）等致清朝皇帝的信函之后写的，因此皇太极说"今承喇嘛（即达赖喇嘛）有拯济众生之念，欲兴扶佛法，遣使通书，朕心甚悦"。而且，从西藏和西蒙古方面也主动"遣使通书"这一点上看，当时西藏、西蒙古与清廷之间的关系是互动的。第三，皇太极向西藏派遣了以察干格隆为首的自己的七人使团，表示与西藏宗教界修好关系。第四，皇太极给五世达赖喇嘛送了金碗、银盆等诸多重礼，以示格外尊重达赖喇嘛。第五，皇太极致西藏另一位宗教领袖班禅喇嘛的信函"书词与附送礼物"与达赖喇嘛完全相同，这表明至少在1643年当时清朝皇帝对达赖喇嘛、班禅喇嘛这两位西藏宗教领袖是平等对待的。

崇德八年（1643年）五月，皇太极致信达赖喇嘛、班禅喇嘛的同时，又"敕谕臧霸汗"（藏巴汗）说：

"大清国宽温仁圣皇帝谕臧霸汗，尔书云佛法裨益我国，遣使致书，近闻尔为厄鲁特部落顾实贝勒所败，未详其实，因遣一函相询，自此以后，修好勿绝，凡尔应用之物自当发遣。今赐银一百两，锦缎三匹。"[1]

皇太极于崇德八年（1643）五月致藏巴汗（即臧霸汗）的上

---

[1] 参见齐木德道尔吉、巴根那编《清朝太祖太宗世祖朝实录蒙古史史料抄》，呼和浩特：内蒙古大学出版社，2002年，626—627页，太宗朝崇德八年（1643）五月丁丑条。

引信函，说明皇太极当时还不知晓或不大清楚西藏旧地方政权掌权者藏巴汗在一年之前于1642年春早已被顾实汗所杀的事实。或许也有可能出于慎重起见，皇太极对当时已经成为西藏新的地方政权政治领袖的顾实汗，在这封信中有意不称"汗"，而是称为"顾实贝勒"，以示皇太极对藏巴汗"为厄鲁特（即卫拉特蒙古）部落顾实贝勒所败，未详其实"。所以还要向已故藏巴汗遣使相询，并希望"自此以后，修好勿绝"。

但是，皇太极在崇德八年（1643年）五月同时致西藏格鲁派新政权政治领袖顾实汗的信函，却与"敕谕"藏巴汗的信函有所不同，值得仔细研究。即皇太极致顾实汗的信函说：

"大清国宽温仁圣皇帝致书于顾实汗，朕闻有违道悖法而行者，尔已惩创之矣。朕思自古圣王致治，佛法未尝断绝。今欲于图白忒部落敦礼高僧，故遣使与伊拉古克三胡图克图偕行，不分服色红黄，随处谘访，以宏佛教，以护国祚，尔其知之。附具甲胄全副，特以侑缄"①。

一读上引皇太极信函便知，首先，身为大清皇帝的皇太极致顾实汗的信函措辞比较客气，既不像对藏巴汗那样自上而下地使用"谕"和"赐"等言辞，也不是在致藏巴汗的信函中所称的"顾实贝勒"，而是说"致书于顾实汗"。在此皇太极首先称"顾实"为"汗"，并对顾实汗惩处西藏"违道悖法而行者"予以肯定。但这"违道悖法而行者"，具体指的是崇尚本教、反对佛教的白利土司呢，还是指反对格鲁派的西藏旧政权藏巴汗呢，尚不明朗。如果仅从佛法与"异端"学说的角度去分析，指的可能是白利土司。然而从当时的具体历史背景与"政敌"的角度去分析，指的无疑就是反格鲁派的藏巴汗。其次，皇太极说"自古圣王"治理

---

① 参见齐木德道尔吉、巴根那编《清朝太祖太宗世祖朝实录蒙古史史料抄》，呼和浩特：内蒙古大学出版社，2002年，627页。

天下，"佛法未尝断绝"。作为当今大清之皇帝要仿照"圣王"治理国家的做法，从"图白忒"（即西藏）敦请高僧，"不分服色红黄，随处谘访"佛法。在此需要注意的是，信函中"不分服色红黄"地敦请高僧、咨询佛法这一说法。众所周知，佛教格鲁派僧人是以戴黄帽著称，故别称黄帽派，黄帽派佛教又略称"黄教"。因此，"不分服色红黄"的言下之意就是，除格鲁派（黄帽派）之外，噶玛噶举派、萨迦派等诸教派高僧，均可敦请，"以宏佛法，以护国祚"。这些仅从"佛教教派"理论层次上论事的皇太极信函表明，对当时西藏格鲁派势力与噶玛噶举派势力之间刚刚结束的你死我活的流血战争史实和西藏宗教界的复杂现实，皇太极及清廷还可能不够十分了解。第三，皇太极致顾实汗的信函中有一点是十分清楚的，那就是皇太极不仅承认顾实汗为当时西藏之"汗"（即藏王），而且将"不分服色红黄"弘扬佛法，"以护国祚"之重任交付顾实汗"知之"。

关于顾实汗与清廷之间的关系，以下历史事实，特别值得重视。即于崇德八年（1643年）八月清太宗皇太极去世后，同年九月，一年前已成为"藏王"的厄鲁特蒙古和硕特部顾实汗派遣的使臣来到京师。据《清实录》崇德八年（1643）九月戊申记载："厄鲁特部落顾实汗遣使奏言，达赖喇嘛功德甚大，请延至京师，令其讽诵经文，以资福佑。许之。"①

关于这一点另有清廷方面稍后的相关史料。即据《清实录》顺治元年（1644）正月己亥记载："遣使偕喇嘛伊拉古克三胡图克图往迎达赖喇嘛，仍以书谕厄鲁特部落顾实汗知之。"②

从上引两份史料来看，延请达赖喇嘛到京师（入关前指盛京）

---

① 参见齐木德道尔吉、巴根那编《清朝太祖太宗世祖朝实录蒙古史史料抄》，呼和浩特：内蒙古大学出版社，2002年，646页。

② 参见同上史料抄，第649页。

诵经福佑皇帝的建议，是由厄鲁特蒙古和硕特部出身的、当时已成为西藏格鲁派政权"和硕特汗廷"政治领袖的顾实汗首先提出的。而且，顾实汗认为达赖喇嘛（当时指五世达赖喇嘛洛桑嘉措,blo-bzang- rgya-mtsho,1617—1682）"功德甚大"，因此顾实汗建议，延请达赖喇嘛"至京师"。对此，清廷在1644年正月的遣使复信中"书谕"说，延请达赖喇嘛进京之事，仍交付"厄鲁特部落顾实汗知之"。由此可见，清廷延请五世达赖喇嘛进京朝见的一系列过程中，西部厄鲁特蒙古和硕特部顾实汗，发挥了重要作用。这是以往研究往往忽略或涉及较少的问题，应当依据史料，客观评价顾实汗的历史功绩。

自清廷"书谕"顾实汗时隔近二年，在顺治二年（1645年）十二月，西部厄鲁特蒙古和硕特部顾实汗派遣其子"多尔济达赖巴图鲁台吉"进京朝见。此前在崇德八年（1643年）八月清太宗皇太极去世后，顺治帝虽已嗣位，但由于当时顺治帝年仅六岁，直到顺治七年（1650年）十二月多尔衮病逝为止的一段时间，实际上由和硕睿亲王多尔衮摄政。在顺治元年（1644年），清军入关成功，清朝迁都北京。因此，此次顺治二年十二月清朝入关后来京的顾实汗之子"多尔济达赖巴图鲁台吉"，向定鼎北京不久的幼年顺治帝请安，并奏言：

"倾闻天使同伊拉古克三胡图克图已从释迦牟尼佛庙西行，与我国汗议和好礼，彼处议定，则臣等无不奉命。"①

上引史料中的"释迦牟尼佛庙"，是指蒙古右翼三万户之一土默特万户首领阿勒坦汗（俺答汗）于1579年在漠南蒙古库库河屯（归化城，今内蒙古呼和浩特市）建成的"弘慈寺"，后被改称"无量寺"，俗称银佛寺，大召寺等。由此得知，在一年多

---

① 参见齐木德道尔吉、巴根那编《清朝太祖太宗世祖朝实录蒙古史史料抄》，呼和浩特：内蒙古大学出版社，2002年，680页。

之前，皇太极从盛京（沈阳）与伊拉古克三胡图克图喇嘛等一同派遣的清廷赴藏使臣，在顺治二年十二月前"已从"漠南蒙古库库河屯（归化城）的"释迦牟尼佛庙西行"。

1642年蒙藏联合统治的格鲁派甘丹颇章政权即厄鲁特蒙古"和硕特汗廷"在西藏的建立和1644年清朝入关、定鼎北京等重大历史变化，对清廷与西域之间的书信往来也带来了很大变化。入关后的清廷似乎已认识到，西藏格鲁派宗教领袖和厄鲁特蒙古和硕特部顾实汗，已经主宰了青藏地区。而厄鲁特蒙古顾实汗方面，也对入关后的清朝似乎有了新的认识。继1645年后，顺治三年（1646年）三月，"厄鲁特部落多尔济达赖巴图鲁、喀尔喀部落买达里呼图克图等来贡驼马"①。其中，"厄鲁特部落多尔济达赖巴图鲁"，应当就是在1645年年底来朝的厄鲁特蒙古和硕特部顾实汗之子"多尔济达赖巴图鲁台吉"。这些都说明，西部厄鲁特蒙古顾实汗与清廷之间的往来比较频繁。

另外，据《清实录》顺治三年（1646年）八月戊戌记载：

"前遣往达赖喇嘛之察罕喇嘛还。达赖喇嘛、厄鲁特部落顾实汗等遣班第达喇嘛、达尔汉喇嘛等同来上表请安，献金佛、念珠、普鲁绒、甲胄、马匹等物。"②

对此，清廷"以甲胄、弓矢、撒袋、大刀、鞍辔、银器、缎匹、皮张等物赏答之"。由此可见，"厄鲁特部落（即卫拉特蒙古）顾实汗"和达赖喇嘛二人派遣班第达喇嘛等使者，与以前清廷遣往达赖喇嘛处的察罕喇嘛一同前来朝廷请安、并献礼物。继而在顺治四年（1647年）二月初：

"达赖喇嘛、班禅胡图克图、巴哈胡图克图、鲁克巴胡图克图、伊尔札尔萨布胡图克图、萨思夏胡图克图、额尔济东胡图克

---

① 参见同上史料，683页。
② 参见同上史料，691页。

图、伊思达胡图克图、诺门汗各上书请安，并献方物。"①

上引史料中的"诺门汗"，为蒙古语"nom-un qaɣan"的音译，一般音译作"诺门汗"或"诺门罕"等，但其意译意思均为"法王"。如前所述，早在1637年（丁丑年），西部厄鲁特蒙古和硕特部顾实汗率军挺进青海之后，同年顾实汗改装成香客亲赴西藏时，已"接受大法王之称号与职位"②。因此，这一"诺门汗"即"法王"，无疑是指顾实汗。也就是说，除了西藏宗教领袖达赖喇嘛、班禅呼图克图等八位呼图克图之外，1642年建立的西藏格鲁派政权的政治领袖、厄鲁特蒙古顾实汗也向清朝皇帝"尚书请安，并献方物"。

顺治五年（1648年）五月，由"厄鲁特部落（即卫拉特蒙古）顾实汗"派遣的使臣来到朝廷，对清朝"贡方物"。值得注意的是，《清实录》称顾实汗是在"贡"方物，以示君臣关系。而且，清廷对顾实汗的来朝使臣，"宴赉如例"③。尔后，清廷为延请达赖喇嘛进京之事，遣使复书五世达赖喇嘛时，除与格鲁派另一位宗教领袖四世班禅喇嘛协调之外，格外重视与西藏格鲁派政权主要政治领袖、厄鲁特蒙古顾实汗的沟通和协调。于是"大清皇帝"对格鲁派宗教领袖五世达赖喇嘛、四世班禅和厄鲁特蒙古顾实汗等三人，遣使"赍书"各一涵。关于此次"大清皇帝"致书于以上三人的各信函，在《清实录》顺治五年（1648）五月甲申记载中说：

"遣喇嘛席喇布格隆等赍书存问达赖喇嘛，并敦请之。又遣书存问班禅胡图克图、讷门汗，俾劝达赖喇嘛来京，各赐以金镶

---

① 参见齐木德道尔吉、巴根那编《清朝太祖太宗世祖朝实录蒙古史史料抄》，呼和浩特：内蒙古大学出版社，2002年，696页。

② 五世达赖喇嘛著，刘立千译注《西藏王臣记》，北京：民族出版社，127页。

③ 参见齐木德道尔吉、巴根那编《清朝太祖太宗世祖朝实录蒙古史史料抄》，呼和浩特：内蒙古大学出版社，2002年，713页，世祖朝顺治五年（1648）五月乙丑朔条。

玉带、银茶桶等物。"①

　　首先，上引史料中所说的此次清廷派遣"席喇布格隆"喇嘛等使者"敦请"五世达赖喇嘛进京的举措，是在厄鲁特蒙古顾实汗对清朝"遣使贡方物"之后发生的。其次，清廷同时对"班禅胡图克图、讷门汗"二人"遗书存问"，并要求他们协助清朝"劝达赖喇嘛来京"。第三，上引史料中的"讷门汗"，如前所述，为蒙古语"nom-un qaγan"的音译，一般音译作"诺门汗"等，但其意译意思均为"法王"。早在1637年（丁丑年），厄鲁特蒙古顾实汗率军挺进青海后，同年亲赴西藏时，已"接受大法王之称号"。因此，这里出现的"讷门汗"即"法王"，毫无疑问也是指顾实汗。关于这一点，另有蒙古文档案史料，足以证明这一点。因为，此次作为"大清皇帝"的顺治帝致书于五世达赖喇嘛、四世班禅喇嘛和厄鲁特蒙古顾实汗等三人的内容基本相同的三封信函蒙古文档案史料中，分别称三人为"瓦赤喇怛喇呼图克图达赖喇嘛"(wčir-a dar-a qutuγ-tu dalai lam-a)、"班禅呼图克图"(bančan qutuγ-tu)和"掌教法诺门汗"(šasin bariγči nom-un qaγan)②。而这"诺门汗"，意译便是"法王"，是指1642年建立的西藏格鲁派甘丹颇章政权政治领袖、厄鲁特蒙古顾实汗。所以，清廷对作为"法王"的政治领袖顾实汗也特意致书，使其劝说五世达赖喇嘛早日实现进京朝见。

　　据《五世达赖喇嘛传》记载，在土鼠年（1648年）十一月：

　　清朝"大皇帝派遣的喜饶喇嘛、藏巴噶居、达赖曲杰、墨日根布俄、楚臣库雅等使者来到拉萨，向我（五世达赖喇嘛——引

①　参见同上史料，713页。
②　"大清皇帝"（当时为顺治帝）致达赖喇嘛、班禅喇嘛和固始汗的三封蒙古文信函原文，参见齐木德道尔吉、吴元丰、萨·那日松等编《清内秘书院蒙古文档案汇编》第三辑，呼和浩特：内蒙古人民出版社，2003年，11—13页。

者）颁赐谕旨以及缎匹、珍宝等物品，召请我进京陛见。我给金字使者们传授了长寿马头金刚随许法，赠送了丰富的礼品"①。

上引史料中的"大皇帝"，是指清世祖顺治帝。"喜饶喇嘛"的"喜饶"，当是《清实录》中出现的"席喇布喇嘛"的"席喇布"，它们只是藏名"shes-rab"的汉语不同音译而已。史料显示，顺治帝派遣的喜饶喇嘛等清廷使者抵达拉萨，向五世达赖喇嘛颁赐谕旨，赠送物品，并召请五世达赖喇嘛进京陛见。五世达赖喇嘛对喜饶喇嘛等清廷金字使者们传授佛法，赠送礼品。清廷与五世达赖喇嘛之间的这种礼尚往来表面上显得很亲密，而五世达赖喇嘛却没有立即答应要紧的何时进京之事。但到了次年即顺治六年（1649 年）正月，五世达赖喇嘛做出决定，"答应赴京"。关于这一点，《五世达赖喇嘛传》中叙述说：

土牛年（1649 年）新年初三日，"我（五世达赖喇嘛——引者）来到布达拉宫，为大皇帝的金字使者们传授了长寿马头金刚、怙主、叶衣佛母、具光天女等各种随许法和一些所希求的经教传承。为了不违背皇帝的圣旨，我答应赴京。中原地域辽阔，我担心会染上天花和热病，上书详细具奏不能久留的理由，派噶举喜饶和他的翻译霍尔扎西携带奏章及方物先行回京复命。随同钦差来的新客人也从政教二规方面得遂心愿"②。

上引史料显示，顺治六年（1649 年）新年初三，首先，五世达赖喇嘛在布达拉宫接见清世祖顺治帝派来的清廷金字使者，对使者们传授了各种佛法。其次，五世达赖喇嘛"为了不违背皇帝的圣旨"而"答应赴京"。但同时又以"担心会染上天花和热病"

---

① 参见五世达赖喇嘛阿旺洛桑嘉措著，陈庆英、马连龙、马林译《五世达赖喇嘛传》上册，北京：中国藏学出版社，2005 年，183 页"接受皇帝邀请，准备进京陛见"一节。

② 五世达赖喇嘛阿旺洛桑嘉措著，陈庆英、马连龙、马林译《五世达赖喇嘛传》上册，北京：中国藏学出版社，2005 年，184 页。

为由,上书详细说明不能在内地久留的理由。第三,五世达赖喇嘛为尽快将上书送到北京,先派遣"噶举喜饶"及其翻译霍尔扎西携带奏章先行回京复命。由此可见,五世达赖喇嘛"答应赴京"朝见,但条件似乎是不能久留内地。其实,从清廷方面讲,清朝召请五世达赖喇嘛进京朝见之目的,既不是让五世达赖喇嘛"久留内地",也不完全是为了治理青藏地区,而主要是因为正如后来顺治帝在一次谕旨中明确说出的那样,"尚有喀尔喀一遇未服,以外藩蒙古惟喇嘛之言是听,因往召达赖喇嘛"①。也就是说,外藩喀尔喀蒙古当时还未归附清朝,但喀尔喀蒙古听从达赖喇嘛等喇嘛之言,因此清廷"往召达赖喇嘛"。

另据《清实录》顺治六年(1649年)八月丁丑记载,"达赖喇嘛遣使奉表言,于壬辰年夏月朝见"②。由此可见,上述从西藏先行回京的"噶举喜饶和他的翻译霍尔扎西"等使者,似乎在顺治六年八月抵达北京,并向清廷回报,五世达赖喇嘛承诺将"于壬辰年夏月朝见"。壬辰年是公元1652年,五世达赖喇嘛承诺在龙年(1652年)夏季进京朝见。

同时是在《清实录》顺治六年(1649年)十一月辛巳记载中也说:"达赖喇嘛遣噶布初西喇布,厄鲁特部落顾实汗遣默尔根和硕齐等来朝贡"③。其实,如上所引《清实录》中的"噶布初西喇布",正是在《五世达赖喇嘛传》汉译本中出现的"噶举喜饶"。而且,此次除五世达赖喇嘛派遣的"噶布初西喇布"之外,值得注意的是还有厄鲁特蒙古顾实汗派遣的"默尔根和硕齐"等使者来京"朝贡"。可见,五世达赖喇嘛每次遣使来朝,几乎都有厄

---

① 参见齐木德道尔吉、巴根那编《清朝太祖太宗世祖朝实录蒙古史史料抄》,呼和浩特:内蒙古大学出版社,2002年,778页。
② 参见同上史料,第726页。
③ 参见齐木德道尔吉、巴根那编《清朝太祖太宗世祖朝实录蒙古史史料抄》,呼和浩特:内蒙古大学出版社,2002年,731页。

鲁特蒙古顾实汗派遣的使者同行。

时到至此，清廷方面的遣使也频繁起来。据《清实录》记载，在顺治八年（1651年）四月，清廷又"遣多卜臧古西等赍谕书、礼物，往召达赖喇嘛"①。至于清廷这批使者何时抵达拉萨，西藏方面的史料为我们提供了可靠的依据。关于这一点，在《五世达赖喇嘛传》中说：

"虽然我（五世达赖喇嘛——引者）还没能准备好这一年动身，但是皇帝的圣旨关系重大，要我必须在龙年（1652年）启程去汉地。我还得特意去桑耶、昌珠和曲科杰寺朝圣。因此，我于（铁兔年，1651年）八月二十九日匆忙离开哲蚌寺，踏上旅程，在大昭寺逗留了五天。此时（铁兔年九月初——引者）皇上派遣的以喜饶喇嘛、噶居喇嘛、察罕达尔汉曲杰、多卜臧古西、多吉达尔汗诺颜五位钦差为首的召请我的使者二百多人抵达拉萨，向我颁发了圣旨、金银、缎匹等大批赏赐物品。"②

从以上两份汉藏史料得知，清廷派遣的"多卜臧古西"等这批使臣于铁土年（1651年）九月初抵达拉萨。我们也从其他史料中都能够确认，《清实录》中出现的"噶布初西喇布"，正是《五世达赖喇嘛传》的译名噶居"喜饶喇嘛"。另外《清实录》中的"多卜臧古西"，也正是《五世达赖喇嘛传》汉译本的译名"多卜藏古西"等使者名字。更为重要的是，上引史料显示，以"喜饶喇嘛"等五位钦差为首的清廷二百多名使臣团，隆重召请五世达赖喇嘛、敦促早日进京朝见。五世达赖喇嘛在接收顺治帝的"圣旨、金银、缎匹等大批赏赐物品"之后，积极开展了争得西藏宗教界高僧大德的同意、会见西藏格鲁派甘丹颇章政权（和硕特汗廷）政治领袖顾实汗和回乡探亲等一系列重要的赴京准备工作。尔后

---

① 参见同上史料，752页。

② 五世达赖喇嘛阿旺洛桑嘉措著，陈庆英、马连龙、马林译《五世达赖喇嘛传》上册，北京：中国藏学出版社，2005年，197页。

于龙年（1652年）三月十五日，五世达赖喇嘛一行从拉萨启程，前往北京。他们途经青海塔尔寺、甘肃、宁夏和鄂尔多斯等地，在同年十月抵达漠南蒙古"库库河屯"（归化城，今呼和浩特旧城）。十一月初，五世达赖喇嘛一行抵达后来的察哈尔蒙古镶蓝旗游牧地境内的"代噶地方"。代噶又作岱噶，为今内蒙古自治区乌兰察布市东部凉城县境内"岱海"。《清实录》所称"代噶地方"，是建有代噶庙等设施的清廷为迎接五世达赖喇嘛一行而设的边外接待处。五世达赖喇嘛一行从代噶出发，十二月初途经张家口巴彦寺①，终于在顺治九年十二月中旬（公历1653年初），"达赖喇嘛至，谒上于南苑。上赐坐，赐宴。达赖喇嘛进马匹、方物，并纳之"②。可见，五世达赖喇嘛在北京南部皇家田猎处"南苑"谒见了顺治帝，顺治帝对他"赐坐、赐宴"。五世达赖喇嘛在北京东黄寺等处逗留两个多月后，返回到上述代噶地方又逗留一段时间。其间，在顺治十年（1653）四月，清世祖顺治帝正式册封五世达赖喇嘛，授予金册、金印。关于这一点，据《清实录》顺治十年（1653）夏四月丁巳记载：

清世祖顺治帝，"遣礼部尚书觉罗朗球、理藩院侍郎席达礼等赍送封达赖喇嘛金册金印于代噶地方。……兹以金册印封尔（指五世达赖喇嘛——引者）为西天大善自在佛所领天下释教普通瓦赤喇怛喇达赖喇嘛，应劫现身，兴隆佛化，随机说法，利济群生，不亦休哉。印文曰，西天大善自在佛所领天下释教普通瓦赤喇怛喇达赖喇嘛之印。"③

---

① ［清］纳塔著，乔吉校注《金鬘》蒙古文版，呼和浩特：内蒙古人民出版社，1999年，159页。

② 参见齐木德道尔吉、巴根那编《清朝太祖太宗世祖朝实录蒙古史史料抄》，呼和浩特：内蒙古大学出版社，2002年，783页，世祖朝顺治九年（1652）十二月癸丑条。

③ 参见齐木德道尔吉、巴根那编《清朝太祖太宗世祖朝实录蒙古史史料抄》，呼和浩特：内蒙古大学出版社，2002年，789页。

近年来，我们也能够看到顺治帝册封五世达赖喇嘛的蒙古文档案史料，其中的蒙古文册文与上引汉文册文是基本相同的①。顺治帝册封五世达赖喇嘛为"西天大善自在佛所领天下释教普通瓦赤喇怛喇达赖喇嘛"这一称号中，"瓦赤喇怛喇达赖喇嘛"这一部分，显然是袭用了明末蒙古右翼三万户之一土默特万户首领阿勒坦汗（俺答汗）于 1578 年在青海授予索南嘉措（即三世达赖喇嘛）的称号。因此，袭用"瓦赤喇怛喇达赖喇嘛"这一称号，首先对承认达赖喇嘛转世系统，利用其宗教影响力促使漠北喀尔喀蒙古等归附清朝，具有重要的历史意义。其次，顺治帝正式册封五世达赖喇嘛，并授予金册、金印，也具有重要的宗教意义和政治意义。首先对清廷而言，以册封的公文形式确认了大清皇帝与西藏宗教领袖五世达赖喇嘛之间的君臣关系。其次对五世达赖喇嘛而言，利用大清皇帝的威望和册封，更加提高和巩固了自己在西藏各教派中的宗教领袖地位。尽管五世达赖喇嘛并不是当时西藏的政治领袖，而且在其自传中五世达赖喇嘛本人也大写他赴内地途中的诸多传教活动，但是五世达赖喇嘛进京朝见受封，其实质实属政治活动，已是有目共睹的客观事实。

尤其有必要指出，以往研究者在探讨五世达赖喇嘛进京朝见之历史进程时，大多都将五世达赖喇嘛几乎当成当时西藏君主或政治代表而论述，而忽略或轻视当时西藏格鲁派甘丹颇章政权政治领袖顾实汗的存在，这是不符合基本历史事实的。其实，当时的清廷却并没有这么做，反而清廷在册封五世达赖喇嘛为"西天大善自在佛所领天下释教"的一位宗教领袖的同时，并没有忘记同时册封当时西藏格鲁派甘丹颇章政权政治领袖、厄鲁特蒙古和硕特部顾实汗。据《清实录》顺治十年（1653）夏四月丁巳记载：

① 蒙古文册文原文，参见齐木德道尔吉、吴元丰、萨·那日松等编《清内秘书院蒙古文档案汇编》第四辑，呼和浩特：内蒙古人民出版社，2003 年，45—48 页。

"封厄鲁特部落顾实汗为遵行文义敏慧顾实汗，赐之金册、金印。文用满、汉、蒙古字,册文曰:帝王经纶大业,务安劝庶帮,使德教加于四海庶帮，君长能度势审时，归诚向化，朝廷必加旌异，以示怀柔。尔厄鲁特部落顾实汗尊德乐善，秉义行仁，惠泽克敷，被于一境，殚乃精诚，倾心恭顺，朕甚嘉焉。兹以金册印封为遵行文义敏慧顾实汗，尔尚益矢忠诚，广宣声教，作朕屏辅，辑乃封圻，如此则带砺山河，永膺嘉祉，钦哉。印文曰:遵行文义敏慧顾实汗，其册印即付伴送达赖喇嘛之侍卫喇嘛，内大臣囊努克、修世岱等赍往。"①

毫无疑问，上引册文在时间上虽在顺治十年（1653年）四月写成，但由于顾实汗当时在西藏,"其册印即付伴送达赖喇嘛之侍卫喇嘛，内大臣囊努克、修世岱等赍往"至西藏顾实汗处，因而其实际受封时间比五世达赖喇嘛稍晚。而且，近年成为利用可能的内容基本相同的蒙古文册文档案中，尽管也有将顾实汗称作"厄鲁特国顾实汗"（ögeled ulus-un güsi qayan）②的字样，但这些并非册文的实质性的内容。而关键在于，上引册文的核心内容是，清廷册封西部厄鲁特蒙古和硕特部顾实汗为"遵行文义敏慧顾实汗"的同时，使其成为大清皇帝的"屏辅，辑乃封圻"。在这里大清皇帝让顾实汗成为皇帝的辅佐而治理西部边疆，以册封的公文形式明确确认了大清皇帝与当时西藏格鲁派甘丹颇章政权政治领袖、厄鲁特蒙古顾实汗的君臣关系。因此，这是自元朝以来中国中央政府以册封的形式再度明确确认，当时西藏格鲁派甘丹颇章政权属于中国地方政权的历史性重要事件。正因为如此，其实清廷册封政治领袖顾实汗的史实与册封宗教领袖五世达赖喇

① 参见齐木德道尔吉、巴根那编《清朝太祖太宗世祖朝实录蒙古史史料抄》，呼和浩特:内蒙古大学出版社，2002年，789—790页。
② 参见齐木德道尔吉、吴元丰、萨·那日松等编《清内秘书院蒙古文档案汇编》第四辑，呼和浩特:内蒙古人民出版社，2003年，49页。

嘛的史实同样很重要。

清廷不仅将西部厄鲁特蒙古顾实汗当作当时西藏的政治领袖而加以金册、金印册封，而且于1655年顾实汗在西藏拉萨病逝之后，清世祖顺治帝也曾给予顾实汗如下高度评价。据《清实录》顺治十三年（1656）春正月癸未记载：

顺治帝"谕理藩院，闻厄鲁特顾实汗病故，念其归顺我国，克尽忠诚，常来贡献，深为可嘉。宜予祭典，以酬其忠。应行事例，尔院会同礼部察议具奏。"①

顺治帝对理藩院的上引上谕，简明扼要而核心突出，其实无须多加阐释。但笔者认为，顺治帝对顾实汗的上引评价，极其重要，值得关注。顺治帝首先以大清皇帝的身份肯定了当时西藏格鲁派政教合一政权政治领袖、厄鲁特蒙古和硕特部顾实汗曾对大清国的"归顺"与"忠诚"，而且清朝皇帝肯定了顾实汗常来朝贡，"深为可嘉"。顺治帝还要求理藩院和礼部，曾对大清国忠诚的已故顾实汗，不仅要"祭典、以酬其忠"，而且要"应行事例"。这是大清皇帝对西部厄鲁特蒙古顾实汗的多么高的评价和厚礼，不言而喻。

但是，以往的研究往往忽略这一点，片面地讨论清廷对五世达赖喇嘛的册封与评价，而很少涉及或忽略清廷与顾实汗关系以及清廷的册封与评价。其实，西部厄鲁特蒙古和硕特部顾实汗，在1644年清朝入关之前已与清朝中央政府建立了关系，后又保持和加强了与清廷的常来常往的关系，为清朝进一步统一青藏地区、收服漠北喀尔喀蒙古和巩固西部边疆等都做出了重要的贡献。

清朝顺治帝册封藏传佛教格鲁派宗教领袖五世达赖喇嘛的同时，也册封西部厄鲁特蒙古出身的西藏格鲁派甘丹颇章政权政治领袖顾实汗，并授予他"遵行文义敏慧顾实汗"之称号。这不仅

① 参见齐木德道尔吉、巴根那编《清朝太祖太宗世祖朝实录蒙古史史料抄》，呼和浩特：内蒙古大学出版社，2002年，820页。

反映了清朝皇帝的高瞻远瞩，而且对于维持当时青藏地区的稳定，治理和统合信仰藏传佛教的西北部蒙古诸部等都产生了积极的历史作用。

第八章 17—18世纪蒙古活佛转世制度与佛教寺院

藏传佛教活佛转世制度的形成、活佛转世制度在蒙古的实施以及在蒙古地区敕建诸多佛教寺院等，是清朝对蒙佛教政策的重要内容。本章主要依据汉、蒙等语种史料，通过对藏传佛教活佛转世制度在蒙古地区的扩展、实施和清朝前期在蒙古地区大量建立佛教寺院的来龙去脉加以梳理，从藏传佛教转世制度与寺庙制度的角度，着重探讨清朝对蒙佛教政策的一个侧面。

第一节 西藏活佛转世制度在蒙古的实施

先让我们从"活佛转世制度"的思想基础说起。"轮回"思想是佛教的重要思想之一，"轮回"一词在梵语中称"萨木萨喇"（Skt.sams ā ra）。佛教"轮回"说认为，任何人或众生都不能够逃脱过去(Skt.at ī ta)、现在(Skt.pratyutpanna)和未来(Skt.an ā gata)的"三世"轮回与地狱、饿鬼(Skt.preta)、畜生、阿修罗(Skt. asura)、人、天等"六道"轮回。藏传佛教继承了佛教的上述"轮回"思想，并付诸实践，创造了藏传佛教活佛转世制度。然而，实际上蒙藏佛教徒认为，在现实生活中已经存在能够超越"三世"轮回与"六道"轮回世界的神通的转世喇嘛。这种转世喇嘛就是救济众生，实践菩萨行的佛的"化身"(Tib.sprul-sku)。作为佛的"化身"的神通喇嘛,蒙古语中一般称作"qubilɣan"或"gegen"，汉语分别音译为"呼毕勒干"（也作呼毕勒罕）或"葛根"，其意分别为"化身"或"活佛"。在近代藏传佛教史上，"化身"(Tib. sprul-sku)又被称之为"仁波切"（Tib.rin-po-che），用来泛指"活佛"。其实，"仁波切"（Tib.rin-po-che）一词，虽然其原意仅仅为"宝"，但近代以来它已成为"活佛"的代词。因为在藏语中，如果说"殊身化身"（Tib.mchog-sprul），其意一般指释迦牟呢。但如果说"殊身化身宝"(Tib.mchog-sprul-rin-po-che)，即可译成"活佛宝"。而在有清一代，地位高的转世喇嘛一般被称之为"胡图克图"或"呼图克图"，从而有了诸如班禅呼图克图、哲布尊丹巴呼图克图和章嘉呼图克图等蒙藏地区大活佛转世系统称谓。作为活佛或呼图克图，虽然在外观上跟普通人的身体根本没有区别，却被人们以为这类人可以作为"转世活佛"永远生存下去。这是藏传佛教活佛转世制度得以存在的思想基础，是藏传佛教特有的法王传承方式。而在佛教的故乡印度，虽然大乘佛教有"法身"(Skt.dharma-kāya)、"报身"(Skt.sambhoga-kāya)和"化身"（又作"应身"，Skt.nirmāna-kāya)等"三身"思想，但却没有作为实践的活佛转世制度，这是往往被人们所忽略的事实。

如上所述，藏传佛教活佛转世制度是以佛教"法身"、"报身"和"化身"等"三身"思想中的"化身"(Skt.nirmāna-kāya;Tib.sprul-sku)为思想基础的。在藏传佛教宁玛派、萨迦派、噶举派和格鲁派等这四大教派当中，属于噶举派系统的噶玛噶举黑帽派，从确保教派高僧的法王地位和教派之间的权益斗争等需要出发，率先实践了佛教的"化身"思想，实施了"活佛转世"认定作法。早在 13 世纪 50 年代，蒙古大汗曾与西藏噶玛噶举派高僧有过接触。据蒙古佛教史研究家乔吉专著《蒙古佛教史——大蒙古国时期（1206—1271）》记载，1256 年，西藏佛教噶玛噶举派高僧噶尔玛巴克式（Karma-pakshi,1204—1283）受蒙古大汗蒙哥汗之命，前往距当时蒙古首都哈剌和林（又作哈勒和林）有半天旅程的大汗黄色斡耳朵，谒见了蒙哥汗。当时，蒙哥汗对噶尔玛巴克式赐予金银等诸多财物外，授予他"国师"称号，并赏给金镶黑色帽子。据说噶玛噶举黑帽派之称，由此而得名。1259 年，蒙哥汗在征战南宋途中在四川逝世。受蒙哥汗之命的忽必烈在征战云南大理时，途经西藏边缘地区。而且，在 1259 年蒙哥汗逝世之后，由于忽必烈与阿里不哥之间发生了争夺蒙古大汗汗位的战争，忽必烈逮捕了投靠阿里不哥的噶玛噶举派高僧噶尔玛巴克式，到 1264 年阿里不哥战败投降后才释放。尔后，噶尔玛巴克式起程开始回藏的旅程，沿途一边传教一边赶路，经过八年之久的漫长路程之后抵达噶玛噶举派楚普寺 (mtshur-phu-dgon-pa)，于 1283 年入寂①。1288 年，噶尔玛巴克式的弟子们从后藏地区找来一个五岁男孩，认定其为已经圆寂的噶玛噶举派高僧噶尔玛巴克式的"转世灵童"，使其继承噶玛噶举派本寺楚普寺的法王地位。认定噶尔玛巴克式"转世者"的这一史实，成为蒙藏佛教史上最初的"活佛转世"认定事例。从此，西藏佛教其它教派也纷纷模仿噶玛噶举派的"活佛转世"认定做法。

但是，藏传佛教格鲁派活佛转世制度的形成相对较晚。即到 16 世纪上半期，出于保证格鲁派法王地位和教派之间的权益斗争等需要，格鲁派也开始采用活佛转世的做法，实施了"达赖喇嘛转世制度"②。即于火马年（1546 年），藏传佛教格鲁派认定当年年仅四岁的索南嘉措（bsod-nams-rgya-mtsho,1543—1588）为格鲁派高僧根敦嘉措（dge-´dun-rgya-mtsho,1476—1542）的转世灵童，以隆重的宗教仪式将转世灵童索南嘉措迎进了拉萨格鲁派大寺哲蚌寺 (Gbras-spungs-dgon-pa)。生前的高僧根敦嘉措，是哲蚌寺的住持，后来根敦嘉措被追认为二世达赖喇嘛。由此可见，格鲁派活佛转世制度是比较新的制度，它在 16 世纪上半期才正

---

① 详见乔吉著《蒙古佛教史——大蒙古国时期（1206—1271）》（蒙古文），呼和浩特：内蒙古人民出版社，1998 年，175—182 页。
② 关于藏传佛教格鲁派"达赖喇嘛转世制度"的形成及其发展，详见陈庆英先生的最新中文专著《达赖喇嘛转世制度》，北京：五洲传播出版社，2014 年 1 月第一版。

式形成。木鼠年（1564年），二十二岁的索南嘉措受比丘戒之后，开始收徒弘法，到扎什伦布 (bkra-shis-lhun-po) 寺等处讲法传教。后在土虎年（1578年），索南嘉措与右翼蒙古土默特万户首领阿勒坦（俺答）汗在青海会晤时互赠了称号。那时索南嘉措称阿勒坦汗为"转轮法王"，阿勒坦汗称索南嘉措为"瓦齐喇达喇达赖喇嘛"，从此开始有了"达赖喇嘛"之称号及其转世系统称谓，索南嘉措后被追认为达赖喇嘛系统中的第三世达赖喇嘛。

火狗年（1586年），"瓦齐喇达喇达赖喇嘛"即三世达赖喇嘛索南嘉措，应蒙古右翼三万户之一土默特万户首领僧格都古棱汗（即当时已故阿勒坦汗之子）的邀请，前往"库库河屯"（今呼和浩特旧城）。

据《三世达赖喇嘛传》汉译本记载：

"达赖喇嘛一行在奇特而隆重的欢迎下，抵达有无数农牧部落村庄的犹如天堂移到了人间的青城（即今内蒙古呼和浩特）。他为俺答汗（即阿勒坦汗）建造的释迦牟尼银质佛像装藏开光。都古棱汗向他（达赖喇嘛）奉献了金质曼扎、银质水壶、缎子白匹、乐器、骒马、布匹等大批礼物。达赖喇嘛为一些王公和属民传授了呼金刚和总摄轮灌顶。……在他（达赖喇嘛）火化俺答汗的遗体时，彩虹光圈布满虚空，花雨淅沥而降，出现无数佛经文字和舍利。达赖喇嘛还为用一千两白银造成的俺答汗纪念塔举行了盛大的开光典礼。这时阿木岱洪台吉[①] 从察哈尔来会见达赖喇嘛，

---

① 此处"阿木岱洪台吉"在《蒙古源流》等蒙古文史书中，以"Namudai-qung-tayiji"（那木岱洪台吉）之称出现。其汉语音译"那木岱洪台吉"也有多种写法，对此乌兰博士已有考述。据乌兰《〈蒙古源流〉研究》，虽然《蒙古源流》清译本作"阿穆岱鸿台吉"（实为误译），但《北房世系》作"那木大黄台吉"。明代汉籍多作"脑毛大"或"脑毛大黄台吉"、"奴木大黄台吉"等（详见乌兰《〈蒙古源流〉研究》，沈阳：辽宁民族出版社，2000年，399页注释）。因此，此处当是"那木岱洪台吉"。

奉献了无数礼品。达赖喇嘛给他（即那木岱）讲授了纯正的佛法。"①

上引西藏方面史料显示，1586年三世达赖喇嘛索南嘉措一行，应土默特万户僧格都古棱汗的邀请抵达土默特青城（今内蒙古呼和浩特）后，为当时已故土默特阿勒坦汗（俺答汗）遗骸进行了火化仪式。更值得注意的是，当时蒙古大汗土蛮（图门）·扎萨克图汗（1558—1592在位），从蒙古中央部落察哈尔万户派遣那木岱洪台吉到土默特青城，邀请三世达赖喇嘛到察哈尔万户传教。

火猪年（1587年），三世达赖喇嘛索南嘉措在新年供养法会之后，前往土默特右旗，为当地新建的寺庙殿堂举行了开光仪式。当时明朝也已得知，索南嘉措来到蒙古土默特地区传教，同时土默特万户扯力克被明朝封为继承顺义王称号之后，向明朝提出了加封索南嘉措的建议。这时西藏方面也遣使来请三世达赖喇嘛索南嘉措早日返藏。

但是，由于素日"昆德楞汗、岱青为首的喀喇沁万户一心向往请去殊胜师达赖喇嘛"②，因此，三世达赖喇嘛索南嘉措计划先到蒙古喀喇沁部驻地等传教，然后再返回西藏。据《三世达赖喇嘛传》汉译本记载：

达赖喇嘛"向喀喇沁部长的使者答应将去该地。于是，达赖喇嘛（索南嘉措）拔帐起程，行至元朝时期的上都宫殿遗址③时，

---

① 五世达赖喇嘛阿旺罗桑嘉措等著，陈庆英、马连龙等译《一世—四世达赖喇嘛传》（一世至四世达赖喇嘛传汉译合并本），北京：中国藏学出版社，2006年第一版，247页。

② 珠荣嘎译注《阿勒坦汗传》，呼和浩特：内蒙古人民出版社，1990年，156—158页。

③ 即今内蒙古自治区锡林郭勒盟正蓝旗旗政府所在地上都镇东北约20千米处、闪电河北岸的"元上都遗址"（the Site of Xanadu），于2012年6月29日在俄罗斯圣彼得堡举行的第36届世界遗产大会讨论并批准将中国"元上都遗址"列入《世界遗产名录》，从而使其成为今内蒙古自治区唯一的世界级文化遗产。

为王臣若干人传授了世尊呼金刚灌顶法，给大部分人传授受持八关斋戒，使之努力行善。喀喇沁王奉献厚礼时，在一间有两根柱子面积的用白银造成的屋子里陈设坐席。达赖喇嘛（索南嘉措）说：'虽然只能小憩一时，却也十分惬意。'这是将此间银屋当作自己的银质灵塔的缘起。喀喇沁王向达赖喇嘛奉献了金银、缎匹、鞍马等大量礼物。达赖喇嘛为这里的寺庙举行了隆重的开光仪式"①。

由此可见，三世达赖喇嘛索南嘉措在前往蒙古喀喇沁部时，曾抵达"元朝时期的上都宫殿遗址"即今内蒙古正蓝旗境内的世界文化遗产"元上都遗址"，并为那里的王臣等人们传授了佛法。而且，三世达赖喇嘛在会见"喀喇沁王"时，受到"喀喇沁王"的厚礼接待，并接受了"喀喇沁王"的金银、缎匹、鞍马等大量财物。

土鼠年（1588年）正月，三世达赖喇嘛索南嘉措，"主持了隆重的新年祈愿大法会，不久患重病卧床。这时，明朝皇帝派遣乘坐八抬大轿的使臣前来封赐索南嘉措'灌顶大国师'等头衔，并邀请前往北京"②。三世达赖喇嘛接受了明朝皇帝召请他赴京的邀请。但到同年三月下旬，三世达赖喇嘛索南嘉措在行至蒙古喀喇沁部游牧地后，在名为"jiɣasutai"（吉噶苏台）之地圆寂。对三世达赖喇嘛圆寂之地"jiɣasutai"（吉噶苏台）这一地名，早在1990年珠荣嘎先生已作考证。他写道："吉噶苏台，蒙古语，'有鱼'之意。据《蒙古源流》（那顺巴勒珠尔校勘）第491页载，三世达赖喇嘛卒于名为'吉尔曼台'之地,金峰《呼和浩特召庙》

---

① 五世达赖喇嘛阿旺罗桑嘉措等著，陈庆英、马连龙等译《一世—四世达赖喇嘛传》（一世至四世达赖喇嘛传汉译合并本），北京：中国藏学出版社，2006年第一版，248页。

② 丹珠昂奔主编《历辈达赖喇嘛与班禅额尔德尼年谱》，北京：中央民族大学出版社，1998年，48页。

第 23 页，则谓卒于名为'吉喇玛台'之地。吉尔曼台、吉喇玛台，均为'扎尔玛台'（ǰarmatai，意为'小鱼'）的异写。吉噶苏台、扎尔玛台，当是同地异名。在喀喇沁万户牧地的中心地区今内蒙古正蓝旗，有两个吉噶苏台诺尔（鱼湖），一在吉噶苏台苏木，一在桑根达来苏木。不知孰是。"① 但是，今内蒙古锡林郭勒盟正蓝旗境内的两处"吉噶苏台诺尔"（鱼湖），今都作"扎格斯台淖尔"，一个在正蓝旗扎格斯台苏木，另一个在正蓝旗桑根达来苏木。据中国人民大学乌云毕力格先生最新考证论文，由于 16 世纪后半叶蒙古"喀喇沁万户游牧地中心在今正蓝旗、多伦县一带"，因此，三世"达赖喇嘛圆寂地在桑根达来苏木的扎格斯台淖尔一带"②。

黄牛年（1589 年），蒙古右翼土默特万户首领阿勒坦汗之子僧格都古棱汗第五子、松布尔彻辰楚古库尔台吉（也作松木尔台吉）第二夫人巴罕珠拉（又名毕克楚克璧吉）分娩一子。这个男孩出生后，"根据土默特人的舆论以及蒙古人的无可争辩的认可，当时在土默特的三世达赖喇嘛的管家楚臣嘉措（tshul-khrims rgyal-mtsho）等也认为其是三世达赖喇嘛的转世灵童"③，这便是四世达赖喇嘛云丹嘉措 (yon-tan-rgya-mtsho,1589—1616) 诞生的缘起。四世达赖喇嘛诞生的具体地点，称作"察罕诺尔"（意为"白湖"），为今内蒙古自治区乌兰察布市商都县南端"察罕淖"之地④，而且四世达赖喇嘛在十四岁之前，一直居住在蒙古地区。

① 珠荣嘎译注《阿勒坦汗传》，内蒙古人民出版社，1990 年，159 页。
② 乌云毕力格：《三世达赖喇嘛圆寂地在今正蓝旗》，载于斯琴其木格主编《光明文萃：元上都遗址与蒙古历史文化——"正蓝旗扎格斯台学校志"研讨会发言论文》（蒙汉文），呼伦贝尔：内蒙古文化出版社，2014 年，11—19 页。
③ 胡日查、乔吉、乌云著《藏传佛教在蒙古地区的传播研究》，北京：民族出版社，2012 年，60—16 页。
④ 珠荣嘎译注《阿勒坦汗传》，内蒙古人民出版社，1990 年，164 页。

四世达赖喇嘛的前辈三世达赖喇嘛生前已是格鲁派的大活佛，云丹嘉措又是达赖喇嘛转世系统中唯一出自蒙古贵族家庭的"转世灵童"，因此认定云丹嘉措为三世达赖喇嘛"转世灵童"，经过了一个较复杂的认定过程。关于这一点，《四世达赖喇嘛传》中有如下较详细的记载：

"前辈达赖喇嘛的大管家巴丹嘉措，被明朝皇帝封为国师，世称'囊佐僧格'（狮子管家）。这位有名的管家在西藏妥善地完成了超荐前辈达赖喇嘛的亡魂任务后，听说达赖喇嘛转生于蒙古地方，于是不顾自己年事已高，效法常啼菩萨寻找拜访恩师的故事，率领徒众和喇嘛出发，去蒙古地方认定灵童。偕同前往的有全藏政教顶饰内邬栋大贡玛、西藏众人的惟一怙主法王阿旺索南扎巴坚赞贝桑布（即帕竹政权的首领阐化王）和贡嘎地区的夏仲东居仁波切派出的人员，光明天神的后裔萨钧甲日瓦、北方君主萨钧甘丹巴等各地大小首领的代表，以及三大寺即色拉、哲蚌和甘丹寺为主的各大寺院的迎请人员，他们都来到了青城（今呼和浩特）。"①

上引史料显示，无论从前辈达赖喇嘛大管家的级别上看，还是从色拉寺、哲蚌寺和甘丹寺等藏传佛教三大寺高僧代表的规模上看，都表明西藏方面非常重视对前辈达赖喇嘛转世灵童的认定。这一认定转世灵童之事开始于1602年春季，同年夏季转世灵童被正式认定后，达赖喇嘛灵童即四世达赖喇嘛在藏传佛教三大寺等各大寺院高僧迎请人员和右翼蒙古派遣的骑兵护送下，从库库河屯（今呼和浩特）出发前往西藏。经过将近一年的长途跋涉，入藏四世达赖喇嘛一行于1603年阴历三月底抵达拉萨哲蚌寺，登上了甘丹颇章的狮子法座。

---

① 五世达赖喇嘛阿旺罗桑嘉措等著，陈庆英、马连龙等译《一世—四世达赖喇嘛传》（一世至四世达赖喇嘛传汉译合并本），北京：中国藏学出版社，2006年第一版，271页。

四世达赖喇嘛云丹嘉措在他二十六岁那年也即木虎年（1614年）十一月，派人邀请当时扎什伦布寺住持四世班禅喇嘛前来拉萨为自己传授比丘戒。同年十二月吉日，四世达赖喇嘛在拉萨具吉祥哲蚌大寺中，在四世班禅喇嘛洛桑却吉坚赞（blo-bzang-čhos-kyi-rgyal-mtshan, 1567—1662）①的主持下，接受了比丘戒。尔后，四世达赖喇嘛，应哲蚌寺众僧之请，继任了哲蚌寺第十三任住持，又应色拉寺众僧之请，兼任了色拉寺第十五任住持。但据《四世达赖喇嘛传》记载，在短短两年后的"火龙年（1616年）十二月十五日，达赖喇嘛云丹嘉措之身化入法界，逝往兜率天处"②。在此，《四世达赖喇嘛传》的作者五世达赖喇嘛，对时年年仅二十八岁的四世达赖喇嘛暴死原因避而不谈，仅仅用宗教用语表述为"化入法界，逝往兜率天处"。

对四世达赖喇嘛云丹嘉措在西藏的突然死亡，丹珠昂奔等人认为，虽然"当时西藏社会各界一般认为是第悉藏巴地方政权的建立者彭措南杰派人下了毒手。但这只是猜测，并无确凿证据"③。但是，也有与此完全相反的明确看法。比如《中国少数民族历史人物志》宗教人物卷作者们认为，"万历四十四年（1616）十二月十五日，藏巴汗彭措南杰就以云丹嘉措用诅咒手段使其致病为由，派人到拉萨将云丹嘉措刺死"④。

笔者认为，四世达赖喇嘛云丹嘉措在拉萨被藏巴汗派来的刺

① 关于四世班禅额尔德尼的出生年和卒年，通常为1570—1662年。但在此笔者沿用了《藏汉大辞典》等的1567年出生说（参见张怡荪主编《藏汉大辞典》下册，北京：民族出版社，2008年重印版，1924页）。

② 五世达赖喇嘛阿旺罗桑嘉措等著，陈庆英、马连龙等译《一世—四世达赖喇嘛传》（一世至四世达赖喇嘛传汉译合并本），北京：中国藏学出版社，2006年第一版，318页。

③ 丹珠昂奔主编《历辈达赖喇嘛与班禅额尔德尼年谱》，北京：中央民族大学出版社，1998年，57页。

④ 谢启晃、胡起望、莫俊卿编著《中国少数民族历史人物志》第四辑（宗教人物），北京：民族出版社，1989年第一版，83页。

客"刺死"之说，更具有可信性。因为 1616 年前后西藏的客观情况是，反格鲁派僧俗势力和格鲁派之间斗争激烈，他们正处于违背佛教杀戒教义的、流血的你死我活的权益斗争之中，这是历史事实。其实，有必要指出的是，年仅二十八岁的四世达赖喇嘛在西藏的突然死亡，有其复杂的深刻历史背景。具体而言，被认为对四世达赖喇嘛"下毒手"的西藏藏巴汗彭措南杰 (phun-tshogs-rnam-rgyal,1586—1620) 在四世达赖喇嘛圆寂六七年之前已经控制了后藏大多地区和前藏部分地区，并以"后藏上部汗"（gtsang-stod-rgyal-po，汉译为"藏巴汗"）而自居。藏巴汗本人狂热崇奉藏传佛教噶玛噶举派，联合红帽派势力，压制佩戴黄帽的格鲁派，并下令禁止寻找格鲁派宗教领袖达赖喇嘛的转世灵童。对此，在四世达赖喇嘛圆寂的第二年即 1617 年，应格鲁派在西藏的主要支持者施主第悉吉雪巴 (sde-srid-skyid-shod-pa) 的请求，喀尔喀蒙古图蒙肯·昆都仑·楚库尔诺颜 (tümengken kündülen čükükür noyan)，率领三千多名蒙古骑兵挺进卫藏，联合第悉吉雪巴的部队，在为四世达赖喇嘛报仇的名义下，与藏巴汗彭措南杰军队展开了战斗。起初的战斗中，虽然喀尔喀蒙古骑兵占优势，但由于后来藏巴汗调来一万名援军进行反攻，到 1618 年夏秋之际藏巴汗军队取得了优势，占领了格鲁派的大寺院哲蚌寺和色拉寺，杀害了格鲁派僧俗众五千余人，从此格鲁派陷入了生死存亡的危难时期，格鲁派高僧们也不得不再向蒙古人请求派兵挽救格鲁派①。"不杀生"的高僧们，在关键的时刻调兵遣将，选择了武力解决问题的方法。

在统治西藏的第悉藏巴汗政权时期（1618—1642），1621 年和 1622 年是藏传佛教格鲁派暂时摆脱危难的关键时期。因为在

---

① 关于四世达赖喇嘛圆寂后的西藏局势和蒙藏关系，参见乔吉著《蒙古佛教史——北元时期（1368—1634）》，呼和浩特：内蒙古人民出版社，2008 年，78—81 页"在蒙古人武力保护下的黄帽僧人们"这段论述。

西藏藏巴汗彭措南杰去世之后，虽然在 1621 年十六岁的丹迥旺波 (bstan-skyong-dbang-po, 1606—1642) 继任其父藏巴汗的汗位，但是在同年藏巴汗丹迥旺波的军队与支持格鲁派的蒙古军队交战时，新藏巴汗丹迥旺波军队打了败仗，不得不做出很大让步。关于这一点，《五世达赖喇嘛传》记载说：

"铁鸡年（1621 年），由拉尊罗布藏丹津嘉措和古如洪台吉率领的两千多蒙古军队与藏巴汗的大军在拉萨江塘岗交战，扎什伦布寺的班禅洛桑却吉坚赞、甘丹赤巴楚臣群培、下密院夏仲嘉央衮乔群培、达垅夏仲叔侄的代表等出面居间调停。他们会集在一堂，进行谈判，最后达成协议，在甘丹颇章中重新划定了以拉萨为主的地段归属，归还了藏巴汗所吞并的色拉寺和哲蚌寺的寺属庄园，恢复了格鲁派在前后藏被迫改宗的寺院和失去的领地。第巴吉雪巴接管了德庆宗地方，整个澎域喀孜也纳入其治辖之内。"[1]

上引史料显示，在蒙古军队与藏巴汗军队交战后，扎什伦布寺的班禅洛桑却吉坚赞，即四世班禅喇嘛等人出面调停，经过谈判达成协议，"归还了藏巴汗所吞并的色拉寺和哲蚌寺的寺属庄园，恢复了格鲁派在前后藏被迫改宗的寺院和失去的领地"，而且支持格鲁派的西藏大施主第悉吉雪巴也得到了拉萨西北堆龙河流域的"德庆宗地方"和拉萨以北的"整个澎域喀孜"地区的管辖权。由此可见，这次蒙古军的进藏和藏巴汗军队失利的情况下所进行的谈判，结果是使格鲁派初步摆脱危难处境的重大胜利。紧接着拉萨甘丹颇章派遣察瓦噶居巴桑杰嘉饶，成吉思汗后裔、佛法施主拉尊派代表巴玛库雅台吉和古如洪台吉代表桌尼曲杰金巴达吉等人前往后藏，与后藏藏巴汗第悉噶玛丹迥旺波进

---

[1]　五世达赖喇嘛阿旺罗桑嘉措等著，陈庆英、马连龙、马林等译《五世达赖喇嘛传》（上册），北京：中国藏学出版社，2006 年第一版，42—42 页。

行交涉，在蒙古土默特部军事力量的压力下，迫使藏巴汗废除了禁止寻找四世达赖喇嘛转世灵童的禁令。于是，在水狗年（1622年），阿旺洛桑嘉措（ngag-dbang-blo-bzang-rgya-mtsho, 1617—1682）被正式认定为四世达赖喇嘛云丹嘉措的转世灵童，在色拉寺、哲蚌寺的上师、众僧和施主们的热烈迎接下抵达哲蚌大寺坐床，以四世班禅喇嘛为师剃头出家。从此，藏传佛教格鲁派有了新的宗教领袖五世达赖喇嘛。

事实上，自1578年索南嘉措与阿勒坦汗会晤以来，藏传佛教格鲁派在蒙古地区找到了强大的施主和军事力量，到17世纪前半期格鲁派在藏传佛教教派之间的权益斗争中确立了其优势地位，并主要利用西部厄鲁特（卫拉特）蒙古军事力量在1642年建立了西藏格鲁派甘丹颇章政权（即和硕特汗廷）。格鲁派甘丹颇章政权的建立，主要取决于两个根本原因：其一，成功运用了作为活佛转世制度之一的达赖喇嘛转世制度；其二，先后巧妙利用了蒙古土默特部、蒙古喀尔喀部以及西部厄鲁特（卫拉特）蒙古的军事力量。实际上，达赖喇嘛真正成为西藏名副其实的最高宗教领袖，是在1642年西藏格鲁派甘丹颇章政权建立之后。但我们同时不能忽视这样一个基本史实，即如果没有蒙古各部军队的一贯支持和西部厄鲁特（卫拉特）蒙古和硕特部顾实汗为首的蒙古军队的军事支援，格鲁派单靠自己的力量就不能推翻西藏藏巴汗旧政权，从而西藏格鲁派甘丹颇章政权也就难以建立。

却说，继达赖喇嘛转世制度而形成的是格鲁派班禅喇嘛转世制度。达赖喇嘛被人们以为是观音菩萨的化身，而班禅喇嘛则是阿弥陀如来的化身，班禅喇嘛的地位在清代逐渐变成仅次于达赖喇嘛的第二法王。无可置疑，清廷特别重视历辈达赖喇嘛的同时，对西藏另一位宗教领袖班禅喇嘛也十分关注。1642年西藏格鲁派甘丹颇章政权建立后，于1645年厄鲁特蒙古和硕特部顾实汗对格鲁派另一位大活佛班禅喇嘛洛桑却吉坚赞（blo-bzang-chos-kyi-rgyal-mtshan, 1567—1662）授予"班禅博格达"名号。后来到 1713 年,洛桑却吉坚赞才被追认为四世"班禅额尔德尼"。事实上,顾实汗在 1645 年当时已是厄鲁特蒙古和硕特部出身的西藏格鲁派甘丹颇章蒙藏联合政权政治领袖。当时,班禅喇嘛洛桑却吉坚赞则是西藏扎什伦布寺、色拉寺和哲蚌寺的寺主,洛桑却吉坚赞在顾实汗军队强有力的军事援助下,对西藏及蒙古地区格鲁派统治地位的确立,曾发挥了重要作用。因此,清廷首先注意到五世达赖喇嘛的同时,也注意到了四世班禅喇嘛洛桑却吉坚赞这位转世大活佛。大约到 17 世纪 40 年代,班禅喇嘛洛桑却吉坚赞,开始被清廷尊称为"班禅呼图克图",其意为"班禅活佛"。比如崇德八年（1643 年）五月,清太宗皇太极致班禅喇嘛洛桑却吉坚赞的蒙古文诏书档案史料和《清实录》中的对应记载中,均已出现"qutuɣtu"（呼图克图,也作胡图克图）这一名号①。另外,顺治八年（1651 年）四月初二顺治帝致"班禅呼图克图"圣旨蒙古文档案,也为我们提供了如下史料。

顺治帝致"班禅呼图克图"圣旨蒙古文档案影印原文拉丁转写:

tngri-yin ibegel-iyer čaɣ-i eǰelegsen, qaɣan-u ǰarliɣ.

bančan qutuɣ-tu-yin gegen-e öčibe. tende qutuɣ-tu engke amuɣulang amu. olan amitan-i tusalaqu-yin tulada, luu ǰil-ün namur-un terigün sara-dur, dalai lam-a-luɣ-a ǰolɣalduqu-yi küseǰü ǰalaqu elči ilegeǰem. durad-un očiǰü ǰalaraɣulqu-yi, lam-agegen-degen ayilad. ǰalaqu elči tobǰang[<blo-bzang] güsi, dorǰi darqan noyan, čaɣan

---

① 蒙古文档案原文, 详见齐木德道尔吉、吴元丰、萨·那日松等编《清内秘书院蒙古文档案汇编》第一辑, 呼和浩特: 内蒙古人民出版社, 2003 年, 369—379 页; 汉文相关记载, 参见齐木德道尔吉、巴根那《清朝太祖太宗世祖朝实录蒙古史史料抄》, 呼和浩特: 内蒙古大学出版社, 625 页。

gelüng, sirab gelüng, γabǰu gelüng,urida ilegegsen elči.
sereng. bičig üǰekü—yin beleg, nigen altan dongmu, nigen
altan čara, ǰaγun lang altan, qoyar mingγan lang mönggön,
ǰaγun torγ—a.

ey—e—ber ǰasaγči—yin naimaduγar on ǰun—u terigün
sara—yin.

sin—e—yin qoyar—a①

顺治帝致"班禅呼图克图"圣旨蒙古文档案汉译：

　　"奉天承运皇帝圣旨。

　　向班禅呼图克图活佛致意。想必呼图克图处平安。
朕等安好。为助佑众生,期待于龙年孟秋月与达赖喇嘛
会晤。今派去邀请使者。望喇嘛尔敦请达赖喇嘛启程。

　　邀请使者有:萝卜藏古西、道尔吉达尔罕诺彦、察干
格隆。席喇卜格隆、克珠格隆及先遣者次仁。

　　随敕赏赐:金茶筒一个、金盘一个、金一百两、银
二百两、缎一百匹。

　　顺治八年(公元 1651 年)四月初二"②

　　由此可见, 在 1651 年清朝皇帝圣旨中已将西藏另一名宗教
领袖班禅喇嘛尊称为"班禅呼图克图活佛", 并希望班禅呼图克
图敦请达赖喇嘛启程赴京, 以实现皇帝与达赖喇嘛的龙年（1652
年）会晤。

　　其实, 班禅喇嘛转世制度的创始者是五世达赖喇嘛阿旺洛桑
嘉措。五世达赖喇嘛于 1665 年选定自己尊师班禅喇嘛洛桑却吉

---

① 　顺治帝圣旨蒙古文档案影印件, 参见西藏自治区档案馆编《西藏历史
档案荟粹》影印本, 文物出版社, 1995 年, 第 34 号蒙古文档案影印件, 编
者题为"顺治皇帝颁给班禅活佛的圣旨"。
② 　顺治帝圣旨蒙古文档案汉译, 沿用了同上《西藏历史档案荟粹》中的第
34 号档案"顺治皇帝颁给班禅活 佛的圣旨"汉译。

坚赞的转世者，让转世者就任扎什伦布寺的住持。自洛桑却吉坚赞被厄鲁特蒙古顾实汗封为"班禅博格达"以来，"班禅"这一称谓开始有了特定意义，到五世达赖喇嘛选定班禅喇嘛桑却吉坚赞的转世者，班禅喇嘛转世制度得以逐渐形成。

从另一角度讲，清朝为完全征服西部厄鲁特蒙古，巩固西部边疆，也逐渐加强了对西部厄鲁特蒙古和青海近邻地区后藏的控制。因此，到康熙年间，清圣祖康熙帝对后藏地区具有很大影响力的"班禅呼图克图"遣使召请。据《清实录》圣祖康熙三十四年（1695）四月甲辰记载：

清廷"遣御史锺申保内齐陀音胡图克图赍敕往召班禅胡图克图"①。

上引史料显示，清廷派遣御史锺申保，"内齐陀音胡图克图"即二世内齐托音呼图克图（1671—1703）等使臣，召请后藏地区高僧班禅，并尊称班禅为"班禅胡图克图"。当时的班禅呼图克图本名为洛桑也协（blo-bzang-ye-shes，1663—1737），为五世班禅呼图克图。另据《清实录》卷二五三康熙五十二年（1713年）春正月戊申记载：

清圣祖康熙帝，"谕理藩院，班禅呼图克图为人安静，熟谙经典，勤修贡职，初终不倦，甚属可嘉。著照封达赖喇嘛之例，给以印册，封为班禅额尔德尼"②。

就这样康熙帝正式册封五世班禅呼图克图洛桑也协（blo-bzang-ye-shes，1663—1737），授予"班禅额尔德尼"之称号和金印金册，授权五世班禅额尔德尼·洛桑也协，管理后藏地区寺院

---

① 参见齐木德道尔吉、黑龙、宝山、哈斯巴跟、任爱君等编《清朝圣祖朝实录蒙古史史料抄》上册，呼和浩特：内蒙古大学出版社，2003年10月，639页
② 参见齐木德道尔吉、黑龙、宝山、哈斯巴跟、任爱君等编《清朝圣祖朝实录蒙古史史料抄》下册，呼和浩特：内蒙古大学出版社，2003年10月，1108页。

及其属地。从此以后，"额尔德尼"这一称谓正式成为历代班禅喇嘛之称号。

如前所论及，在1653年清世祖顺治帝曾册封西藏宗教领袖五世达赖喇嘛和西部厄鲁特蒙古出身的西藏格鲁派甘丹颇章政权政治领袖顾实汗。到半个多世纪后的1713年，清圣祖康熙帝积极怀柔西藏另一位宗教领袖五世班禅额尔德尼洛桑也协，不仅是由于稳定青藏地区的需要，更是由于治理和统合信仰藏传佛教的西北部蒙古诸部的需要。对这一点，即对清廷保护藏传佛教格鲁派（黄教）的目的，后来乾隆皇帝在乾隆五十七年（1792年）的御笔"喇嘛说"中曾有过明确的表述。乾隆说：

"盖中外黄教，总司以此二人（指达赖喇嘛和班禅额尔德尼——引用者）。各部蒙古，一心归之。兴黄教，即所以安众蒙古，所系非小，故不可不保护之，而非若元朝之曲庇谄敬番僧也。"①

这就是说，由于蒙古各部一心皈依黄教（藏传佛教黄帽派即格鲁派），而且达赖喇嘛和班禅额尔德尼二人"盖中外黄教"，因此"兴黄教"可以"安众蒙古，所系非小"，清朝不可不保护黄教，也不可不怀柔达赖喇嘛和班禅额尔德尼这两位大活佛，但清朝保护黄教并非犹如元朝那样"谄敬番僧"。这正可谓当时清朝保护和扶植藏传佛教的目的。

总而言之，对于清朝统治者来说，利用大活佛转世制度，不仅对稳定青藏地区具有意义，而且将大活佛转世制度运用于蒙古地区更具有现实意义。因为只有通过蒙古自身的大活佛才能更有效地控制漠北喀尔喀蒙古(今蒙古国)和漠南蒙古地区。为此清廷积极培养和扶植了漠北、漠南蒙古的大活佛。

公历1635年，漠北喀尔喀蒙古土谢图汗滚布多尔吉之夫

---

① 参见张羽新著《清政府与喇嘛教·附清代喇嘛教碑刻录》，拉萨：西藏人民出版社，1988年版附录《喇嘛说》碑文史料，340页。

人杭达扎木素分娩一子，喀尔喀蒙古各部及喇嘛们认定该男孩为已故迈达理·呼图克图的"转世灵童"。这位"神童"，三岁就能自然地背诵佛经，四岁在诺门汗主持下剃度受戒。五岁在三世班禅呼图克图弟子克珠桑结意希的转世温萨活佛处剃度出家，取名为"罗桑丹贝坚赞"（blo-bzang-bstan-pa'i-rgyal-mtshan）①，其音译一般作洛桑丹毕坚赞(1635—1723)。顺治六年（1649年），洛桑丹毕坚赞十五岁时，赴藏学法，次年在后藏扎什伦布寺四世班禅博格达处，接受沙弥戒。同年在五世达赖喇嘛处聆听金刚数珠王之经，始称"哲布尊丹巴"(rje-btsun-dam-pa)喇嘛。洛桑丹毕坚赞后来被尊称为喀尔喀蒙古一世哲布尊丹巴呼图克图，但蒙古人一般称其为"温都尔格根扎那巴杂尔"(öndör-gegen-janabazar)，即"高个子活佛"扎那巴杂尔。

一世哲布尊丹巴在西藏学法先后共达八年之久，在他返回漠北喀尔喀蒙古前，班禅活佛与达赖喇嘛晓谕他说：

"你无须在西藏留学久住，返回喀尔喀，在喀尔喀地区广建寺庙，让佛法发扬光大为大功德也"②。

顺治十三年（1656年），哲布尊丹巴启程返回，次年在漠北喀尔喀蒙古佛教寺院"额尔德尼召"举行祈愿大法会。康熙十年（1671年），从西藏请来《甘珠尔经》，在库伦（今蒙古国首府乌兰巴托市）等地，弘扬佛法。康熙二十七年（1688年）五月，西蒙古准噶尔汗国噶尔丹博硕克图汗率领厄鲁特（卫拉特）蒙古军队三万余人，攻进喀尔喀蒙古土谢图汗部③，试图捉拿土

---

① ［韩］金成修著：《明清之际藏传佛教在蒙古地区的传播》，北京社会科学文献出版社，2006年9月，186—187页和270页。
② 申晓亭、成崇德译注：《哲布尊丹巴传》汉译本，收录于《清代蒙古高僧传译辑·蒙古卷》217—256页，北京：全国图书馆文献缩微复制中心，1990年，224页。
③ ［日］宫脇淳子著《蒙古历史》日文版（宫脇淳子著『モンゴルの歴史』，日本東京刀水書房，2002年），198—201页。

谢图汗和一世哲布尊丹巴呼图克图。同年八月，噶尔丹击败了土谢图汗部，进而攻打车臣汗（也作塞臣汗）部，几乎占领了喀尔喀蒙古全境。当时喀尔喀蒙古面临了重大选择，即面临了北靠俄罗斯，还是南投清朝（中国）的选择。于是，喀尔喀蒙古土谢图汗部等会盟于乌里雅苏台，一世哲布尊丹巴呼图克图与众人商议今后将如何维持生存的重大问题。那时，喀尔喀蒙古人同声答曰："整理我国政治，以图安固，活佛之所知也。"在这关键的时刻，一世哲布尊丹巴呼图克图对大家表述了自己如下的看法。他说：

"我之北有俄罗斯国，政治平允。然其地一不能传佛教，二则其民之衣裾曲於左，我等不可往。我之南有中国，政治亦平允。其国平和安宁，尊崇佛教。即其衣似仙人所服者，国富财多，锦绣绢绒，不可胜数。我等若赴其地，可邀万年之福。"[1]

以上史料简单明了，无须阐释。有趣的是，关于这一点，在《哲布尊丹巴传》里也有酷似的详细记载。其中说：

"哲布尊丹巴回喀尔喀，召集喀尔喀部众，询问使众生平安幸福之道……北方俄罗斯虽是昌盛大国，但不传播佛教，而且衣裙曲于左，不可前往。而南部中国也很强盛，并尊崇佛教……，我等若赴其地，则政权稳定，众生安逸。于是归附满清大汗，兴黄教，得厚遇，享太平。"[2]

基于史料所述的考虑，一世哲布尊丹巴呼图克图与漠北喀尔喀蒙古三部商议后，决定归附清朝。康熙二十七年（1688 年）九月，喀尔喀蒙古三汗、台吉等率众在内蒙古苏尼特北境之阿鲁额勒苏台举行会议，表示归附清朝。在康熙二十九年（1690 年）克什克腾"乌兰不通之战"之后，康熙下令积极着手安排进入内蒙

---

[1]　释妙舟著:《蒙藏佛教史》影印本（原著 1935 年），江苏广陵古籍出版社，1993 年 11 月重印版，第五篇第一章 16—17 页。

[2]　同上申晓亭、成崇德译注:《哲布尊丹巴传》汉译本，224 页。

古境内的漠北喀尔喀蒙古民众。康熙三十年（1691年）四月，康熙召集漠北喀尔喀蒙古与内蒙古诸札萨克，在多伦诺尔（今内蒙古多伦县）举行了蒙古王公大会。1691年多伦诺尔"会盟"，意味着漠北喀尔喀蒙古正式归附清朝。

而且，更重要的是，多伦诺尔会盟时，"旨升第一世哲布尊丹巴呼图克图为大喇嘛，任以喀尔喀宗务管理之权，待以喀尔喀百官有司首班之礼。从众部所请，于其地建寺，赐额彙宗（今作汇宗寺——引者），命百二十旗各一僧居之"①。如此正式承认了一世哲布尊丹巴呼图克图为喀尔喀蒙古宗教领袖的地位。这实际上同时也是清廷对漠北喀尔喀蒙古"大活佛转世"制度的承认，因为在漠北喀尔喀蒙古大活佛转世系统中，"一世哲布尊丹巴呼图克图"便是从此开始。

那么，漠南蒙古的大活佛转世制度又是如何呢。如果说上述情况表明清廷仅仅是对漠北喀尔喀蒙古大活佛哲布尊丹巴呼图克图加以承认、扶持而已的话，漠南蒙古的大活佛情况则与此完全不同。因为，成为漠南蒙古宗教领袖的清代大活佛，完全是由清廷直接扶持、培养出来的。比如漠南蒙古"章嘉呼图克图"这一大活佛系统的形成就是如此。其实，"章嘉呼图克图"这一称谓，在清康熙、雍正年间的碑碣、档案中称之为"张家胡土克图"。这是因为，第一世章嘉呼图克图的前世出生在青海湟中的"张家村"，将章嘉呼图克图的前世称之为"张家胡土克图"。后来，"乾隆帝认为'张家'两字太俗，而改成'章嘉'。到光绪年间，清朝的公文中，将'胡土'两字改为'呼图'，所以，在光绪年间以后的文档中，均称为'章嘉呼图克图'"②。

漠南蒙古第一世章嘉呼图克图的本名为阿旺洛桑却丹（ngag-

① 同上释妙舟著：《蒙藏佛教史》影印本（原著1935年），17页。
② 任月海著《多伦汇宗寺》，北京：民族出版社，2005年，93页。

dbang-blo-bzang- chos-ldan,1642—1715），崇德七年（1642 年）出生于"宗喀巴降生处"青海湟中县达曲格村。四世班禅活佛认定其为"第十三世转世之第十四世章嘉呼图克图也"。五岁时诸弟子迎之驻锡格伦大寺。

章嘉（lčang-skya），原本为藏传佛教萨迦派转世活佛。按照神话般的说法，在清朝康熙帝册封之前在西藏已经转世十三世[1]。尽管《藏汉大辞典》等将其总计排列第十四世章嘉即阿旺洛桑却丹称之为二世章嘉，但一般来讲，自康熙年间开始，将十四世章嘉活佛通称为蒙古佛教史上的"一世章嘉呼图克图"已成习惯，因此笔者也将阿旺洛桑却丹视作一世章嘉呼图克图。

康熙元年（1662 年），一世章嘉呼图克图阿旺洛桑却丹二十一岁时，赴西藏学法，以五世达赖喇嘛为师专修经典，至康熙二十二年（1683 年）才返回故地[2]。学成后，他从西藏回到青海佑宁寺，在青海弘扬佛法。康熙二十五年（1686 年），一世章嘉呼图克图随从五世达赖喇嘛使节噶勒丹寺之锡呼图呼图克图前往漠北喀尔喀，调解喀尔喀土谢图汗与札萨克图汗之间的纠纷。翌年他与噶勒丹锡呼图一同进京，向康熙皇帝禀报调解喀尔喀内讧之情况，康熙赏给了大量珍品。

康熙三十二年（1693 年），受康熙之命，一世章嘉呼图克图进京驻锡法源寺，并被任命为总管京师喇嘛事务的"扎萨克达喇嘛"。后来，一世章嘉呼图克图又在多伦诺尔奉命主持修建寺院工程，传教于内外蒙古。康熙三十六年（1697 年）寺院落成之后，各旗喇嘛起初称之为宣扬黄教之大伽蓝，后来被清廷命名为"彙宗寺（汇宗寺）"。康熙四十年（1701 年），康熙任命一世章嘉呼图克图为"多伦喇嘛庙总管喇嘛事务之扎萨克喇嘛。规定每年夏避暑多伦，并任

---

① 释妙舟著：《蒙藏佛教史》影印本（原著 1935 年），江苏广陵古籍出版社，1993 年 11 月重印版，77—91 页。

② 张怡荪主编：《藏汉大辞典》上册，北京：民族出版社，764—765 页。

宣扬传教诵经之责,冬返京任职"①。由于当时多伦诺尔已经是漠南蒙古藏传佛教中心地,因此,确立了章嘉呼图克图总管漠南蒙古佛教事务的宗教领袖地位。康熙四十四年(1705年),康熙皇帝又"驾抵多伦,巡幸各寺",请一世章嘉呼图克图久住多伦诺尔之庙,并答应回京之后,给一世章嘉呼图克图正式赏赐"呼图克图"名号及"大国师印"。翌年,康熙正式册封一世章嘉呼图克图为"灌顶普善广慈大国师",并授予"八十八两八钱八分"之金印②。

康熙五十年(1711年),由于清朝第四皇子拨款收买法源寺,所以清廷在北京为一世章嘉呼图克图另建一座寺院,作为他在京常住之所。翌年寺院建成,康熙赐名为"崇祝寺"。康熙五十二年(1713年),一世章嘉呼图克图随同康熙到热河避暑,并到漠南蒙古多伦诺尔(今内蒙古多伦县)视察。康熙看到多伦诺尔佛教事业欣欣向荣,称赞一世章嘉呼图克图的功绩,并宣称:"黄教之事,由藏向东,均归你一人掌管。"③

如上所述,首先,清廷一手培养了一世章嘉呼图克图,扶持确立了漠南蒙古这一大活佛的权威。从此,大活佛章嘉呼图克图的转世走向制度化,与漠北喀尔喀蒙古哲布尊丹巴呼图克图一起,逐渐形成了内外蒙古两大活佛转世系统。其次,在清代,"大国师"这一尊号,自一世章嘉呼图克图开始使用,一直使用到六世章嘉呼图克图。而且,需要指出的是,漠南蒙古章嘉"大国师",后来到清中后期实际上成为仅次于西藏达赖喇嘛和班禅额尔德尼的大活佛。尽管哲布尊丹巴呼图克图在清初漠北喀尔喀蒙古威望很高,但在雍正、乾隆时期之后,章嘉呼图克图的地位变得高于哲布尊丹巴呼图克图的地位。

---

① 释妙舟著:《蒙藏佛教史》影印本(原著1935年),江苏广陵古籍出版社,1993年11月重印版,93—94页。
② 同上《蒙藏佛教史》影印本(原著1935年),94页。
③ 同上《蒙藏佛教史》影印本(原著1935年),94页。

第二节　清朝前期广建寺庙及其管理

大量建立藏传佛教寺院和对它加以统一管制，是清朝对蒙佛教政策的一项重要举措。实际上，蒙古地区的藏传佛教寺院大多数建立于清代，特别是在其兴盛时期即康熙、雍正、乾隆年间所建的寺院为数最多。为对比了解这一问题，有必要简要回顾蒙古佛教史上的寺庙简史。

首先，关于大蒙古国和元朝时代的蒙古地区佛教寺院，有名的"释迦院碑记"（蒙哥汗石碑）是重要的考古学资料。释迦院遗址（Site of Sakya-Temple）是于宪宗七年（1257 年）在今蒙古国西北省境内，受蒙哥汗之敕令所建的寺院"释迦院"旧址，而"释迦院碑记"则是当时所立的。这个碑记证明，在大蒙古国时代的漠北喀尔喀蒙古地区蒙古人兴建过佛教寺院，但那个寺院已不存在①。

其次，另据前人研究成果，"蒙古最初几代汗执政期间，哈喇和林曾建起了回纥佛寺"②。尤其值得一提的是，2012 年 6 月29 日，今内蒙古锡林郭勒盟正蓝旗境内的元上都遗址（Site of Xanadu），已成为今内蒙古自治区唯一一处"世界文化遗产"。据《元上都研究资料选编》记载，曾经的元朝夏都·上都城中也曾兴建过"大龙光华严寺"、"大乾元寺"、"开元寺"、"帝师寺"、"黄梅寺"、"弥陀院"、"弘正寺"等诸多佛教寺院。其中，"至治元年（1321年）二月辛亥，调军三千五百人修上都华严寺"，"至治元年（1321

---

① 详见笔者日文论文（M. エルデニバートル：「モンゴルにおける仏教再興と最古の現存仏教寺院」，『仏教文化学会紀要』第 13 号，日本東京,2004年 11 月），54—56 页。

② [蒙]沙·比拉著，陈弘法汉译：《蒙古史学史》，内蒙古教育出版社，1988 年，27 页。

年）五月丙子,毁上都回回寺,以其地营帝师殿","至治三年（1323
年）二月癸亥朔,作上都华严寺、八思巴帝师寺及拜住第,役军
六千二百人"①。可见,上都的"华严寺"以及"帝师殿"或"八
思巴帝师寺"是重要的佛寺。至于元代在大都（今北京）所建的
佛寺,更是不计其数。

关于佛教在蒙古地区的首次传播,蒙古国学者认为,早在公
元前的匈奴时代,佛教已经开始传播于中亚的今蒙古国地区②。
但是,学界通常主要探讨成吉思汗统一蒙古各部之后的蒙古佛教
史,并且一般将大蒙古国及元朝时代称之为蒙古地区第一次佛教
弘期,将16世纪后半期以来的蒙古地区格鲁派佛教（黄教）兴
盛期称之为蒙古地区第二次佛教弘期。就蒙古地区第二次佛教弘
期来说,蒙古人在蒙古地区最早建立的藏传佛教寺院,恐怕是青
海湖东南岸的察布恰勒寺（大乘法轮州寺）。该寺落成于万历三
年（1575年）,1577年明朝命名为"迎华寺",后于1591年被郑
洛率领的明军所毁坏。1578年,西藏高僧索南嘉措(bsod-nams-
rgya-mtsho,1543—1588) 与右翼蒙古土默特万户阿拉坦（俺答）
汗,就是在上述青海"察布恰勒寺"会晤的。1579年,阿勒坦汗
在漠南蒙古库库河屯（今呼和浩特）又建成一座大寺。翌年,明
朝命名为"弘慈寺"。崇德五年（1640年）清太宗皇太极重新命
名为"无量寺"。该寺通称大召,银佛寺等,蒙古人一般称之为"伊
克召"(yekejoo) 即大召。大召,位于今呼和浩特市旧城玉泉区,
是16世纪后期以来漠南蒙古地区最负盛名的现存藏传佛教寺院。

另据俄、蒙史料《额尔德尼召之历史》记载,漠北喀尔喀蒙

① 转引自: 叶新民,其木德道尔吉编著:《元上都研究资料选编》,北京:
中央民族大学出版社, 2003 年, 110—113 页。
② 参见蒙古国甘丹寺研究部著,日本远藤祐纯日译《蒙古佛教史》第一章
"古代蒙古的佛教传播"。日文原文为: [蒙古] ガンダン寺研究部著, [日]
遠藤祐純訳《モンゴル佛教史》,東京・アジア仏教徒平和会議日本センタ
ー刊, 1981 年。

古王侯阿巴岱, 于万历十四年（1586 年）在蒙古帝国古都哈喇和林之地兴建一座佛教寺院, 命名为"额尔德尼召"[1]。该寺院是今蒙古国境内最古老的现存藏传佛教寺院。

就漠南蒙古地区来讲, 库库河屯（今呼和浩特旧城）与多伦诺尔（今多伦县）, 是清代蒙古藏传佛教中心城镇。如上所言及, 崇德五年（1640 年）, 清太宗皇太极对土默特万户首领阿勒坦汗所建的库库河屯佛教寺院大召（弘慈寺）进行修缮时, 重新命名为"无量寺", 其满蒙汉三种文字匾额一直悬挂至清末。康熙二十四年（1685 年）, 在大召（无量寺）设置管理寺院事务的"喇嘛印务处", 清廷任命"朋苏克召"之伊拉古克三呼图克图为库库河屯(呼和浩特)掌印扎萨克达喇嘛。后来于康熙三十七年（1698 年）, 康熙改任二世内齐托音呼图克图（1671—1703）为呼和浩特各大寺掌印札萨克达喇嘛。

据嘉庆二十四年（1819 年）蒙古文寺庙档案资料统计, 库库河屯(呼和浩特)当时有"七大召"[2]。也有"呼和浩特八大寺院"之说[3]。根据"七大召"之说, 这"七大召"指的是：以上述大召（无量寺）为首, 康熙三十五年（1696 年）由第四世锡呼图（席力图）呼图克图（1671—1703）经三年余扩建而成的锡埒图召（今作"席力图召"）, 同年康熙西征途经呼和浩特时赐名为"延寿寺"；也在康熙三十五年（1696 年）二世内齐托音呼图克图跟随康熙皇帝参加平定准噶尔部噶尔丹西征后奉命修缮、扩建的小召, 同年康熙赐名为"崇福寺", 现仅存其牌楼；顺治十八年（1661 年）

---

① 《额尔德尼召之历史》俄文版（История Эрдэни-Дзу, Москва, 1999）, 180 页。
② 金峰整理注释：《呼和浩特召庙》（蒙古文）, 呼和浩特：内蒙古人民出版社, 1982 年 11 月, 86 页。
③ 乔吉编著：《内蒙古寺庙》, 呼和浩特：内蒙古人民出版社, 1994 年, 50 页。

由希尔巴（锡尔巴）喇嘛兴建、后由扎萨克喇嘛朋苏克修建的朋苏克召，康熙三十三年（1694年）康熙赐名为"崇寿寺"；康熙元年（1662年）由第一世咱雅·班底达兴建、后由其诸弟子扩建的班第达召，康熙三十六年（1697年）康熙赐名为"尊胜寺"；康熙三年（1664年）由第一世宁宁呼图克图兴建的拉布齐召，康熙六年（1697年）康熙赐名为"宏庆寺"；康熙八年（1669）年由达赖绰尔济兴建的乃莫齐召（乃莫齐为额木齐之讹音），康熙三十四年（1695年）康熙赐名为"隆寿寺"等七大寺庙。其中，位于今呼和浩特市区最早兴建的藏传佛教现存寺庙大召、今呼和浩特市区规模最大的藏传佛教现存寺庙席力图召（锡埒图召）以及今仅保存寺庙牌楼的小召遗址等，已成为各级"重点文物保护单位"。

除此之外，今呼和浩特地区还曾有"八小寺"及其许多属庙①。其中，比较有名的现存寺庙是，雍正五年（1727年）奉敕兴建的五塔寺，雍正十年（1732年）清廷赐名为"慈灯寺"，并赐予三种文体寺额；在清顺治年间重修、扩建明代旧庙而成的喇嘛洞召，乾隆四十八年（1783年）再度重修时清廷赐名为"光化寺"；始建于万历三十四年（1606年）、后于乾隆四十七年（1782年）进行重建的乌素图召，翌年清廷赐名乌素图召主寺为"庆缘寺"等。

另外，多伦诺尔（今内蒙古多伦县）是清代漠南蒙古另一个藏传佛教中心地。而彙宗寺（今作汇宗寺，又称青庙）和善因寺（黄庙）则是多伦诺尔最著名的代表寺庙。

康熙二十七年（1688年）九月，漠南蒙古喀尔喀三汗，台吉等率众表示归附清朝。康熙三十年（1691年），康熙皇帝召集漠北蒙古喀尔喀三汗部及漠南蒙古四十九旗的王公贵族，于多伦诺

---

① 金峰整理注释：《呼和浩特召庙》（蒙古文），呼和浩特：内蒙古人民出版社，1982年11月，266—302页。

尔举行会盟，以祝贺喀尔喀蒙古的正式归顺。在这次"多伦诺尔会盟"上宣布治理蒙古的政策和措施，根据蒙古王公的请求，清廷决定在多伦诺尔兴建寺庙，并规定从漠北喀尔喀各旗、内蒙古四十九旗以及厄鲁特（卫拉特）蒙古各旗，各派一名喇嘛到即将兴建的多伦诺尔寺庙居住。关于在多伦诺尔兴建寺庙之缘由，在察哈尔《口北三厅志》中有如下记载：

"康熙三十年（1691年），圣祖仁皇帝（即康熙——引者）宴赉蒙古喀尔喀等外藩君长于此，从诸部所请，即其地（指多伦诺尔之地——引者）建庙，命百二十旗旗各一僧居之。康熙五十年（1711年），赐额曰彙宗。"①

由此可见，康熙在多伦诺尔会盟时听从蒙古诸部的请求，决定在多伦诺尔之地建立寺庙，并下令蒙古一百二十个旗各派一僧到多伦诺尔寺庙住之。尔后，一世章嘉呼图克图奉命主持多伦诺尔的建庙工程，于康熙三十六年（1697年）敕建寺庙落成。多伦诺尔寺庙落成之后的一段时间，这座寺庙在史料文献中只称之为"多伦诺尔庙"，而却没有正式的名称。然而由于该庙用青色砖瓦建成，故蒙古人一般称"呼和苏默"即青庙，也有"东大仓"之俗称。"多伦诺尔庙"（青庙）落成后，清廷委任一世章嘉呼图克图主持该寺宗教事务。康熙四十年（1701年），在"多伦诺尔庙"开设喇嘛印务处，康熙任命一世章嘉呼图克图为掌印"扎萨克达喇嘛"，委任他总管漠南蒙古藏传佛教事务。上引史料显示，到康熙五十年（1711年），康熙给"多伦诺尔庙"赐名为"彙宗"，并授予御制寺额。后于康熙五十三年（1714年），康熙又亲撰"御制彙宗寺碑文"，碑文用满、汉、蒙古、藏四种文体刻写在两块汉白玉碑上，立于彙宗寺释迦牟尼正殿前的左右两侧。彙宗寺汉文碑文全文，可见于察哈尔《口北三厅志》、1943年多伦诺尔喇

① 清乾隆二十三年（1758年）刊本之影印本《口北三厅志》卷四79页。

嘛印务处编《汇宗寺》手抄本档案等文献①。但是，在"御制彙宗寺碑文"中，将"多伦诺尔会盟"的会盟时间写成"康熙庚午"（康熙二十九年，1690 年）之秋，恐怕是康熙三十年（1691 年）之误。

多伦诺尔彙宗寺（青庙），从此成为清代蒙古地区规模宏大的敕建著名寺院，因为它不仅是清代朝廷认定的转世大活佛的驻锡、讲经之寺院，而且也是当时内外蒙古各旗僧侣的修佛和生活的名寺。就清代驻锡彙宗寺的大活佛而言，就有章嘉呼图克图"大国师"、噶尔丹·锡㖦图呼图克图、甘珠尔瓦呼图克图、济隆呼图克图、达赖·堪布呼毕勒汉呼图克图、诺颜·巧尔吉呼图克图、阿嘉呼图克图、墨尔根·诺门汗呼图克图、毕勒格图·诺门汗呼图克图和喇果（阿力户）呼图克图等十位大活佛在彙宗寺设有活佛仓。其中，值得一提的是，噶尔丹·锡㖦图呼图克图的前辈是拉萨甘丹寺的高僧，是四世达赖喇嘛的导师，也是呼和浩特"锡㖦图召"（今作席力图召）的第一世呼图克图席迪图噶布吉的老师。噶尔丹·锡㖦图呼图克图于 1687 年被召入京，被封为"驻京呼图克图"。后来被派遣到多伦诺尔彙宗寺建立佛仓，不仅成为该寺第一世噶尔丹·锡㖦图呼图克图，也成为清廷"四大呼图克图"之一。尤其是，噶尔丹·锡㖦图呼图克图奉乾隆帝之旨，与二世章嘉若必多吉一起，自乾隆六年（1741 年）十月开始主持和组织人员进行了《大藏经》之论疏部《丹珠尔经》的蒙古文译制和修订工作②。

多伦诺尔的青庙彙宗寺（今作"汇宗寺"）于 1945 年毁于战火，现存旧建筑仅有上述十位活佛之一阿嘉活佛之佛仓山门及五

---

① 　清乾隆二十三年（1758 年）刊本之影印本《口北三厅志》卷之首"制敕"14—15 页；张羽新著《清政府与喇嘛教·附清代喇嘛教碑刻录》，277—279 页；任月海著《多伦汇宗寺》，北京：民族出版社，2005 年，36—42 页。

② 　参见任月海著《多伦汇宗寺》，北京：民族出版社，2005 年，104—105 页。

官仓之一大吉瓦仓佛殿等旧建筑①。但近年来,经过多伦县政府多次修缮和重建,历史上的彙宗寺,以"汇宗寺"的崭新面貌展现在多伦县会盟大道。

多伦诺尔(今多伦县)还曾有一座著名的藏传佛教寺庙。据察哈尔《口北三厅志》记载:

"善因寺,在彙宗寺西南里许。雍正九年(1731年)世宗宪皇帝敕建,以居章佳(即章嘉——引者)胡土克图呼毕尔罕。仿西藏达赖喇嘛所居都岗之式建置。都岗者华言经楼。"②

由此可见,雍正九年即1731年,雍正皇帝为让章嘉呼图克图驻锡,在多伦诺尔彙宗寺(汇宗寺)之西南里许(今多伦县城北三里),仿照西藏达赖喇嘛经楼建筑样式建造一座寺宇,命名为"善因寺"。

善因寺建有用满、汉、蒙古、藏四种文体的碑文,其中记述了建寺经过。其汉文碑文中说:"章嘉胡图克图道行高超,证最上果,博通经品,克臻其奥,有大名于西域,诸部蒙古咸所遵仰。今其后身,秉质灵异,符验显然,且其教法流行,徒众日广。朕特行遣宫,发帑金十万两,于彙宗寺之西南里许,复建寺宇,赐额曰'善因'。"③但多伦诺尔善因寺俗称"西大仓"。也由于整个寺庙以黄色为主,故蒙古人一般称作"锡拉苏默"即黄庙。另据"善因寺碑文"相关记载,善因寺建成后,雍正皇帝将善因寺赐给二世章嘉呼图克图若比多吉(1717—1786),并"俾章嘉胡图克图呼毕尔汗(即二世章嘉——引者)主持兹寺,集合喇嘛,讲习经典,广行妙法。蒙古汗、王、贝勒、贝子、公、台吉等俱同为檀

---

① 乔吉编著:《内蒙古寺庙》,呼和浩特:内蒙古人民出版社,1994年,88页。
② 清乾隆二十三年(1758年)刊本之影印本《口北三厅志》卷四。
③ 《世宗宪皇帝御制善因寺碑文》汉文碑文,参见清乾隆二十三年(1758年)刊本之影印本《口北三厅志》卷之首"制敕"15页。

越主人（即施主——引者）。前身后身，敬信无二，自必率其部众，听从诲导，胥登善域"①。可见，蒙古王公是善因寺的施主，雍正皇帝让二世章嘉呼图克图主持善因寺佛教事务，率领蒙古部众，"听从诲导"。而且，这里值得一提的有趣的记载是，"章嘉呼图克图"这一称谓，尽管在《口北三厅志》等史料中以"章嘉胡图克图"或者"章嘉胡土克图"的字形出现，但在1943年多伦诺尔喇嘛印务处档案史料中的"善因寺碑文"中却以"张家胡土克图"的写法出现②。在此特别值得注意的是，如果不是转抄者的笔误，那么到1943年的手抄本档案史料中仍将"章嘉"照旧写成"张家"，是一个值得关注的问题。总之，无论章嘉呼图克图的"章嘉"二字如何书写，当时的二世章嘉呼图克图若比多吉已是清朝"大国师"。从此章嘉呼图克图奉命冬季驻锡北京崇祝寺，夏季驻锡多伦诺尔善因寺，总管漠南蒙古佛教事务。

善因寺（黄庙）后院曾有章嘉呼图克图二层楼阁，也曾有雍正皇帝行宫、官仓五处、活佛仓三处等。多伦诺尔，还曾有过会心寺、曼陀罗庙等寺院，并且清代设有"多伦喇嘛印务处"，加之蒙古各地大活佛的驻锡寺院也在此地，多伦诺尔也就成为名副其实的漠南蒙古佛教中心地。特别是多伦诺尔的彙宗、善因两座佛教寺院，不仅是大活佛的活跃之地，而且与当时内外蒙古各旗之间的关系也比较特殊③。那是因为，清朝康熙、雍正二帝，为在蒙古地区推行扶持佛教政策，先后在多伦诺尔敕建了规模较大的上述彙宗、善因两座寺院，并且让漠南漠北蒙古各旗均派喇嘛进

① 张羽新著：《清政府与喇嘛教·附清代喇嘛教碑刻录》，拉萨：西藏人民出版社，1988年，318—319页。
② 任月海著《多伦汇宗寺》，北京：民族出版社，2005年，52页
③ 关于多伦诺尔佛教寺院与蒙旗关系的个案研究，参见利用蒙古文《准格尔旗扎萨克衙门档案》史料完成的赵朝鲁门硕士学位论文：《多伦诺尔佛教二寺与准格尔旗关系研究》，内蒙古大学硕士学位论文，2013年5月（导师：明·额尔敦巴特尔）。

驻这两座寺院，还让蒙古各旗承担所派本旗喇嘛的口粮银、衣服及房屋修缮等生活费用。但由于自然灾害、财政困难等种种原因，后来到道光年间蒙古各旗往往拖欠该给多伦诺尔庙喇嘛的口粮银等金银。比如，蒙古右翼鄂尔多斯部伊克昭盟"盟长扎萨克多罗贝勒棍藏拉布坦扎木苏为催促多伦诺尔庙喇嘛口粮银之事札扎萨克贝子察克都尔色楞及协理台吉文"等后世档案史料证明，鄂尔多斯蒙古伊克昭盟七旗，曾拖欠派驻多伦诺尔佛教寺院的本旗喇嘛口粮银等生活费用①。

多伦诺尔名寺善因寺在1945年毁于战火，当时唯独正大殿幸免。后来在"文化大革命"中又遭拆除，今仅保存山门及钟鼓楼等旧建筑。

除了库库河屯（呼和浩特）和多伦诺尔之外，漠南蒙古各地方的大多数藏传佛教寺院也是在清代建立的。其中，乌兰察布的寺院为数最多，并在察哈尔八旗、阿拉善、鄂尔多斯、赤峰、哲里木、呼伦贝尔等地都兴建了大量的寺庙。这些寺庙的确切数字虽然难以确定，但却有研究者的大概统计。据文献记载，19世纪末，在漠南蒙古地区大约曾有1200所寺庙，在漠北喀尔喀蒙古地区（今蒙古国）曾有700多所寺庙②。另据文献记载，在清代青海地区曾有400多所"喇嘛庙"，内蒙古地区曾有1000多所"喇嘛庙"，喀尔喀蒙古地区曾有747所"喇嘛庙"，其喇嘛总数已达12万③。

尤其是，受到西藏格鲁派甘丹颇章政权措施的对外影响，清朝前期的蒙古地区也迎来了大量兴建藏传佛教格鲁派寺院的高

---

① 苏德毕力格主编《准格尔旗扎萨克衙门档案》（全42卷·蒙古文）第9卷，赤峰市：内蒙古科学技术出版社，2011年12月，161页第175号文档。

② The Religions of Mongolia, by W.Heissig, University of California Press, 1980, P.1.

③ 张羽新著：《清政府与喇嘛教·附清代喇嘛教碑刻录》，拉萨：西藏人民出版社，1988年，177—179页。

潮。因为格鲁派势力在厄鲁特蒙古顾实汗率领的蒙古军事力量的
援助下于1642年在西藏建立格鲁派甘丹颇章地方政权之后，在
西藏以法令的形式大量兴建了格鲁派寺院，在不到一百年的时期
内使格鲁派寺院数量得以激增。这是不可忽视而又值得研究的基
本史实。比如据雍正十一年（1733年）的统计，藏传佛教格鲁
派宗教领袖达赖喇嘛管辖的西藏格鲁派寺院已达3150所，僧侣
342560人；班禅额尔德尼管辖的寺院已达372所，僧侣13670人。
可见，达赖喇嘛和班禅额尔德尼二人所管辖的寺院总数已达3522
所，僧侣总数为356230人。与此相反，西藏佛教四大宗派中的
其他三派所管辖的寺院分别是：萨迦派寺院仅297所，宁玛派寺
院456所，噶举派寺院307所，三派寺院总共仅有1060所①。通
过这些统计数字可以了解到，达赖喇嘛和班禅额尔德尼二人所管
辖的格鲁派寺院总数为其他三派寺院总数的三倍还多。这充分反
映，18世纪30年代初西藏佛教格鲁派势力发展到绝对优势地位。
而西藏格鲁派势力的这种发展趋势，也促进了蒙古地区大量兴建
藏传佛教寺院的步伐。

值得指出的是，清代大量兴建佛教寺院的范围，不仅限于内
外蒙古地区，而且包括蒙古人居住地区的近邻地区。具体而言，
清王朝的国都北京，清朝皇帝避暑山庄承德以及佛教圣地山西省
五台山等地，清代也都重建或兴建了许多藏传佛教寺院。而且，
清代藏传佛教寺院大多数采取满足蒙古王公建寺请求的形式，清
廷出资"敕建"。其中，北京的雍和宫（1744年改为寺院），白塔
妙应寺（1688年修建），崇祝寺（1711—1712年敕建。章嘉活佛
寺），东黄寺（1669年敕建）等都是著名的佛教寺院。清朝皇帝
避暑山庄承德有蒙古各部王公为庆祝康熙皇帝六十寿辰而建造的
溥仁寺（1713—1714年敕建。蒙古人称"锡拉苏莫"）等"口外

---

① 陈庆英主编：《藏族历史宗教研究·第一辑》，中国藏学出版社，1996
年，260—265页。

八庙"①。佛教圣地五台山有自顺治十六年（1659年）以来成为五台山藏传佛教寺院之冠的菩萨顶（大文殊寺），五台山最早的藏传佛教寺院圆照寺（古称普宁寺），作为清代章嘉呼图克图五寺之一的广化寺，设有三世章嘉呼图克图灵塔（舍利塔）的镇海寺，康熙四十四年（1705年）由汉传佛教寺院（俗称青庙）改为藏传佛教寺院（俗称黄庙）的"五台山保存完好的十大黄庙之一"罗睺寺（原名洛佛寺）等②十几所藏传佛教寺院。清代修缮或重建的五台山藏传佛教诸寺院，成为清代蒙古各部乃至当今内蒙古民众常去参拜或出家的寺院。

小　结

自清初到乾隆年间，蒙古人居住地区，特别是在漠南蒙古地区，藏传佛教格鲁派（黄教）逐渐得以传播、发展和兴盛，佛教思想渗透到了清代蒙古人社会的各个角落。但是，这绝不是仅仅由于蒙古人自身的纯粹的佛教信仰所导致，而是由于错综复杂的社会原因所导致。其中，为巩固对蒙古各部的政治统治，清廷对蒙古地区采取的藏传佛教政策则是重要原因之一。

清朝对蒙佛教政策以清朝诸帝的佛教观为基础，而清朝诸帝对藏传佛教的认识，大多出于国家统治的政治立场。清朝前期对蒙藏佛教政策，具体表现在笼络、怀柔蒙藏僧俗上层人物；利用大活佛转世制度，采用"以蒙治藏"计谋；大量建立或修建藏传佛教寺院，通过赐名、册封等举措统管寺院事务等方面。总之，清朝对藏传佛教的利用、扶植和鼓励政策，促进了喇嘛阶层的畸

---

① 乔吉编著：《内蒙古寺庙》，呼和浩特：内蒙古人民出版社，1994年，40—41页。

② 崔正森主编：《五台山一百零八寺》，太原：山西科学技术出版社，2004年，24页。

形膨胀，从而也带来了一些不利于国家统一和社会稳定的消极因素。因此，清廷扶植藏传佛教的同时，也不断完善各项政策措施的制度化、法规化，从而加强了对藏传佛教喇嘛阶层的管理。当然，西藏佛教上层从自身的教派斗争需要出发，积极利用蒙古军事力量，努力增加蒙古人信徒，从而促使格鲁派势力在蒙古地区的发展，而蒙古封建王公贵族笃信藏传佛教，用蒙古军事力量支援了格鲁派势力在西藏和蒙古地区的发展，这些都是清朝前期蒙古地区藏传佛教兴盛的重要原因。

第九章　1720 年蒙古文佛教
经典《甘珠尔经》

第一节　1720 年蒙古文《甘珠尔经》之前的历史积累

据《蒙古源流》(Erdeni-yin tobči)记载，蒙古曲律可汗（即武宗海山，1307—1311 在位）即位后，命令僧人搠思吉斡节儿·法光译师翻译了经卷和本续的大部分，以二道教化国人①。虽然个别佛教文献的蒙古文翻译早在 13 世纪中叶就已经开始，但上述记载表明佛教经典的大规模蒙古文翻译事业是在 14 世纪初期蒙古海山·曲律大汗时期开始的。

那么，在清代 1717—1720 年间刊印《北京木刻版蒙古文甘珠尔经》之前，佛教典籍的大规模蒙古文翻译事业和完整的蒙古文《甘珠尔经》写本的诞生经历了什么样的历史阶段呢？对此，正如张双福先生所指出的那样，蒙古人在经过《甘珠尔经》蒙古文翻译准备阶段之后，在参与和补雕汉文《大藏经》和结集藏文《大藏经》等"长期的酝酿和积极的准备工作，吸取和总结了诸种文字雕刻《大藏经》的经验教训的基础上，在 13 世纪后半叶开始，有计划、有步骤地翻译、结集、刊印《蒙古文大藏经》即《甘珠尔经》《丹珠尔经》的宏大工程已经拉开了序幕"②。这个翻译、结集、刊印蒙古文佛教经典《甘珠尔经》的庞大工程，到了 17 世纪 20 年代末得以最终完成。那就是蒙古林丹汗（1604—1634 在位）降旨召集当时蒙古诸多学僧和译师，在 1628 年至 1629 年

① 　[日]冈田英弘訳注《蒙古源流》，東京·刀水書房，2004 年 10 月，153 页。
② 　张双福：《蒙古文"大藏经·甘珠尔经"概论》，载《蒙古学研究年鉴·2005 年卷》，呼和浩特，内蒙古社会科学院，2005 年，236—238 页。

春夏之间最终完成了113卷《蒙古文金字甘珠尔经》写本。

《蒙古文佛教文献研究》一书的作者宝力高先生认为，佛经的蒙古文翻译工程经过了蒙元时期的"蒙古文佛教文献萌芽时期"、北元时期的"成熟时期"和清代的"鼎盛时期"。宝力高对元代的必兰纳识里、搠思吉斡节儿，北元时期的锡埒图·固什·绰尔济、贡嘎斡节儿·班智达、达尔罕喇嘛·萨木丹僧格等著名的翻译家和各个时期的蒙古文佛教文献进行了详细的研究。而且，在论及与本章内容有直接关系的蒙古文《甘珠尔经》单行本时指出："《甘珠尔》单行本的蒙译始于元代。《金光明经》、《五护神陀罗尼经》、《圣曼珠室利真实名义经》、《佛所行赞》、《佛母般若波罗蜜多心经》、《佛陀三十四世诞化世传》等近二十篇（部）佛教典籍，在元代已被译成蒙古文。进入北元时期以后，《甘珠尔》中更多的佛教典籍，也被译成单行本，流传在社会。"① 对如上的历史进程，我们将在下面略加自己的阐述。

学界周知，对17世纪初和17世纪20年代末佛教经典的蒙古文翻译工程，是有明确史料记载的。首先，在北元末期的蒙古林丹汗（1604—1634在位）即位前后，当时蒙古右翼土默特万户已故阿勒坦汗（俺答汗）之孙辈那木岱彻辰汗、温布（鄂木博）鸿台吉等人，于1602年至1607年间组织蒙古右翼三万户译师，在土默特地区以蒙古文翻译完成108卷《甘珠尔经》。就这一事迹，在17世纪蒙古文史书《阿勒坦汗传》（Erdeni tunumal neretü sudur orosiba）中有如下记载：

"其后那木岱彻辰汗、钟根哈敦、鸿台吉三人，按经教之制奉行尊圣可汗（指阿勒坦汗——引者）之政，使以蒙古语翻译佛师所说一百零八甘珠尔经。于是锡勒图·固什·绰尔吉、阿优希·阿

---

① 宝力高著《蒙古文佛教文献研究》，北京：人民出版社，2012年1月，77—121页。

难答·满珠锡里固什等，与杰出的三万户的译者贤能，自黑虎年至红羊年间，将一切经文全部译出，美妙得体地纳入卷册之中。"①

上引史料中的黑虎年即壬寅年（1602 年），红羊年即丁未年（1607 年），因此按照这一史料记载，于 1602 年至 1607 年间，已故阿勒坦汗之孙那木岱彻辰汗、钟根哈敦等人让右翼蒙古三万户的锡勒图·固什·绰尔吉等杰出的译师们，在土默特地区"以蒙古语翻译佛师所说一百零八甘珠尔经"，并将它"纳入卷册之中"。自 1984 年蒙古文《阿勒坦汗传》（Erdeni tunumal neretü sudur orosiba）首次在内蒙古出版以来，国内外研究者都十分注重上面的土默特等右翼蒙古三万户译师所译 108 卷《蒙古文甘珠尔经》。但是，与此同时我们不能忽略以下两个基本事实：

其一，《黄金史纲》（Quriyangγui altan tobči）、《黄史》（sir-a tuγuji）、《蒙古源流》（Erdeni-yin tobči）、《黄金史》（Altan tobči）、《金鬘》（Altan erike）等其他蒙古文重要史书，对 1602 年至 1607 年之间右翼蒙古三万户译师们所译 108 卷《蒙古文甘珠尔经》这一事迹都没有记载。其原因何在，仍然有待于进一步研究。与此同时，也应当注意到，在东西方学界影响颇广的《蒙古佛教史》（Hor čhos ′byung）中则有如下不同的记载。其中说：

"索南嘉措的亲传弟子呼和浩特班智达·席热格图国师·却杰将《般若》十万颂、二万五千颂、八千颂以及至尊米拉日巴传及道歌集等许多经论、传记译成蒙古文。在察哈尔林丹·呼图克图汗时期，以贡噶俄色为首的许多译师将全部《甘珠尔》等许多经典译成蒙古文。"②

虽说上引史料中所说"呼和浩特班智达·席热格图国师·却

① 珠荣嘎译注《阿勒坦汗传》汉译本，呼和浩特：内蒙古人民出版社，1990 年 5 月第一版，176—177 页。
② 固始噶居巴·洛桑泽培著，陈庆英、乌力吉译注《蒙古佛教史》（汉译本），天津古籍出版社，1990 年，77—78 页。

杰（即锡埒图·固什·绰尔济）将《般若》十万颂"等许多经文译成蒙古文是不容置疑的事实，但在这里更应当充分关注"林丹·呼图克图汗时期，以贡噶俄色为首的许多译师将全部《甘珠尔》等许多经典译成蒙古文"这一记载。因为事实证明，蒙古林丹汗下令组织学者和僧人完成的蒙古文《甘珠尔经》是流传至今的几种《甘珠尔经》抄本的底本。

其二，更为重要的是，蒙古文《阿勒坦汗传》所记载的、1602年至1607年间蒙古右翼土默特万户那木岱彻辰汗（已故阿勒坦汗之孙）、钟根哈敦、温布（鄂木博）鸿台吉等人组织蒙古右翼三万户译师翻译成册的108卷蒙古文《甘珠尔》经，不仅至今没有被发现，而且"当时所译经文已不多见"①。与此相反的史实却是，流传至今的蒙古文《甘珠尔经》各种写本（包括朱、墨两色墨写本或金字写本、银字写本），大多为蒙古林丹汗（1604—1634在位）时期所译。

另外，蒙古文史书《黄册》(sir-a tuγuǰi)中称：蒙古林丹汗在位时，召请贡嘎斡杰尔等译师，令以蒙古文翻译佛教经典《甘珠尔经》②。而《金鬘》(Altan erike)中则较详细地写道：以呼图克图·班智达·文珠师利法王·贡嘎斡杰尔、如来法光·萨姆丹僧格·达尔罕喇嘛·灌顶国师二人为首的众多译师，在第十一绕迥之第二龙年（1628年）十一月二十一日至翌年（1629年）仲夏之间翻译完成了113卷蒙古文《甘珠尔经》，并将它在青纸上绘制了犹如日月般的金银字③。这些蒙古文史书记载，指的是1628年至1629年仲夏之间蒙古林丹汗下令组织众多学者和僧人进行

①　张双福：《蒙古文"大藏经·甘珠尔经"概论》，载《蒙古学研究年鉴·2005年》，呼和浩特：内蒙古社会科学院，2005年，239页。

②　参见《黄册》俄译本所附蒙古文原文。

③　[清]纳塔著，乔吉校注《金鬘》（Altan erike），呼和浩特：内蒙古人民出版社，1999年第二版，113—114页。

的《甘珠尔经》翻译、校勘工程。也就是指后世人们通称的蒙古林丹汗《蒙古文金字甘珠尔经》(Mongɣol altan ɣanǰuur) 写本的形成过程。它表明蒙古林丹汗于 1628—1629 年间，下令召集学者和僧人翻译、编审和增补了以往《甘珠尔经》蒙古文翻译成果，由此于 1629 年最终完成了 113 卷《蒙古文金字甘珠尔经》写本。由于我们在前面已经探讨了《金字甘珠尔经》的成书经过、内容和流传等问题，因此在此不必展开赘述。

但是，在康熙五十六年至五十九年（1717—1720 年）间完成的御制《北京木刻版蒙古文甘珠尔经》问世之前，除了 17 世纪 20 年代末的林丹汗 113 卷《蒙古文金字甘珠尔经》写本及其以后的各种蒙古文抄写本以外，到底还有哪些被翻译成蒙古文的经文或佛教经典，以单行本的形式流传于社会呢？对此，德国著名蒙古学家海西希（W.Heissig,1913—2005）有过较详细的研究。如下所列，海西希在其 1954 年的德文著作《北京木刻版蒙古文 "喇嘛教" 经典》(Die Pekinger Lamaistischen Blockdrucke in Mongolischer Sprache) ① 中，介绍了顺治七年（1650 年）至康熙五十六年（1717 年）间被整理刊印的 40 多种蒙古文佛教经典单行本。尽管笔者不赞同海西希著作中的 "喇嘛教" 这一称谓，但是海西希所介绍的、1720 年蒙古文佛教经典《甘珠尔经》刊印之前的蒙古文佛教经典单行本却有它独特的重要文献史料价值。因此，笔者将那些单行本经名译成汉文，并保留蒙古文经名的原书

---

① Walther Heissig, Die Pekinger Lamaistischen Blockdrucke in Mongolischer Sprache, Wiesbaden, 1954. 本书由内蒙古社会科学院乔吉研究员提供，在此谨表谢意。

拉丁转写（将蒙古语第二音节元音用"u"转写的转写法）①，按刊印年代顺序列举如下：

（1）顺治七年（1650年）刊印的蒙古文《圣忏悔灭罪大解脱普闻成等正觉胜庄严大乘经》（Qutuγ-tu yekede tonilγaγči jügüd-tür degeregsen γasiγudan gemsiküi-ber kilinčis-i arilγaγad burqan bolγan bütügeküi teyin böged jokiyaγsan neretü yeke kölgen sudur）。该经后来以相同的经名被收录于1720年《北京木刻版蒙古文甘珠尔经》。

（2）顺治十六年（1659年）刊印的蒙古文《圣金光明最胜王大乘经》（也称《金光明经》等；Qutuγ-tu degedü altan gerel-tü erketü sudur-nuγud-un qaγan neretü yeke kölgen sudur）。

（3）康熙四年（1665年）刊印的蒙古文《宝顶陀罗尼大乘经》（Erdeni oki-yin toγtaγal neretü yeke kölgen sudur）。该经以略微不同的经名后被收录于1720年《北京木刻版蒙古文甘珠尔经》，其经名为：《圣者大聚宝顶陀罗尼大乘经》（Qutuγ-tu yekede quriyaγsan erdeni oki-yin toγtaγal neretü yeke kölgen sudur）。

（4）康熙四年（1665年）刊印的蒙古文《圣者宝纲请问大乘经（佛说宝纲经）》（Qutuγ-tu erdeni tour-tu-yin öčigsen neretü yeke kölgen sudur）。该经后来以相同的经名被收录于1720年《北京木刻版蒙古文甘珠尔经》。

（5）康熙五年（1666年）刊印的蒙古文《圣贤劫者大乘经（贤劫经）》（Qutuγ-tu sayin čaγ-un neretü yeke kölgen sudur）。该经后来以相同的经名被收录于1720年《北京木刻版蒙古文甘珠尔经》。

① 在蒙古语第一音节为"o"元音时，将蒙古语第二音节的元音以"u"元音转写的拉丁转写法，在西方学者当中历史上虽已成习惯，但这种转写法近年来已不常见。笔者在此为了尊重海西希书中的原拉丁转写，保留了该书拉丁转写的原貌。比如：该书中所拉丁转写的"orusibai"、"yosun"等词第二音节的元音，其实近年来已不转写成"u"，而是以它们的发音转写为"orosibai"、"yoson"等。

（6）康熙五年（1666年）刊印的蒙古文《圣宝蕴大乘经》（čoγtu čindan sudur orusibai 又称 Qutuγtu erdeni-yin čoγča neretü yeke kölgen sudur）。

（7）康熙六年（1667年）刊印的蒙古文《五台山五岳信徒妙音经》（uda-yin tabun aγulan-u orusil süsügten-ü čikin čimeg orusiba）。

（8）康熙二十一年（1682年）刊印的蒙古文《七善逝供养仪轨圆梦最胜王经》（Doluγan sayiber oduγsan-u takiqu-yin ǰang yosun-luγa neyileküi küsel-i qangγaγči erkes-ün qaγan neretü）。

（9）康熙二十六年（1686年）刊印的蒙古文《圣五守护大乘经》（Qutuγ-tu Pancaraksa kemekü tabun sakiyan neretü yeke kölgen sudur orusiba）。

（10）康熙四十一年（1702年）刊印的蒙古文《清凉山新志》（čing liyang šan aγulan-u sine ǰi bičig，又称：udai seregün tungγalaγ aγula-yin ǰokiyangγui）。

（11）康熙四十六年（1707年）刊印的蒙古文《八千颂》（Nayiman mingγatu-yin sudur orusiba）。该经后被收录于1720年《北京木刻版蒙古文甘珠尔经》的名称是：《圣八千颂般若波罗密多陀罗尼》（Qutuγ-tu bilig-ün činadu kiǰaγar-a kürügsen nayiman mingγatu-yin tarni）。

（12）康熙四十六年（1707年）刊印的蒙古文《二万五千颂》（Qorin tabun mingγatu orusiba）。后被收录于1720年《北京木刻版蒙古文甘珠尔经》的名称是：《圣二万五千颂般若波罗密多陀罗尼》（Bilig-ün činadu kiǰaγar-a kürügsen qorin tabun mingγatu）。

（13）康熙四十六年（1707年）刊印的蒙古文《陀罗尼汇总》（Tarnis-un quriyangγui）。

（14）康熙四十七年（1708年）刊印的蒙古文《圣大解脱经》（Qutuγ-tu degedü yeke-de tonilγaγči neretü sudur orusiba）。该经

曾经于顺治七年（1650 年）以《圣忏悔灭罪大解脱普闻成等正觉胜庄严大乘经》（Qutuɣ-tu yekede tonilɣaɣči ǰüg-üd-tür degeregsen ɣasiɣudan gemsiküi-ber kilinčis-i arilɣaɣad burqan bolɣan bütügeküi teyin böged ǰokiyaɣsan neretü yeke kölgen sudur）的经名刊印，后被收录于 1720 年《北京木刻版蒙古文甘珠尔经》。

（15）康熙四十七年（1708 年）刊印的蒙古文《圣莫伦托音对母报恩经》（Qutuɣ-tu molon toyin eke-dür-iyen ači qariɣuluɣsan kemekü sudur orusiba）。

（16）康熙五十年（1711 年）刊印的蒙古文《白莲华法乘经》（čaɣan lingqu-a neretü nom-un kölgen sudur）。后被收录于 1720 年《北京木刻版蒙古文甘珠尔经》的名称是 :《正法白莲华大乘经（妙法莲华经）》（čaɣan lingqu-a neretü degedü nom yeke kölgen sudur）。

（17）康熙五十年（1711 年）刊印的蒙古文《圣慧到彼岸金刚经 [圣般若波罗密多能断金刚大乘经]》（Qutuɣ-tu včir-iyar oɣtaluɣči bilig-ün činadu kiǰaɣar-a kürügsen neretü yeke kölgen sudur）。后被收录于 1720 年《北京木刻版蒙古文甘珠尔经》的名称相同。

（18）康熙五十年（1711 年）刊印的蒙古文《般若波罗密多金刚菩提道经》（Bilig-ün činadu kiǰaɣar-a kürügsen včir bodi mör-i tuɣulaqui neretü sudur）。

（19）康熙五十一年（1712 年）刊印的蒙古文《般若波罗密多百八颂纯熟经》（Yum čüng-ün quriyangyui [Bilig-ün činadu kiǰaɣar-a kürügsen ǰaɣun nayiman silüg-ün udq-a endegürel ügei quriyaɣsan silüg]）。

（20）康熙五十一年（1712 年）刊印的蒙古文《最圣大智慧到彼岸千百颂 [十万般若波罗密多经]》（Bilig-ün činadu kürügsen ǰaɣun mingɣan toɣatu）十二卷即《大般若经》十二卷，1720 年《北京木刻版蒙古文甘珠尔经》总第 26 卷至第 37 卷便是《大般若经》

十二卷经文。

（21）康熙五十一年（1712 年）刊印的蒙古文《圣白伞盖》（Qutuγ-tu čaγan sikürtei orusiba）。在 1749 年《北京木刻版蒙古文丹珠尔经》中，有《圣白伞盖赞》（Qutuγ-tu čaγan sikürtei-yin maγtaγal）等有关"白伞盖"的若干经文。

（22）康熙五十一年（1712 年）刊印的蒙古文《般若波罗密多经》（Bilig baramid neretü sudur）。

（23）康熙五十一年（1712 年）刊印的蒙古文《圣名结集经》（Qutuγ-tu nere sanggadi [<s.samgiti] neretü sudur）。

（24）康熙五十一年（1712 年）刊印的蒙古文《摩尼文集卷一·卷二》（Mani gambu [<T. bka''bum]-yin terigün / nögüge bölüg orusiba）。

（25）康熙五十一年（1712 年）刊印的蒙古文《莲花遗教经》（Badma γatang [<Tib. pad-ma bka'-thang]un sudur orusiba）①。

（26）康熙五十三年（1714 年）刊印的蒙古文《最净焚香祭祀》（ündüsün sang orusiba [masi ariγuluγči bsang takil]）。

（27）康熙五十三年（1714 年）刊印的蒙古文《佛说贤愚经（贤愚经）》（üliger-yin dalai-yin sudur orusiba）。《佛说贤愚经》后来以不同的蒙古文经名（即以"silaγun onol-tu kemegdekü sudur"的经名），收录于 1720 年《北京木刻版蒙古文甘珠尔经》②。

---

① 《莲花遗教经》这一汉文经名为笔者所译。此处海西希所著德文《蒙古文北京木刻版"喇嘛教"出版物》（Die Pekinger Lamaistischen Blockdrucke in Mongolischer Sprache）中的蒙古文经名拉丁转写为"Badma Gatang sudur-un orusiba"，疑为"Badma Gatang-un sudur orusiba"之误写。Badma Gatang 来自藏语 pad-ma bka'-thang，其意为《莲花遗教》（参见张怡荪编《藏汉大辞典》上册，北京：民族出版社，1993 年，71 页）。

② Walther Heissig, Die Pekinger Lamaistischen Blockdrucke in Mongolischer Sprache, Wiesbaden, 1954, p.33; LOUIS LIGETI, CATALOGUE DU KANJUR MONGOL IMPRIME, VOL.,I, BUDAPEST,1942-44，No.1103.

（28）康熙五十四年（1715年）刊印的蒙古文《倾听解脱大乘经》（sonusuɣad yekede toniluɣči neretü yeke kölgen sudur orusiba）。

（29）康熙五十四年（1715年）刊印的蒙古文《倾听解脱经》（sonusuɣad tonilɣaɣči-yin sudur ene bui）。

（30）康熙五十五年（1716年）刊印的蒙古文《无量寿经》（Ayusi①　neretü sudur）。该经文后来以不同的蒙古文经名即以"qutuɣtu čaɣlasi ügei nasun kiged belge biligtü neretü yeke kölgen sudur"（汉译为《圣者无量寿智大乘经[大乘无量寿宗要经等]》）②的经名，收录于1720年《北京木刻版蒙古文甘珠尔经》。

（31）康熙五十五年（1716年）刊印的蒙古文《圣文殊师利名等诵经》（Qutuɣ-tu nam-a samgyiti neretü sudur [Qutuɣ-tu Manjusiri-yin nere-yi üneker ügüleküi]）。

（32）康熙五十五年（1716年）刊印的蒙古文《一万八千颂经卷一·卷二·卷三》（Arban nayiman mingɣatu terigün / nögüge / ɣutaɣar gelmeli kemegdekü sudur）。

（33）1716年（康熙五十五年）刊印的蒙古文《圣一万颂经·卷四》（Qutuɣ-tu tümen silüg-tü dötüger gelmeli kemegdekü sudur）。译者为锡埒图·固什·绰尔济。后来该经以"Qutuɣtu bilig-ün ninadu kijaɣar-a kürügsen tümen silüg-tü kemekü yeke kölgen sudur"（《智慧到彼岸一万颂[圣般若波罗密多一万颂经]》）的经名，收录于1720年《北京木刻版

① 此处蒙古文ayusi一词来自梵文 āyus，汉译意思为"寿命"，"寿量"等（参见：日本铃木学术财团编集《漢訳対照梵和大辞典》，東京·株式会社講談社，1999年第十一刷発行，204頁）
② 参见《蒙古文甘珠尔·丹珠尔目录》编委会编：《蒙古文甘珠尔·丹珠尔目录》（下册），呼和浩特：远方出版社，2002年12月，975页。

蒙古文甘珠尔经》①。

（34）1716 年（康熙五十五年）刊印的蒙古文《诸般若波罗密多 [诸般若经]》（Eldeb bilig baramid）。

（35）1716 年（康熙五十五年）刊印的蒙古文《十方君主格斯尔汗传记》（Arban jüg-ün ejen geser qaɣan-u tuɣuji orusiba）。

（36）1716 年（康熙五十五年）刊印的蒙古文《格斯尔祭文经》（Geser-yin ubsang neretü② sudur kemekü orusiba）。

（37）1717 年（康熙五十六年）刊印的蒙古文《摩尼文集某卷》（Mani gambu-yin……③ bölüg orusiba）。

（38）1717 年（康熙五十六年）刊印的蒙古文《圣者大聚宝顶陀罗尼大乘经 [圣大集宝顶陀罗尼大乘经]》（Qutuɣtu yekede quriyaɣsan erdeni oki-yin toɣtaɣal neretü yeke kölgen sudur）。后来该经以相同的经名被收录于 1720 年《北京木刻版蒙古文甘珠尔经》。

（39）1717 年（康熙五十六年）刊印的蒙古文《圣者宝网请问大乘经 [佛说宝网经]》（Qutuɣtu erdeni tour-tu -yin öčigsen neretüyeke kölgen sudur）。后来该经以相同的经名被收录于 1720 年《北京木刻版蒙古文甘珠尔经》。

（40）1717 年（康熙五十六年）刊印的蒙古文《洁净焚香祭祀经》（Ariɣun ubsang nere-tü sudur）。

---

① 参见《蒙古文甘珠尔·丹珠尔目录》编委会编：《蒙古文甘珠尔·丹珠尔目录》（下册），呼和浩特：远方出版社，2002 年 12 月，1021 页。

② 此处 neretü 一词在海西希所著德文《蒙古文北京木刻版 "喇嘛教" 出版物》（Die Pekinger Lamaistischen Blockdrucke in Mongolischer Sprache）中的蒙古文拉丁转写为 artu，疑为 neretü 之误写。

③ 在海西希所著德文《蒙古文北京木刻版 "喇嘛教" 出版物》（Die Pekinger Lamaistischen Blockdrucke in Mongolischer Sprache）中的蒙古文经名拉丁转写中，此处缺少表示第几卷的卷数序数词，故译为 "某卷"。

（41）1717 年（康熙五十六年）刊印的蒙古文《俗语经》（Qara kelen neretü sudur）。

（42）1717 年（康熙五十六年）刊印的蒙古文《白多罗母经》（Čaγan dhara eke-yin sudur）。

（43）1717 年（康熙五十六年）刊印的蒙古文《绿多罗母经》（Noγuγan dhara eke orusiba）。

（44）1717 年（康熙五十六年）刊印的蒙古文《圣天地八明大乘经》（Qutuγ-tu tngri γajar-un nayiman gegegen yeke kölgen sudur）。该经以基本相同的蒙古文经名即以" Qutuγ-tu oγtarγui γajar-un nayiman gegen neretü yeke kölgen sudur"之名，被收录于 1720 年《北京木刻版蒙古文甘珠尔经》。但在《蒙古文甘珠尔·丹珠尔目录》中的汉文经名则简称为《圣八明经》①。

由于蒙古文《圣天地八明大乘经》题跋中说该经译自汉文经典，因此在这里有必要简要地论及汉传佛教史上的该经原汉文经名及其流传等情况。首先，据悉，该经汉文原经名为《佛说天地八阳神咒经》，也称《天地八阳神咒经》、《佛说八阳神咒经》、《八阳神咒经》、《天地八阳经》等，这些都统一简称《八阳经》。

其次，据 1942 年编著的匈牙利蒙古学者里盖提（又作李盖提，Louis Ligeti）《蒙古文甘珠尔目录》（CATALOGUE DU KANJUR MONGOL IMPRIME）中的 No.709 号经文题名，《八阳经》的梵文经名为："ārya-kakana[gagana]pam-asta-vairocana-nāma-mahāyāna-sūtra."② 其梵文经名中的关键词"asta"意为"八"，而另一关键词"vairocana"这一梵语的原词义为"太阳的"。其汉译较多，为"遍照"、"普照"、"照明"、

_____

① 参见《蒙古文甘珠尔·丹珠尔目录》编委会编：《蒙古文甘珠尔·丹珠尔目录》（下册），呼和浩特：远方出版社，2002 年 12 月，1015 页。
② LOUIS LIGETI, CATALOGUE DU KANJUR MONGOL IMPRIME, VOL.,I, BUDAPEST,1942–44，p.159.

"普照明"、"众明主"、"光明普照"等 ①。这些汉译都与"太阳"和"光明"有关，正因为如此，汉文原经名《八阳经》很可能基于以上两个关键梵文词。从另一个角度来说，"vairocana"这一梵语在佛教史上也被译成"大日"（即"大日如来佛"），而这"大日如来佛"的起源正是古代印度的"光明神"②，也与"光明"有关。因此，汉文经名《八阳经》中的"阳"当来自太阳，蒙古文经名《八明经》中的"明"（gegegen）一词的本义为"光明"，转义词义为"活佛"、"明主"、"明王"等，与"vairocana"的汉译词义相符。虽说蒙古文《八明经》译自汉文经典，但蒙汉文经名略微不同，对"vairocana"略有不同解释，这说明蒙古文译者至少参照了梵文经名。

第三，对《八阳经》的日、韩、藏、蒙古以及回鹘文等文本的流传，日本学者小田寿典（Oda Juten）在其《伪经本"天地八阳神咒经"的传播与文本》一文中进行了较详细的论述。德国学者茨默（Peter Zieme）在其《佛教与回鹘社会》一书中，对《八阳经》的性质及其在汉人、藏族人、回鹘人和蒙古人中的流传等问题有一段精辟的论述。他写道：

"《佛说天地八阳神咒经》也属于伪经之列，此经估计是公元 8 世纪武则天（684—704 年）统治时期形成的。武则天是一位佛教的积极维护者。关于此经之形成过程与流播历史之类的诸多问题已被（匈牙利的）李盖提和（日本的）小田寿典等在众多的论文中反复探讨过，在此不拟对其做进一步的研究。在汉人、藏族人、回鹘人和蒙古人那里，这部经得到了广泛的传播，颇受人

---

① 参见：[日] 鈴木学術财団编集《漢訳对照梵和大辞典》，東京·株式会社講談社，1999 年第十一刷发行, 1284 页。
② [日] 中村元等编：《岩波仏教辞典》，東京·岩波书店，1989 年, 543 页。

们喜爱。今存世的写本为数极多，而且还有大量的刻本传世。"①

看来，蒙古文《圣天地八明大乘经》（即《八阳经》）自 1717 年以来以其单行本形式流传于蒙古社会，而且由于后又被收录于 1720 年《北京木刻版蒙古文甘珠尔经》，以其刻本形式流传至今。

总之，在 18 世纪初期即 1720 年御制《北京木刻版蒙古文甘珠尔经》刊印之前，从 17 世纪初蒙古右翼土默特万户那木岱彻辰汗（阿勒坦汗之孙）、钟根哈敦、温布（鄂木博）鸿台吉等人组织蒙古右翼三万户译师完成的蒙古文《甘珠尔经》算起的话，蒙古文《甘珠尔经》以写本的形式流传了一百多年。如上所言及，虽然蒙古土默特万户的蒙古文《甘珠尔经》的大部分没有流传下来，但 17 世纪 20 年代末完成的蒙古林丹汗《蒙古文金字甘珠尔经》的抄写本却成了 1720 年完成的御制《北京木刻版蒙古文甘珠尔经》的底本，首先这是不可否认的历史事实。

其次，从以上蒙古文佛经单行本名称可以得知，在大规模翻译、刊印木刻版蒙古文佛教经典之前，社会上还流行着如此大量的单行本形式的木刻版蒙古文佛教典籍。正是在这样的历史积累的基础上，在 1717 年至 1720 年间完成了 108 卷（函）御制《北京木刻版蒙古文甘珠尔经》（也称《北京红花水版蒙古文甘珠尔经》、《北京朱印版蒙古文甘珠尔经》《木刻版蒙古文甘珠尔经》等等）的校勘、雕版和刊印。历史总是有着如此密切的内在联系和客观的延续性。

第二节　1720 年蒙古文《甘珠尔经》的刊印

值得指出的是，如果说 14 世纪初期到 17 世纪前期的佛教经典大规模蒙古文翻译事业是由蒙古人自身自发地发起和自发地进

---

① ［德］茨默著，桂林、杨富学译《佛教与回鹘社会》，北京：民族出版社，2007 年，51 页。

行的话，而18世纪前期的蒙古文《甘珠尔经》、《丹珠尔经》的编审、雕版和刊印事业的情况却有所不同。那是因为，蒙古文《甘珠尔经》《丹珠尔经》的刊印事业不是由蒙古人自身自发地发起，而是分别在清朝康熙帝和乾隆帝的敕令下完成的。在这个意义上讲，清代蒙古文御制佛教经典《甘珠尔经》、《丹珠尔经》的编审、雕版和刊印，从根本上说，应当说是清朝对蒙统治的政治需要，也是清朝对蒙佛教政策的重要内容之一，这是历史事实的一个重要方面。正是在清朝皇帝的敕令下，清朝初期佛教经典的大量蒙古文翻译、编审、雕版和刊印事业得以顺利展开，并主要以内蒙古的多伦诺尔和北京为中心有了很大的发展。其主要表现在蒙古文《大藏经》即蒙古文《甘珠尔经》、《丹珠尔经》的奉旨编审、雕版和刊行，是在康熙年间(1662—1722年)后期(1717—1720年)和乾隆年间(1736—1795年)初期(1742—1749年)达到了其高峰。在另一方面，正如蒙古佛教史学者、内蒙古社会科学院研究员乔吉先生所指出的那样，"在清朝诸帝中，康熙是第一个对佛教经典发生兴趣的皇帝。在康熙帝热心支持和扶植下，蒙古人，尤其是内蒙古的蒙古人，对佛教的信仰发展到了更高的思想境界"[①]。诚然，在清朝诸帝中，康熙帝是对佛教经典，尤其是对蒙古文佛教经典产生"兴趣"的人物。在康熙帝的影响下，后来他的儿子雍正帝及其孙子乾隆帝也都对佛经感"兴趣"、"喜阅内殿"或敕建佛寺，也降旨出版了各种御制佛教经典等。因此，清代佛教经典的大量蒙古文编审和刊印事业得到空前的发展，的确与清朝几位皇帝对佛教的"兴趣"有一定关系。

至于1720年蒙古文佛教经典"甘珠尔经"的具体刊印地点，内蒙古图书馆研究员忒莫勒最近撰文归纳了以下几种说法：即（一）多伦诺尔庙说；（二）净住寺说；（三）嵩祝寺说；（四）

[①]　乔吉编著:《内蒙古寺庙》，呼和浩特: 内蒙古人民出版社，1994年，31页。

北京皇城"油毡房"说；（五）妙应寺（白塔寺）说等。并且忒莫勒根据 1802 年（嘉庆六年十二月十六日）的一份蒙古文档案史料指出，"蒙古文《甘珠尔》、《丹珠尔》经的印刷最初是在妙应寺"①，此说很有新意。

不过笔者认为，以某一寺庙或以某一具体"油毡房"作为 1720 年蒙古文《甘珠尔经》刊印地的做法，其实不大符合蒙古文《甘珠尔经》形成的实际情况。因为，就 1720 年最终完成的蒙古文佛教经典《甘珠尔经》的编审、雕版和刊印而言，其形成过程并不是以一个寺庙或一个具体地点作为据点而进行，而是主要在内蒙古多伦诺尔庙和北京嵩祝寺、妙应寺（白塔寺）等几个地方的众多学僧共同参与下，最终完成了蒙古文佛教经典《甘珠尔经》的编审、雕版和刊印这一庞大的系统工程。笔者认为这样理解才更接近于蒙古文《甘珠尔经》刊印的基本历史事实。下面就此列举几份史料和历史事实，阐述笔者见解。

据中国第一历史档案馆藏康熙五十六年（1717 年）十一月九日满文朱批奏折《乾清门侍卫拉锡等为奉旨刊印蒙古文〈甘珠尔经〉所需费用等谨奏》记载：

"乾清门侍卫拉锡等谨奏，为请圣旨。康熙五十六年四月初四，奴才[拉锡]曾口奏。主子前谕头等侍卫善绥：'据闻尔家中有蒙古文《甘珠尔》经，京城有藏文《甘珠尔》经版，唯独没有蒙古文《甘珠尔》经版，若能雕版则甚佳。此一善事，传乾清门侍卫拉锡，著八旗蒙古大臣、侍卫、官员、巴克什等大家共同会议，议定化缘制版一事。若雕版刊印，非但颇益于刊印后供诵，且较

---

① 忒莫勒：《关于清代北京版蒙古文"甘珠尔"、"丹珠尔"经的刊印》，载于《内蒙古师范大学学报》哲学社会科学版，2008 年 1 期，20—23 页。

转写更价廉。若议定化缘，朕亦布施'。"①

由此可见，在乾清门侍卫拉锡这次上奏（十一月九日）之前，拉锡在四月四日也曾口头上奏。而且，经查而知，在四月四日之前康熙帝还有一个"前谕"，即同年三月十九日的圣旨。总之，《北京木刻板蒙古文甘珠尔经》经版是由康熙帝亲自提议并为雕版化缘率先表示布施，具体工程由乾清门侍卫拉锡奉旨主持安排的。对蒙古文《甘珠尔经》制版一事，蒙古文史书中也有较详细的相关记载。据蒙古文史书《金鬘》（Altan erike）记载：

"康熙五十六年三月十九日，当大家听到乾清门侍卫拉锡关于'制作蒙古文〈甘珠尔经〉经版一事，著传诸喇嘛、僧人、王、贝勒、贝子、公、塔布囊和官员以及信徒们周知'的命令之时，如获如意宝珠一样随之欢喜。当制作雕版时，苏尼特的西哩贝勒、喀喇沁的善巴拉什贝子、乾清门头等侍卫拉锡等上奏说：'制作雕版之前，将蒙古文〈甘珠尔经〉与藏文〈甘珠尔经〉校勘、审校后制版，则为善策也。'对此皇上降旨：'准奏。著与藏文〈甘珠尔经〉校勘、增删、审校之。'奉旨于头顶之后，对多伦诺尔寺院的喇嘛僧人传授二道教义的扎萨克首席喇嘛席热图·诺颜·绰尔济、达喇嘛甘珠尔瓦·洛桑楚勒特木·噶布楚、苏尼特的西哩贝勒、阿巴嘎的德木楚克公等为首，各扎萨克的精通蒙藏二语的众多翻译师们与藏文〈甘珠尔经〉校勘、审校后，制作了雕板。"②

以上史书记载，实属明确，其实无须更多的解释。但至少需要说明两点。其一，1720 年《北京木刻板蒙古文甘珠尔经》目录

① 笔者未见中国第一历史档案馆所藏该满文档案原件，此处转引自李保文翻译成蒙古文的档案译文，并由笔者汉译。（参见策·贺希格陶克陶著：《蒙古古典文学研究新论》，内蒙古人民出版社，1998 年，408—414 页所附档案译文资料。）

② ［清］纳塔著，乔吉校注：《金鬘》（蒙古文），内蒙古人民出版社，1999 年 255—256 页。

卷"御制序文"中，有与《金鬘》记载内容基本相同的类似内容。由于蒙古文《金鬘》一书成书于1817年，因此我们有理由认为，1720年《北京木刻板蒙古文甘珠尔经》是1817年《金鬘》的重要史料来源之一。其二，康熙五十六年十一月九日满文档案资料里说，拉锡上一次口头上奏时间是康熙五十六年四月初四。而蒙古文史书《金鬘》里则说，通过乾清门侍卫拉锡接旨的时间是三月十九日。这只能表明，拉锡等人的上奏次数不仅不止一次，而且等皇上朱批后再度下达下来是要相当长的时间的。从上面的两份史料记载中不难看出，在年初的三四月份开始酝酿，到年底的十一月份正式着手"制版"一事，充分反映了这一点。

从中国第一历史档案馆藏康熙五十六年（1717年）十一月九日满文朱批奏折《乾清门侍卫拉锡等为奉旨刊印蒙古文〈甘珠尔经〉所需费用等谨奏》、1720年《北京木刻版蒙古文〈甘珠尔经〉》目录卷的康熙帝"序文"（即"御制序文"）和蒙古文史书《金鬘》等的记载，至少可以归纳以下事项。即康熙帝亲自过问和降旨制作蒙古文《甘珠尔经》经版，命乾清门侍卫拉锡负责实施。在制造蒙古文经版之前，苏尼特的西哩贝勒、喀喇沁的善巴喇什贝子和乾清门头等侍卫拉锡等人再一次上奏，建议蒙古文《甘珠尔经》传抄本应与藏文《甘珠尔经》核对、校勘后制版为妥。他们得到"准奏"后首先组织了对蒙古文《甘珠尔经》校勘等工作。在这过程中，他们以17世纪20年代末蒙古林丹汗下令组织人员完成的《蒙古文金字甘珠尔经》抄本作为校勘的底本，并与1683年北京木刻版藏文《甘珠尔经》进行了核对校勘。具体校勘和审校工作，由内蒙古多伦诺尔寺院的扎萨克首席喇嘛席热图·诺颜·绰尔济、达喇嘛甘珠尔瓦·洛桑楚勒特木、苏尼特的西哩贝勒、阿巴嘎的德木楚克公等组织进行，仅在多伦诺尔寺院校勘和"雕版"参加者就有将近80人。

《北京木刻版蒙古文甘珠尔经》的原稿校勘和审校工作等，

是于1717年春季在内蒙古多伦诺尔的彙宗寺（青庙）开始进行的。经过半年多的校勘和审校，于同年十一月完成了一部108卷（函）蒙古文《甘珠尔经》校勘本和"雕版"。这部108卷蒙古文《甘珠尔经》校勘本，很快从多伦诺尔的寺院运送到了北京。北京乾清门侍卫拉锡等人接到108卷蒙古文《甘珠尔经》校勘本之后，立即组织人员着手制版工程，前后有130余人参加。拉锡等组织者先从蒙古八旗中挑选一批蒙古字写得好的喇嘛和书写专业人员来缮写蒙古文《甘珠尔经》经文，又从北京妙应寺（白塔寺）请来擅长刻写藏文和蒙古文经典的达喇嘛诺尔布格隆来负责刻写经版。但是，蒙古文史书《金鬘》中却说，在多伦诺尔也已经完成一部"雕版"。所以，有的学者根据这一史料记载认为，《北京木刻版蒙古文甘珠尔经》的校勘和刊印都是在内蒙古多伦诺尔进行的。经过三年多的努力，在"大清国康熙五十九年·白鼠年（1720年）三月"[①]，缮写、校勘和雕版等一系列编撰工程终于告竣，制成了108卷（函）《北京木刻版蒙古文甘珠尔经》经版，康熙帝还为它的刊印亲自制作"序文"（即"御制蒙古文甘珠尔序文"），编入了土观·呼图克图等编撰的蒙、满、汉、藏四种文体合璧《北京木刻版蒙古文甘珠尔经》目录卷。因此，人们常说的108卷（函）是指它正文卷数，其实还有一个包括康熙"御制序文"在内的《甘珠尔经》目录卷。据该目录卷记载，将蒙古文《甘珠尔经》原稿与藏文《甘珠尔经》对照校勘的主持者、翻译者以及蒙古文《甘珠尔经》雕版者、版面刻字审校者和缮写经文者等参加1720年蒙古文《甘珠尔经》刊印工程的编撰人员有：内蒙古多伦诺尔庙扎萨克达喇嘛席热图·诺颜·绰尔济、达喇嘛甘珠尔瓦·洛桑楚勒特木·噶布楚、苏尼特贝勒西哩、乾清门头等侍卫拉锡等200

---

① 《蒙古文"甘珠尔经"目录卷》影印版，呼和浩特：内蒙古人民出版社，2007—2014年，65页"大藏经目录下六十一"。该史料由内蒙古图书馆研究馆员色·斯琴毕力格提供，在此谨表谢意。

余人①。因此，仅从内蒙古和北京两地参加者总人数上看，以某一寺院作为1720年《北京木刻版蒙古文甘珠尔经》制作地的做法，其实不符合蒙古文《甘珠尔经》形成的客观进程。而实际上，《北京木刻版蒙古文甘珠尔经》是在内蒙古多伦诺尔完成其大部分工程，最后在北京制版、刊印而成的。

1720年刊印的御制《北京木刻版蒙古文甘珠尔经》，在中国国内现存六套。这六套分别是：1956年请自内蒙古乌拉特中旗昆都仑召（即法禧寺，今属包头）的、内蒙古自治区图书馆所藏蒙古文《甘珠尔经》；1958年请自内蒙古乌拉察布盟达茂旗哈喇达噶庙 (qar-a daγ-a-yin süm-e) 的内蒙古社会科学院图书馆所藏蒙古文《甘珠尔经》；1959年请自察哈尔正镶白旗察罕乌喇庙的内蒙古大学图书馆所藏蒙古文《甘珠尔经》；1956年请自内蒙古巴林右旗西庙 (baraγun süm-e) 的中国民族图书馆所藏蒙古文《甘珠尔经》；1961年内蒙古图书馆赠送给国家图书馆的蒙古文《甘珠尔经》一套，它请自内蒙古乌拉特中旗阿拉坦布素庙 (altan büse-yin süm-e)；自清代以来一直保存至今的西藏自治区布达拉宫所藏蒙古文《甘珠尔经》等②。另外，在蒙古国首都国家图书馆藏《北京木刻版蒙古文甘珠尔经》（107卷）一套和蒙古文《甘珠尔经》写本（76卷）一套；俄罗斯圣彼得堡大学图书馆藏蒙古文《甘珠尔经》写本（113卷）一套③；俄罗斯布里亚特社会科学院图书馆藏蒙古文《甘珠尔经》写本一套；法国巴黎图书馆藏木刻版蒙古文《甘珠尔经》一套和印度新德里藏蒙古文《甘珠尔经》等。

---

① 参见同上《蒙古文"甘珠尔经"目录卷》影印版，66—69页（62a—65b）。

② 参见《蒙古文甘珠尔·丹珠尔目录》编委会编：《蒙古文甘珠尔·丹珠尔目录》（上册），呼和浩特：远方出版社，2002年12月，10—11页蒙古文"序言"部分。

③ 参见宝力高著《蒙古文佛教文献研究》，北京：人民出版社，2012年，189页。

第三节 1720 年蒙古文《甘珠尔经》的内容及意义

1720 年完成的御制《北京木刻版蒙古文甘珠尔经》正文 108 卷（函），目录卷 1 卷（函），版型大小 17×59 厘米，经文篇数 1162 篇，页数共达 14 万余页，总计 3000 余万字[①]。由于它卷（函）数齐全，因此能够充分反映《大藏经》的内容。那么，其主要内容分类、收录经文卷数和篇数到底如何呢？我们不妨从匈牙利蒙古学家路易斯·里盖提（Louis Ligeti）于 1942 年依据巴黎图书馆所藏木刻版蒙古文《甘珠尔经》编制的《蒙古文甘珠尔目录》[②] 所列出的大分类、卷数及篇数，和由乌林西拉、色·斯琴毕力格、敖·得力格尔、申晓亭等主编、于 2002 年在内蒙古编制的《蒙古文甘珠尔·丹珠尔目录》[③] 所列出的大分类、卷数及篇数等的对比中去了解这一问题。

路易斯·里盖提编制的《蒙古文甘珠尔目录》正文大分类、卷（函）数和篇数为：

一、《秘密经》（Dandr-a），总第 1—25 卷，共 745 篇。

二、《大般若经》（Yum），总第 26—37 卷，共 12 篇。

《二万五千颂》（Qorin tabun mingyatu），总第 38—41 卷，共 4 篇。

《一万八千颂》（Arban naiman mingyatu）总第 42—44 卷，共 3 篇。

《一万颂》（Tümen silügtü），总第 45 卷，共 1 篇。

《八千颂》（Naiman mingyatu），总第 46 卷，共 1 篇。

---

① 乌·托亚著《蒙古古代书籍史》（蒙古文），呼和浩特：内蒙古人民出版社，2008 年，292 页。

② LOUIS LIGETI, CATALOGUE DU KANJUR MONGOL IMPRIME, VOL.,I, BUDAPEST,1942—44.

③ 《蒙古文甘珠尔·丹珠尔目录》编委会编：《蒙古文甘珠尔·丹珠尔目录》（上下册），呼和浩特：远方出版社，2002 年 12 月。

《诸般若经》(Eldeb bilig baramid)，总第 47 卷，共 25 篇。

三、《大宝积经》(Erdeni dabqurliγ)，总第 48—53 卷，共 50 篇。

四、《严华经》(olangki)，总第 54—59 卷，共 7 篇。

五、《诸品经》(Eldeb)，总第 60—92 卷，共 276 篇。

六、《律师戒行经》(´Dulv-a)，总第 93—108 卷，共 37 篇。

以上六大分类，共 108 卷（函），共 1161 篇。

乌林西拉、色·斯琴毕力格、敖·得力格尔、申晓亭等依据木刻版蒙古文《甘珠尔》经（1720 年北京木刻朱印本）于 2002 年在内蒙古编制了《蒙古文甘珠尔·丹珠尔目录》。其中的《蒙古文甘珠尔目录》正文大分类、卷数和篇数为：

一、《秘密经》(Dandr-a)，总第 1—25 卷，共 746 篇。

二、《大般若经》(Yüm)，总第 26—37 卷，共 12 篇。

三、《第二般若经》(Qorin tabun mingγatu)，总第 38—41 卷，共 4 篇。

四、《第二大般若经 (Arban naiman mingγan silügtu)，总第 42—44 卷，共 3 篇。

五、《第二大般若经》(Tümen silügtü)，总第 45 卷，共 1 篇。

六、《第三般若经》(Naiman mingγatu)，总第 46 卷，共 1 篇。

七、《诸般若经》(Eldeb bilig baramid)，总第 47 卷，共 25 篇。

八、《大宝积经》(Erdeni dabqurliγ)，总第 48—53 卷，共 50 篇。

九、《严华经》(olangki)，总第 54—59 卷，共 7 篇。

十、《诸品经》(Eldeb)，总第 60—92 卷，共 276 篇。

十一、《律师戒行经》(´Dulv-a)，总第 93—108 卷，共 37 篇。

以上 11 大分类，共 108 卷（函），共 1162 篇。

由此可见，1942 年路易斯·里盖提编制的《蒙古文甘珠尔目录》和 2002 年编制的《蒙古文甘珠尔·甘珠尔目录》中的《蒙古文甘珠尔目录》在大分类和经文篇数等方面的主要区别在于：

第一，1942 年路易斯·里盖提《蒙古文甘珠尔目录》将各种《般若经》都划为第二大分类之中，而 2002 年《蒙古文甘珠尔目录》则将各种《般若经》分别划为第二到第七的 6 大分类，这样前者共 6 大分类，后者则变成共 11 大分类。在此，需要说明的是，路易斯·里盖提《蒙古文甘珠尔目录》第二大分类中的《二万五千颂》、《一万八千颂》、《一万颂》和《八千颂》等汉文经名是由笔者直译蒙古文经名而来，因此与 2002 年《蒙古文甘珠尔·丹珠尔目录》中的意译汉文经名不同，但实际上都是同一经文的不同汉译而已。

第二，虽然以上两种《目录》的卷数都是共 108 卷（函），但是 1942 年路易斯·里盖提《蒙古文甘珠尔目录》经文篇目共 1161 篇，而 2002 年《蒙古文甘珠尔·丹珠尔目录》中的《甘珠尔》经文篇目则共 1162 篇。这个区别反映什么问题呢？这是由于路易斯·里盖提将《秘密经》第二十四卷中的《天主帝释赞品》（Tngri-ner-ün erketü qurmusta maγtarun）和《病主母赞》（Ebedčin-ü eǰen eke-yi maγtarun）这两篇经文目录编成一篇经文目录，并用跋文中的别名命名而造成的。这样路易斯·里盖提的《目录》总篇数变成了 1161 篇。2002 年《蒙古文甘珠尔·丹珠尔目录》的作者们纠正了路易斯·里盖提的这一错误，将蒙古文《甘珠尔经》的总篇数还原为 1162 篇。

第三，从以上 1942 年路易斯·里盖提《蒙古文甘珠尔目录》和 2002 年《蒙古文甘珠尔·丹珠尔目录》大分类上看不出的、内容上的区别还在于：路易斯·里盖提《蒙古文甘珠尔目录》是由蒙古文拉丁音转写书写的 1161 篇经名、相应的梵文、藏文和蒙古文拉丁音转写跋文等构成的。而 2002 年《蒙古文甘珠尔·丹珠尔目录》上册中的《蒙古文甘珠尔目录》则直接用蒙古文书写《甘珠尔》经的 1162 篇经名和跋文等，下册则用五种文字即以蒙古文拉丁音转写、梵文、用藏文字转写的梵文、藏文和汉文等文种书写了蒙古文《甘珠尔经》1162 篇经名。

第四，1942年路易斯·里盖提《蒙古文甘珠尔目录》没有索引，而2002年《蒙古文甘珠尔·丹珠尔目录》还制作了蒙古文经文目录索引、蒙古文经文目录拉丁音转写索引、经文目录藏文索引和经文目录汉文索引等。

总之，虽然我们没有得到直接翻阅巴黎图书馆所藏木刻版蒙古文《甘珠尔经》的机会，而且依据巴黎图书馆馆藏蒙古文《甘珠尔经》而编制的、1942年路易斯·里盖提《蒙古文甘珠尔目录》，与在内蒙古编制的、2002年《蒙古文甘珠尔·丹珠尔目录》中的《蒙古文甘珠尔目录》有着以上几点区别，但是可以断定，巴黎图书馆所藏木刻版蒙古文《甘珠尔经》和2002年《蒙古文甘珠尔·丹珠尔目录》编者们所依据的内蒙古自治区图书馆等处所藏木刻版蒙古文《甘珠尔经》，无疑都来自同一个木刻版版本，即1720年御制《北京木刻版蒙古文甘珠尔经》。

1720年御制《北京木刻版蒙古文甘珠尔经》的刊印和完整流传至今，具有重要的学术意义和现实意义。

《北京木刻版蒙古文甘珠尔经》是清朝皇帝下令组织当时著名学者、学僧刊印的庞大的蒙古文佛教经典集成，因而与普通的民间佛教经典单行本相比而言，具有学术质量高和内容齐全的特点。而且由于御制，至今为止历史上各时期的保存也相对完好，从而保护和继承了作为中国佛教文化重要组成部分的少数民族佛教文化，为进一步拓展蒙古佛教史、蒙古佛教哲学、蒙古语言学和蒙古佛经文学等学科领域，提供了宝贵的木刻版蒙古文第一手史料。

结　语

在完成本书之际，笔者回想起了当初教育部社科基金项目《16—18世纪蒙古佛教史研究》中所设定的研究内容。简而言之，那是"三大篇章"内容即第一篇章研究16—17世纪蒙古地区藏传佛教与萨满教 (Shamanism) 对抗的历史进程；第二篇章探讨蒙古人怎样对待佛教的问题，主要对16世纪后期和17世纪前期蒙古可汗（大汗）的佛教事迹和佛教政策加以研究；第三篇章则是对清前期诸皇帝的佛教观和清前期佛教政策的历史性探讨。而笔者如今完成的这部专题性专著框架和书中所探讨的诸课题，正是对以上内容逐一进行了认真的研究。

本书第一部"16—17世纪漠南蒙古佛教与萨满教的对抗"部分共设三章，其"16—17世纪蒙古统治者及佛教高僧对萨满教的禁止"等三个章节主要探讨了16—17世纪蒙古统治阶层（即蒙古大汗和王公贵族）和佛教高僧对萨满教的禁止、17世纪蒙古高僧一世内齐托音（Neyiči Toyin）喇嘛的生平事迹以及蒙古语传教活动等问题。在这些章节中，笔者主要从蒙古大汗、王公贵族和佛教高僧等三个不同社会阶层的视角，探讨了他们分别对佛教的态度和所采取的相应举措，指出蒙古大汗、王公贵族和高僧皈依佛教的动机虽然各不相同，但在禁止萨满教这一点上却是一致的。而且笔者认为，以往学界对17世纪前期蒙古佛教高僧一世内齐托音喇嘛的称谓和"享年九十七岁"的说法均有错误，因此笔者根据翔实的多语种史料对那些历史的"讹化"和误传加以纠正，重新考证出一世内齐托音喇嘛之正确称谓为 Neyiči Toyin（内齐托音），认为其生平为1587—1653年和享年六十七虚岁，由此进一步澄清和还原了一些相关历史事实。

本书第二部"17世纪蒙古林丹汗政教事迹及其金刚白城"部

分共设三章，其中主要探讨了17世纪初期蒙古大汗林丹汗与藏传佛教格鲁派、萨迦派几位呼图克图（大活佛）之间的关系；林丹汗建造其政治、宗教之都金刚白城的事迹；林丹汗《蒙古文金字甘珠尔经》（Mongɣol Altan ɣanǰuur）的成书经过、内容特点和历史意义等重要课题。笔者认为，17世纪初期林丹汗《蒙古文金字甘珠尔经》的抄本，后来在18世纪初期成为1720年北京木刻版蒙古文《甘珠尔经》（即蒙古文《大藏经》）的底本，因此《蒙古文金字甘珠尔经》对后来蒙古文化的影响极其深远。犹如在本书第六章所述，据笔者在日本和中国的多年调查研究，17世纪蒙古林丹汗《蒙古文甘珠尔经》的多部经卷于1905年从沈阳的实胜寺东阁被日本人"借走"，曾在日本东京帝国大学（今东京大学）地下库保管，后于1923年的日本关东大地震火灾中被烧毁。但在内蒙古幸存其十几函残卷。另外，笔者还认为，值得特别需要指出的是，今内蒙古自治区赤峰市阿鲁科尔沁旗北部境内有著名的"查干浩特"（白城）遗址。早在一百多年之前，日本考古学家、著名辽朝文化研究者鸟居龙藏（TORII Ryuzou,1870–1953）于1908年曾在阿鲁科尔沁旗北部境内的故城遗址进行过考古考察。但是，鸟居龙藏先生将"查干浩特"（白城）遗址作为辽代故城的典型来考察，而且从故城的结构特征和他在遗址上所发现的硬币"治平元宝"等分析，鸟居龙藏先生认为阿鲁科尔沁旗北部"查干浩特"（白城）曾是辽代上京的防备都城。因此，阿鲁科尔沁旗境内的"查干浩特"故城遗址，是否的确是蒙古林丹汗在1617年建造的"金刚白城"（瓦齐尔图·查干浩特）之遗址，那里是否的确存在不同时代的多断层故城遗址，还有待于进一步研究，尤其是考古学方面的深入、细致的考证。

本书第三部"17—18世纪清朝对蒙佛教政策"部分也设三章，其中主要探讨了清朝前期几任皇帝的佛教观及其对五世达赖喇嘛、厄鲁特（卫拉特）蒙古顾实汗的册封；达赖喇嘛、班禅额尔德尼、哲布尊丹巴呼图克图和章嘉呼图克图等四大活佛转世制度的形成及其历史作用；清朝广建寺庙的社会后果；1720 年御制北京木刻版蒙古文《甘珠尔经》刊印前的蒙古文佛教经典单行本的刊印流行；1720 年北京木刻版蒙古文《甘珠尔经》的刊印经过、内容特点等问题。

本书所探讨的以上内容都是 16 世纪后期至 18 世纪中叶蒙古佛教史上的重要课题，笔者通过以上课题的专题研究和梳理，在研究内容和主要观点上都有了一定的突破和独到之见，认为 16—18 世纪是蒙古的"佛教化"时代，同时又是佛教的"蒙古化"时代。

本书首先在历史观上突破了在蒙藏佛教史上形成的片面的格鲁派佛教史观，质疑以往研究在论及 16 世纪后期以来佛教在蒙古地区的再度传播时一般都将蒙古右翼土默特万户首领阿勒坦汗（俺答汗）等蒙古王公贵族于 1578 年集体皈依格鲁派高僧素南嘉措（即三世达赖喇嘛）的事实扩大化的做法。而笔者认为，其实 16 世纪后期蒙古大汗土蛮（图门）·扎萨克图汗先于阿勒坦汗（俺答汗）于 1576 年已经拜见高僧、皈依佛教，而且已经制定一整套法规率先禁止萨满教，只不过蒙古大汗皈依的喇嘛不是格鲁派高僧而已。

笔者从蒙古大汗、蒙古右翼土默特万户首领阿勒坦汗以及蒙古高僧一世内齐托音喇嘛禁止萨满教的事实着手，利用翔实的多语种史料，系统地研究了 16—17 世纪漠南蒙古佛教与萨满教的对抗进程和"异文化融合"进程。其中，尤其对一世内齐托音喇嘛禁止萨满教等生平事迹的系统探讨，其研究内容比以往完整、史料翔实丰富，可谓弥补了以往个别研究和介绍性论著的不足。

笔者认为，17 世纪初期蒙古大汗林丹汗于 1617 年第二次接受灌顶时，特意选择萨迦派高僧沙尔巴·呼图克图，是为了恢复元代蒙古皇室正统的"萨迦派帝师制度"传统，依照元代的"前例"均平地实行"政教二规"，并试图以此来再度统一蒙古各部。因此，林丹汗于 1617 年接受萨迦派高僧灌顶，并不是以往研究中通常所说的"黄教"与"红教"之间的简单"改宗"。

总之，在蒙藏佛教高僧们的积极传教以及以 16 世纪后期蒙古大汗土蛮（图门）·扎萨克图汗、蒙古右翼土默特万户首领阿勒坦汗和 17 世纪前期蒙古林丹汗等蒙古贵族阶级的带动下，当时的蒙古各部中出现了皈依佛教的潮流。而且在清廷对藏传佛教的大力扶植政策下，直至 18 世纪中叶，清代蒙古社会逐渐迎来了全面"佛教化"的时代。在这一时期，佛教文化对蒙古固有文化产生了极其深刻的影响，尤其对笔者在 2003 年日文博士论文中已经提出的"蒙古精神文化三大信仰体系"（参见第一章第二节）之一的成吉思汗祭祀文化也带来了佛教的烙印，成吉思汗被"双重神化"，从原先的"天神"逐渐变成了佛教的"守护神"。

与此同时，笔者认为在 16 世纪后期至 18 世纪前期的蒙古佛教史中也出现了另一种明显的文化倾向，那就是 1629 年成书的蒙古大汗林丹汗《蒙古文金字甘珠尔经》写本，标志着蒙古文《大藏经》和"蒙古佛教"的诞生。众所周知，《大藏经》是佛教的"圣经"般的最重要文献，而蒙古文《大藏经》的诞生本身就意味着"蒙古佛教"的诞生。蒙古林丹汗《蒙古文金字甘珠尔经》（即蒙古文《大藏经》）以其抄写本的形式流传近百年之后，在 1720 年成为御制北京木刻版蒙古文《甘珠尔经》（大藏经）的底本，这本身具有重大的历史意义。也就是说，笔者认为蒙古文《大藏经》的诞生是"蒙古佛教"形成的最主要标志和"佛教蒙古化"的最主要表现。而且，由于 1720 年北京木刻版蒙古文《甘珠尔经》（大藏经）是大清皇帝康熙下令组织著名学者、学僧刊印的庞大的蒙古文佛教经典集成，因此相对于普通的民间佛教经典单行本而言，具有学术水平高、内容齐全的特点。特别是由于北京木刻版蒙古文《甘珠尔经》（大藏经）是御制的，因此至今为止历史各时期的保存相对完好，从而为整个中国佛教文化宝库也增添了一朵奇葩，为进一步拓展和研究蒙古佛经翻译史、蒙古佛教哲学史、蒙古佛教文学史和蒙古医学史等学科，都留下了世界独一无二的、珍贵而丰富的蒙古文第一手史料。

另外，就清朝前期诸帝的基本佛教观和佛教政策而言，笔者认为尽管诸帝都承认佛教的"善"，但他们都没有将佛教当作治理国家的根本大法。换言之，清朝对藏传佛教的扶持政策，虽然与清朝前期几位皇帝的佛教兴趣或甚至与某些皇帝的佛教"信仰"有关，但从根本上而言，更多是取决于治理青藏地区和治理西北部蒙古诸部的政治需要。而在治理西部边疆方面，以往研究所忽略的基本事实是，西部厄鲁特蒙古和硕特部首领顾实汗的重大历史功绩。笔者认为，在 1642 年西藏甘丹颇章政教合一地方政权的建立、青藏高原的统一和西部边疆的治理与巩固等方面，顾实汗及其汗位继承者都曾起到历史性的重大作用，而并非五世达赖喇嘛一人所为。虽然今日的研究对顾实汗的历史事迹关注不够和评价不公，但笔者认为当时的大清皇帝顺治帝对顾实汗的正式册封和高度评价则是客观的，它至今具有积极的历史意义和现世意义。

本书主要从宗教学、历史学和清代史、中国少数民族史等学科角度展开了研究，在具体方法上主要对历史文献记载加以实证研究，并在此基础上对 17 世纪蒙古高僧一世内齐托音（Neyiči Toyin）喇嘛生前所在古寺、17 世纪蒙古林丹汗所建的政治、宗教之都城"金刚白城"遗址、蒙古林丹汗《蒙古文金字甘珠尔经》的流传、1720 年御制北京木刻版蒙古文《甘珠尔经》以及个别佛教寺院等，也进行了多次调研和田野调查。除此之外，笔者还出席了 2013 年 5 月 18 日在日本大正大学举行的日本蒙古学学会春季大会等国内外各种学术会议，进行了国际学术交流，收集了国际学术界的前沿研究信息。在论证过程中，以《清实录》史料抄录等中文史料作为依据之外，还利用了《清内秘书院蒙古文档案汇编》等蒙古文档案史料、《西藏历史档案荟粹》等西藏历史档案资料以及日文、英文、俄文、德文等多语种文献资料，在行文中始终坚持了立论有据的治学作风，但由于学识所限，书中难免有疏漏和不妥之处，敬请读者批评指正。

主要参考、征引文献

一、中文古籍、档案、论著等文献（含译著）

［1］［明］宋濂.元史.北京：中华书局，1976.

［2］［清］理藩院.理藩院则例.光绪本.

［3］清实录（影印本）.北京：中华书局，1985—1987.

［4］齐木德道尔吉等.清朝太祖太宗世祖朝实录蒙古史史料抄——乾隆本康熙本比较.呼和浩特：内蒙古大学出版社，2002.

［5］齐木德道尔吉等.清朝圣祖朝实录蒙古史史料抄（上下册）.呼和浩特：内蒙古大学出版社，2003.10.

［6］齐木德道尔吉等.清朝世宗朝实录蒙古史史料抄.呼和浩特：内蒙古大学出版社，2009.

［7］嘉庆重修大清一统志.

［8］口北三厅志，乾隆二十三年（1758年）刊本影印版。

［9］清朝续文献通考（影印本）.杭州：浙江古籍出版社，2000.

［10］清"圣训"西南民族史料.成都：四川大学出版社，1988.

［11］金海等.准格尔旗扎萨克衙门档案译编(第一辑).呼和浩特：内蒙古人民出版社，2007.

［12］清代内阁大库散佚满文档案选编.天津：天津古籍出版社，1991.

［13］中国人民大学清史研究所.清史编年（共12卷）.北京：中国人民大学出版社，2000.

［14］［清］王之春.清朝柔远记.赵春晨点校.北京：中华书局,1989.

［15］珠荣嘎.阿勒坦汗传.呼和浩特：内蒙古人民出版社，1990.

［16］包文汉.清朝藩部要略稿本.哈尔滨：黑龙江教育出版社，1997.

［17］包文汉等.蒙古回部王公表传.呼和浩特：内蒙古大学出版社，1998.

［18］张羽新.清政府与喇嘛教·清代喇嘛教碑刻录.拉萨：西藏人民出版社，1988.

［19］赵云田.清代蒙古政教制度.北京：中华书局，1989.

［20］申晓亭，成崇德.哲布尊丹巴传·清代蒙古高僧传译辑·蒙古卷，1990.217—256.

［21］成崇德，申晓亭.内齐托音一世传（汉译本），中国社会科学院中国边疆史地研究中心主编《清代蒙古高僧传译辑·蒙古卷》，全国图书馆文献缩微复制中心，1990.87—164.

［22］固始噶居巴·洛桑泽培.陈庆英、乌力吉译注.蒙古佛教史（1819年），天津：天津古籍出版社，1991.

［23］释·妙舟法师.蒙藏佛教史（1935年，影印本）.南京：江苏广陵古籍出版社，1993.11.

［24］马汝珩，马大正.清代的边疆政策.北京：中国社会科学出版社，1994.

［25］乌兰.《蒙古源流》研究.沈阳：辽宁民族出版社，2000.

［26］内蒙古文史资料（第四十五辑），内蒙古文史书店，1997。

［27］冯尔康.清史史料学.沈阳：沈阳出版社，2004.

［28］金海等.清代蒙古志.呼和浩特：内蒙古人民出版社，

2009.

〔2〕杨志娟，牛海桢．中国西北少数民族通史·清代卷，北京：民族出版社，2009.

〔30〕马汝珩，马大正．厄鲁特蒙古史论集，西宁：青海人民出版社，1984.

〔31〕札奇斯钦．蒙古与西藏历史关系之研究，台北：正中书局，1978.

〔32〕苏发祥．清代治藏政策研究，北京：民族出版社，1999.

〔33〕任月海．多伦汇宗寺，北京：民族出版社，2005.

〔34〕任月海．多伦文史资料（第一辑），呼和浩特：内蒙古大学出版社，2006.

〔35〕任月海．多伦文史资料（第二辑），呼和浩特：内蒙古大学出版社，2007.

〔36〕任月海．多伦文史资料（第三辑），呼和浩特：内蒙古大学出版社，2008.

〔37〕〔韩〕金成修．明清之际藏传佛教在蒙古地区的传播，北京：社会科学文献出版社，2006.9.

〔38〕乔吉．蒙古佛教史：北元时期（1368—1634），呼和浩特：内蒙古人民出版社，2008.

〔39〕乔吉．蒙古族全史·宗教卷，呼和浩特：内蒙古大学出版社，2011.

〔40〕宝力高．蒙古文佛教文献研究，北京：人民出版社，2012.

〔41〕星金成，陈柏萍．藏传佛教四大活佛系统与清朝治理蒙藏方略，西宁：青海人民出版社，2010.

〔42〕王力．明末清初达赖喇嘛系统与蒙古诸部互动关系研究，北京：民族出版社，2011.

［43］胡日查.清代内蒙古地区寺院经济研究，沈阳：辽宁民族出版社，2009.

［44］胡日查.清代蒙古寺庙管理体制研究，沈阳：辽宁民族出版社，2013.

［45］胡日查,乔吉,乌云.藏传佛教在蒙古地区的传播研究，北京：民族出版社，2012.

［46］乌兰其木格.清代官修民族文字文献编纂研究,沈阳：辽宁民族出版社，2010.12.

［47］达力扎布.明代漠南蒙古历史研究，海拉尔：内蒙古文化出版社，1997.12.

［48］乌云毕力格.喀喇沁万户研究，呼和浩特：内蒙古人民出版社，2005.

［49］乌云毕力格.十七世纪蒙古史论考，呼和浩古人民出版社，2009.

［50］乌云毕力格.满文档案与清代边疆和民族研究,北京：社会科学文献出版社，2013.

［51］苏德毕力格.晚清政府对新疆、蒙古和西藏政策研究，呼和浩特：内蒙古人民出版社，2005.

［52］乌云格日勒.十八至二世世纪初内蒙古城镇研究，呼和浩特：内蒙古人民出版社，2005.

［53］乌云毕力格,成崇德,张永江等.蒙古民族通史（第四卷），呼和浩特：内蒙古大学出版社，1993.

［54］乔吉.内蒙古寺庙，呼和浩特：内蒙古人民出版社，1994.

［55］苏鲁格,那木斯来.简明内蒙古佛教史，海拉尔：内蒙古文化出版社，1999.

［56］张体先.土尔扈特部落史，北京：当代中国出版社，1999.

〔57〕宝音德力根，乌云毕力格，齐木德道尔吉．明清档案与蒙古史研究（第一辑），呼和浩特：内蒙古人民出版社，2000.

〔58〕叶新民，其木德道尔吉．元上都研究资料选编，北京：中央民族大学出版社，2003.

〔59〕崔正森．五台山一百零八寺，太原：山西科学技术出版社，2004.

〔60〕张怡荪．藏汉大辞典（上下册），北京：民族出版社，2008.3.

〔61〕〔俄〕阿·马·波慈德涅耶夫著，刘汉明等汉译．蒙古及蒙古人（第二卷），呼和浩特：内蒙古人民出版社，1983.

〔62〕〔蒙〕沙·比拉著，陈弘法汉译．蒙古史学史，海拉尔：内蒙古文化出版社，1988.

〔63〕〔日〕若松宽著，马大正等编译．清代蒙古的历史与宗教，哈尔滨：黑龙江教育出版社，1994.

〔64〕〔日〕二木博史著，呼斯勒汉译．蒙古的历史与文化——蒙古学论集，呼和浩特：内蒙古人民出版社，2003.

〔65〕〔日〕长尾雅人著，白音朝鲁译．蒙古学问寺，呼和浩特：内蒙古人民出版社，2004.

〔66〕〔清〕额尔德尼毕力衮达赖著，成崇德、申晓亭译注．内齐托音一世传（蒙汉合璧蒙古文历史文献汉译），呼和浩特：内蒙古大学出版社，2014.

〔67〕〔清〕达磨三谟陀罗著，乌力吉图译注．内齐托音二世传（蒙汉合璧蒙古文历史文献汉译），呼和浩特：内蒙古大学出版社，2014.

〔68〕薄音湖．十六世纪末叶西藏喇嘛教在蒙古地区的传播，内蒙古大学学报（哲学社会科学版），1984.3

〔69〕张双福．蒙古文"大藏经·甘珠尔经"概论，蒙古学研究年鉴·2005年，内蒙古社会科学院，2005.

［70］那仁朝克图．林丹汗金刚白城考，内蒙古保护和开发少数民族非物质文化遗产研讨会文件汇编，大会学术委员会，2008.

［71］M. 额尔敦巴特尔（明·额尔敦巴特尔）．蒙古林丹汗"蒙古文金字甘珠尔经"的若干问题，MONGOLIAN STUDIES（韩国），No.28 (2010.2),31—44.

［72］M. 额尔敦巴特尔（明·额尔敦巴特尔）．清朝皇帝佛教观及其对蒙佛教政策，MONGOLIAN STUDIES（韩国），No.31(2011.8),159—181.

二、蒙古文档案、古籍、论著等文献

［1］齐木德道尔吉，吴元丰，萨·那日松等．清内秘书院蒙古文档案汇编（共 7 辑）(Čing ulus-un dotoɤadu narin bičig-ün yamun-u mongɤol dangsa ebkemel-ün emkidkel)，呼和浩特：内蒙古人民出版社，2003.

［2］宝音德力根，乌云毕力格，吴元丰．清内阁蒙古堂档（共 22 卷）(Dayičing gürün-ü dotoɤadu yamun-u mongɤol bičig-ün ger-ün dangsa)，呼和浩特：内蒙古人民出版社，2005.

［3］苏德毕力格．准格尔旗扎萨克衙门档案（全 42 卷）(Ĵegünɤar qosiɤun-u ĵasaɤ yamun-u dangsa)，赤峰：内蒙古科学技术出版社，2011. 12.

［4］呼和浩特史蒙古文档案史料汇编（第 6 辑）（即 Altan-orgil: Kökeqota-yin teüken mongɤol surbulĵi bičig(6), Öbör mongɤol-un soyol-un keblel-ün qoriy-a, 1989.)，海拉尔：内蒙古文化出版社，1989.

［5］色·斯琴毕力格等．中国蒙古文古籍总目（上），Dumdaduulus-un erten-ü mongɤol nom bičig-ünyerüngkeiɤarčaɤ(degedü), Begeĵing nom−un sang keblel−ün qoriy−a, 1999/12.

［6］蒙古文甘珠尔·丹珠尔目录（上下）：Mongγol γanǰuur danǰuur−un γarčaγ (degedü dooradu),Kökeqota: alus−un bar−a keblel− ün qoriy−a, 2002/12.

［7］北京木刻版蒙古文甘珠尔经目录卷（蒙、满、汉、藏 四种文体影印版），呼和浩特：内蒙古人民出版社，2007−2014.

［8］Boγda neyiči toyin dalai mandzušrii−yin domoγ−i todorqay−a geyigülügči čindamani erike kemegdekü orosiba.Begeǰing modon bar, [1739].

［9］saγang sečen (1662): Qad−un ündüsün−ü erdeni−yin tobči, Mergenbaγatur keblel−dü beledkebe , Kökeqota, Öbör mongγol−un arad−un keblel−ün qoriy−a,1962.

［10］saγang sečen (1662): Erdeni−yin tobči. Kökeqota, Öbör mongγol−un arad−un keblel−ün qoriy−a,1980.

［11］saγang sečen (1662): Erdeni−yin tobčiy−a . Kökeöndür qarγuγulun tayilburilaba ,Begeǰing, ündüsüten−ü keblel−ün qoriy−a, 1987.

［12］Liu ǰin−suo.Arban buyantu nom−un čaγan teüke, Öbör mongγol−un arad−un keblel−ün qoriy−a, 1981.

［13］sayinǰirγal, šaraldai . Altan ordon−u tayilγ−a, Begeǰing:1983.

［14］Lubsangdanǰin.Altan tobči , čoyiǰi tulγan qaričaγulǰu tayilburilaba,kökeqota ,Öbör mongγol−un arad−un keblel−ün qoriy−a, 1984.

［15］QAT:Qad−ün ündüsün quriyangγui altan tobči.

［16］ǰürüngγ−a .Erdeni tunumal neretü sudur orosiba, Begeǰing, 1984.

［17］Na−ta: Altane rik−e, čoyiǰi tulγan qaričaγulǰu

tayilburilaba, Kökeqota, Öbör mongɣol-un arad-un keblel-ün qoriy-a, 1989.

［18］Isibaljur-un burqan-u Sasin-u teUke(1748), cenggel, M. bao-zhu qarɣuɣulun tayilburilaba, Kökeqota, Öbör mongɣol-un arad-u keblel-ün qoriy-a,1991.

［19］Dorungɣ-a: Boɣda činggis qaɣan-u takil-un sudur orosiba, Kökeqota, öbör mongɣol-un arad-un keblel-ün qoriy-a, 1998.

［20］Damdinsürüng: Mongɣol uran ĵokiyal-un degeĵi ĵaɣun bilig orosibai, ulaɣanbaɣatur, 1959.

［21］Altan-orgil: Kökeqota-yin süm-e keyid , Öbör mongɣol-un arad-un keblel-ün qoriy-a, 1981.

［22］Altan-orgil: Kökeqota-yin teüken mongɣol surbulĵi bičig(6), Öbör mongɣol-un soyol-un keblel-ün qoriy-a, 1989.

［23］A.Erdenibayar: "Naiman toyin Ĵambaldorĵi-yin namtar" sudulul, Kökeqota, Öbör mongɣol-un arad-un keblel-ün qoriy-a, 2009.

［24］ü. Manduqu : Ayusi güüsi kiged ali ɣali üsüg, Mongɣol kelen-ü sudulul,Öbör mongɣol-un surɣan kümüĵil-ün keblel-ün qoriy-a, 1990.

［25］Yonsoɣ: Mongɣol šasin surtaqun-u toyimu, Kökeqota, Öbör mongɣol-un arad-un keblel-ün qoriy-a,1991.

［26］Yahan-zhang: Bančin erdeni-yin namtar, Öbör mongɣol-un arad-un keblel-ün qoriy-a, 1992.

［27］sodubilig : šasin-u toli , Öbör mongɣol-un surɣan kümüĵil-ün keblel-ün qoriy-a, 1996.

［28］Mergen gegen sudulul-un ügülel-üd , Öbör mongɣol-un soyol-un keblel-ün qoriy-a, 1997.

［29］Li bao—wen: Arban doloduγar ǰaγun—u emün—e qaγastu qolboγdaqu mongγol üseg—ün bičig debter，Öbör mongγol—un baγačud keüked—ün keblel—ün qoriy—a, 1997.

［30］sečenbilig: Burqan—u šasin—u mongγol nom sudur—un toyimu, Mongγol—un burqan—u šasin—u uran ǰokiyal—un sudulul, Öbör mongγol—un soyol—un keblel—ün qoriy—a,1998.

［31］Kesigtoγtaqu : Mongγol—un erten—ü uran ǰokiyal—un sin—e sudulul, Öbör mongγol—un arad—un keblel—ün qoriy—a, 1998.

［32］čoyiǰi : Mongγol—un burqan—u šasin—u teüke, yeke mongγol ulus—un üy—e（1206—1271），Öbör mongγol—un arad—un keblel—ün qoriy—a, 1998.

［33］čoyiǰi : Mongγol—un burqan—u šasin—u teüke(1271—1368), Öbör mongγol—un arad—un keblel—ün qoriy—a,2003.

［34］Norbu : dzay—a bandida ,Öbör mongγol—un arad—un keblel—ün qoriy—a, 1999.

［35］Mongγol kelen—ü toil, Öbör mongγol—un arad—un keblel—ün qoriy—a, 1999.

［36］B. Möngke: čindamani erike—yin sudulul , Öbör mongγol—un soyol—un keblel—ün qoriy—a, 2000.

［37］Narasun ,š., činggis qaγan—u naiman čaγan ordo bolon ordosčud, Qayilar, Öbör mongγol—un soyol—un keblel—ün qoriy—a, 2000.

［38］P.Duγar : Ligden qaγan—u wčirtu čaγan qota, Öbör mongγol—un neyigem—ün sinǰilekü uqaγan, No.2,1984.

［39］Ba. Möngke: "čindamani erike—ün ǰokiyaγdaγsan on ǰil bolon ǰokiyaγči —yin tuqai ", Mongγol burqan—u šasin—u uran ǰokiyal—un sudulul, Öbör mongγol—un soyol—un keblel—ün qoriy—a, 1998.

［40］Pürevjav: Mongol dah sharyn shashny huraangui tüüh, Ulaanbaatar,1978.

［41］Darmadalaa: Ih mongolyn orond deediin nom yamar met delgersen yosyg todorkhoi ögüülegčh tsagaan lyankhuan erhis hemeeh orshvoi, Ulaanbaatar, 1995.

［42］UNDUR GEGHEN ZANABAZAR, Ulaanbaatar, 1995.

［43］Tsembel güüsh: Mongolyn tüüh orshvoi, Ulaanbaatar, 1997.

［44］H.Futaki: Mongolchuudyn Tüüh, Soyolyn Öviig Möshgöhüi, UB., 2002.

［45］Mongolyn Hüree Hiidiin Tüükh, Ulaanbaatar, 2004.

［46］M.Erdenebaatar: Chingis Khaanyg Burhny Shashny Sahius Bolgoson Asuudald, MONGOLIA: Area and Culture Studies, Vol.1(368), 2012.pp.173–178.

［47］B.Purevdelger : Bogd Niich toin Dalai Manzushiriin Domgiig Todorkhoi Giiguulegch Chandamani Erkhi Khemeegdekh orshiv(Kyrill),Ulaanbaatar, 2015.

三、西藏历史文献

［1］土观罗桑却吉尼玛 (Thu'u-bkb-blo-bzang-chos-kyi-nyi-ma). 宗教源 流史 (Thu'u-bkban-grub-mtha'），兰州 : 甘肃民族出版社，1984.

［2］久明柔白多杰（'Jigs-med-rig-pa'i-rdo-rje）. 蒙古佛教源流 (Hor-gyi-chos-'byung)，西宁 : 青海民族出版社，1993.

［3］土观罗桑却吉尼玛 (Thu'u-bkb-blo-bzang-chos-kyi-nyi-ma). 章嘉若必多杰 (lCang-skya-rol-ba'i-rdo-rje)，木刻版，汉译本有：陈庆英、马连龙译 . 章嘉国师若必多杰传，北京：民

族出版社，1988.

［4］蔡巴贡噶多吉（tshal-pa-kun-dga'-rdo-rje）. 红史
(Deb-ther- dmar-po)，拉萨：西藏人民出版社，1988.

［5］阿旺洛桑嘉措（ngag-dbang-blo-bzang-rgya-mtsho）.
达 赖 喇 嘛 三 世 传 (rJe-btsun-thans-cad-mkhyen-pa-bsod-nams-
rgya-mtsho'i- rnam-thar-dngos-grub-rgya-mtsho'i-shing-
rta),汉译本有：五世达赖喇嘛著，陈庆英，马连龙译. 达赖喇嘛
三世、四世传，全国图书馆文献缩微复制中心出版，1992.

［6］西藏自治区档案馆. 西藏历史档案荟粹（藏、蒙古、满、
汉合璧本），蛇口：文物出版社，1995.

［7］清宫珍藏历世达赖喇嘛档案荟萃，北京：宗教文化出版
社，2002.

［8］五世达赖喇嘛阿旺洛桑嘉措等著，陈庆英、马连龙汉
译. 一世——四世达赖喇嘛传（一世至四世达赖喇嘛传合并本），
北京：中国藏学出版社，2005.

［9］五世达赖喇嘛阿旺洛桑嘉措著，陈庆英、马连龙、马
林汉译. 五世达赖喇嘛传（上下册），北京：中国藏学出版社，
2005.

［10］牙含章. 达赖喇嘛传，北京：人民出版社，1984.

［11］牙含章. 班禅额尔德尼传，拉萨：西藏人民出版社，
1987.

［12］丹珠昂奔. 历辈达赖喇嘛与班禅额尔德尼年谱，北京：
中央民族大学出版社，1998.

［13］索南坚赞著，刘立千译注. 西藏王统记，北京：民族
出版社，2000.

［14］五世达赖喇嘛著，刘立千译注. 西藏王臣记，北京：
民族出版社，2000.

［15］陈庆英. 蒙藏关系史大系·政治卷，北京：外语教学

与研究出版社，2002 年．苏发祥．历辈达赖喇嘛，西宁：青海人民出版社，2009.

［16］苏发祥．历辈班禅额尔德尼，西宁：青海人民出版社，2009.

［17］陈庆英．藏族历史宗教研究，北京：中国藏学出版社，1996.

［18］王森．西藏佛教发展史略，北京：中国社会科学出版社，1997.

四、日文文献（含日译）

［1］村上正二訳注：『モンゴル秘史 1』，東京・平凡社，1970 年。

［2］村上正二訳注：『モンゴル秘史 3』，東京・平凡社，1976 年。

［3］吉田順一・賀希格陶克陶・柳沢明・石濱裕美子・井上治．永井匠．岡洋樹共訳注：『"アルタン・ハーン伝"訳注』，東京・風間書房，平成 10 年（1998 年）。

［4］岡田英弘訳注：『蒙古源流』，東京・刀水書房，2004 年。

［5］窪田新一監修：『"モンゴル佛教史"研究〔一〕』，東京・株式会社ノンブル社，2002 年。

［6］窪田新一監修：『"モンゴル佛教史"研究〔二〕』，東京・株式会社ノンブル社，2006 年。

［7］窪田新一監修：『"モンゴル佛教史"研究〔三〕』，東京・株式会社ノンブル社，2012 年。

［8］鳥居龍藏著：『蒙古旅行』，東京・博文館，明治 44 年（1911 年）6 月。

［9］橋本光寶編：『西藏文蒙古喇嘛教史』，蒙蔵典籍刊行

会，1940 年。

　　〔10〕外務省調査部〔橋本光寶〕訳：『増訂蒙古喇嘛教史』，生活社，1940 年。

　　〔11〕橋本光寶：『蒙古の喇嘛教』，佛教公論社，1942 年。

　　〔12〕W. ハイシッヒ著、田中克彦訳：『モンゴルの歴史と文化』，東京岩波書店，1967 年；岩波文庫版，2000 年。

　　〔13〕バンザロフ著 [1891]，白鳥庫吉訳：「黒教或ひは蒙古人に於けるシャマン教」，『北亜細亜学報』第一輯，1942 年。

　　〔14〕《内藤湖南全集》第七巻（日文）：内藤虎次郎著『内藤湖南全集』第七巻，東京·筑摩書房，昭和 45 年 (1970 年) 2 月。

　　〔15〕野上俊静著：『元史釋老伝の研究』，朋友書店，1978 年。

　　〔16〕萩原淳平著：『明代蒙古史研究』，同朋舎刊，1980 年。

　　〔17〕森川哲雄：『"アルタン・ハーン伝"の研究』，福岡·九州大学教養学部，1987 年。

　　〔18〕岡田英弘：『世界史の誕生』，筑摩書房，1992 年。

　　〔19〕杉山 1992：杉山正明著『大モンゴルの世界』，角川書店，1992 年。

　　〔20〕宮脇 1995：宮脇淳子著『最後の遊牧帝国―ジューンガル部の興亡』，講談社，1995 年。

　　〔21〕松川節：『図説モンゴル歴史紀行』，河出書房新社，1998 年。

　　〔22〕楊海英著『「金書」研究への序説』，国立民族学博物館，1998 年。

　　〔23〕野上俊静等『佛教史概説·中国篇』，日本京都平楽寺書店，1998 年。

　　〔24〕江上波夫：『北アジア諸民族の歴史と文化』，山川出版社，2000 年。

　　〔25〕中村元：『広説佛教語大辞典』，東京書籍，2001 年。

　　[26] 井上 2002：井上治著『ホトクタイ＝セチェン＝ホンタイジの研究』，風間書房，2002 年。

　　[27] 白石 2002：白石典之著『モンゴル帝国史の考古学的研究』，同成社，2002 年。

　　[28] 宮脇 2002：宮脇淳子著『モンゴルの歴史：遊牧民の誕生からモンゴル国まで』，刀水書房，2002 年。

　　[29] 楊 1998：楊海英『「金書」研究への序説』，大阪・国立民族学博物館，1998 年。

　　[30] 楊 2004：楊海英著『チンギス・ハーン祭祀：試みとしての歴史人類学的再構成』，風響社，2004 年。

　　[31] 楠木賢道著『清初対モンゴル政策史の研究』，東京汲古書院，2009 年。

　　[32] 池尻陽子著『清朝前期のチベット仏教政策』，東京汲古書院，2013 年。

　　[33] 金岡秀友 1957：金岡秀友『蒙古文大蔵経の成立過程』，日本《佛教史学》6-1，昭和 32 年。

　　[34] 若松 1964：若松寛「カラクラの生涯」『東洋史研究』22-4 (1964)。

　　[35] 若松 1973：若松寛「蒙古ラマ教史上の二人の弘法者―ネイチ・トインとザヤーパンディター―」『史林』56, No.2 (1973)。

　　[36] 岡田 1968：岡田英弘「ウバシ・ホンタイジ伝考釈」『遊牧社会史探究』No.32(1968)。

　　[37] 森川 1985：森川哲雄「十七世紀初頭の内蒙古における三人の仏教の高揚者いて」『蒙古史研究』第一輯，内蒙古人民出版社，呼和浩特，1985 年。

　　[38] 利光 1989：小長谷（利光）有紀「ヒツジに託す願い：モンゴル族、春のチンギス・ハーン祭典」『季刊民族学』第十三巻二号（通巻第四十八号），PP. 36-46。

［39］井上 1992a：井上治「『ツァガーン・トゥーフ』の写本評価について」『早稲田大学大学院文学研究科紀要』哲学史学編別冊（第十八集），1992 年。

［40］井上 1992b：井上治「『チャガン・テウケ』の 2 つの系統」『東洋学報』第 73 巻，1992 年。

［41］井上治 2000:「アルタンとソナムギャンツォのチャブチャール会見とその意義」『アジア・アフリカ言語文化研究』No. 59（2000）。

［42］石濱 1994：石濱裕美子「『アルタン・ハーン伝』に見る 17 世紀モンゴルの歴史認識について」『日本モンゴル学会紀要』No.25。

［43］楊 1995：楊海英「チンギス・ハーン祭祀の政治構造」『内陸アジア史研究』No.10，1995 年。

［44］二木 1997：二木博史「大モンゴル国臨時政府の成立」『東京外国語大学論集』No.54（1997）。

［45］二木 1997：二木博史「メルゲン＝ゲゲーン作のツァガーン＝ウブグン献香教について」『日本モンゴル学会紀要』No. 28（ 1997 ）。

［46］永井 1997：永井匠「『アルタン＝ハーン伝』におけるアルタン＝ハーン像」『日本モンゴル学会紀要』No. 28（1997）。

［47］松田 1999 ：松田孝一「モンゴル時代遺蹟・遺物現況」『モンゴル国現存遺蹟・碑文調査研究報告』（森安孝夫／オチル責任編集）中央ユーラシア学研究会、PP. 228-231.

［48］エルデニバートル 2001：M．エルデニバートル「リグデン・ハーンとモンゴル仏教」『三康文化研究所』No. 32（2001）.

［49］エルデニバートル 2001b：M．エルデニバートル「16

～17世紀のモンゴルにおける仏教とシャーマニズムの対決『鴫台史学』,No. 2 (2001).

［50］エルデニバートル 2002：M. エルデニバートル「16～17世紀のモンゴル精神史におけるチンギス・ハーン像」『三康文化研究所』No. 33 (2002).

［51］エルデニバートル 2004：M. エルデニバートル「16～17世紀のモンゴル宗教史におけるニーチ・トイン一世の生涯」,佐藤成順博士古稀記念論文集『東洋の歴史と文化』山喜房,2004年，第3-24頁。

［52］エルデニバートル 2004：「モンゴルにおける仏教再興と最古の現存仏教寺院」,『仏教文化学会紀要』第13号，東京,2004年11月。

［53］白石 2004 ： 白石典之「モンゴル国におけるチンギス＝カン関連遺跡の調査（3）」『日本モンゴル学会紀要』No. 34(2004).

五、英文等外文文献

［1］К.Ф.Голстунский: Монголо-ойратские законы 1640 года, Санкт-Петербург, 1880.

［2］Н. П. шастина : шара-туджи, москва,1957.

［3］Ц. П. Пурбуева: БИОГРАФИЯ НЕЙДЖИ-ТОЙНА, Новосибирск, 1984

［4］История Эрдэни-Дзу, Москва, 1999.

［5］Zhamcarano: MONGOLŒSKIE LETOPISI XVII BEKA, Moskva Leningrad,1936.

［6］Zhamcarano: The Mongol Chronicles of the Seventeenth Century, Wiesbaden, 1955.

［7］Louis Ligeti: CATALOGUE DU KANJUR MONGOL IMPRIMÉ, Budapest, 1942–44.

［8］Georg Huth: Geschichte des Buddhismus in der Mongolei, Erster Teil, Strassburg, 1892.

［9］Georg Huth: Geschichte des Buddhismus in der Mongolei, Zweiter Teil, Strassburg, 1896.

［10］Sh.Bira: Studies in the Mongolian History, Culture and Historiography,Tokyo, 1994.

［11］sayang sečen, Erdeni-yin Tobči A Manuscript from Kentei Ayimaγ,Edited and Commented on by Elisabetta Chiodo With a Study of the Tibetan Glosses by Klaus Sagaster, Wiesbaden, 1996.

［12］B.Rintchen: LES MATERIAUX POUR L ETUDE DU CHAMANISME MONGOL, I (AsiatischeForschungen, Band 3), Wiesbaden, 1959.

［13］K.Sagaster: Eindokument des Tschiggis–Khan–Kults in der Khalkha– Mongolei, in Collectanea Mongolica, Wiesbaden, 1966.

［14］Heissig 1980:W. Heissig, The Religions of Mongolia, University of California Press, Berkeley and Los Angeles, 1980.

［15］Heissig 1953a : W. Heissig, Neyici toyin. Das Lebaneines Lamaistischen MOnches(1557–1653). Sinologica Vol. 3,1953, 255–298. und Vol. 4, 1954, 21–38.

［16］Heissig 1953b: W. Heissig, A Mongolian source to the Lamaist suppression of shamanism in the 17th century, Anthropos Vol.48, 1953, 1–29, and 493–536.

［17］Heissig 1959 :Heissig, W., Die Familien–und Kirchengeschichtsschreibung der Mongolen, Teil I ,16.–18.Jh.

(Asiatische Forschungen, Band 5), Wiesbaden, 1959.

［18］Batbayar1996 :Ts. Batbayar, Modern Mongolia a Concise History,Ulaanbaatar, 1996.

［19］N. Poppe 1964: N. Poppe,L. Hurvitz, H. Okada, Catalogue of the Manchu—Mongol Section of the Toyo Bunko,the Toyo Bunko & the University of Washington Press, 1964.

［20］Mircea Eliade: Shamanism, Princeton University Press, 1972.

［21］Sagaster 1976: Sagaster,K., Die Weisse Geschichte (čaɣan-teüke), Wiesbaden,1976.

［22］L. Qurcabaɣatur Solongɣod : Zum činggis-qaɣan-kult, National Museum of Ethnology, Osaka,1999.

［23］M.Erdenebaatar: A Study on the Ritual Scripture of the Holy Činggis-Qaɣan", MONGOLICA.Vol.21(42), 2008.

［24］M.Erdenebaatar: A Study of the Cult of ChinggisKhagan Based Upon Mongolian Documents by M.Erdenebaatar, Proceeding of the International Symposium Past and Present Dynamics: the Great Mongolian State, Tokyo, 2008, pp.19—27

后 记

本书系国家教育部人文社会科学研究规划基金项目《16—18世纪蒙古佛教史研究》（批准号：10YJA730003）结题成果，其结项证书号为 2015JXZ3223。本书是在本人用日文撰写的博士学位论文部分内容的基础上，经过大量修改增删和重新用中文撰写而形成的。在本书前期研究积累、成书过程和出版之际，得到了国内外多位专家学者的指导和有关单位的资助。

首先感谢本人在日本攻读博士学位时期的导师、日本大正大学东洋史学教授佐藤成顺（SATO Seijun）先生和在日本东京外国语大学攻读硕士学位时期以来的恩师、东京外国语大学教授二木博史（FUTAKI Hiroshi）先生，由于他们的精心指导，本人才得以顺利完成了留日学业，获得了博士学位。在日本攻读硕士、博士学位期间，本人还曾获得日本"财团法人守屋留学生交流协会奖学金""笹川和平财团中国留学生奖学金"和"财团法人和平中岛财团奖学金"等学业资助，在此向守屋留学生交流协会齐藤理事长、笹川和平财团窪田新一首席研究员（现为日本大正大学教授）、和平中岛财团中岛会长等人深表谢忱。

本人于 2008 年 8 月 8 日作为"高层次引进人才"回国后，从同年 9 月 1 日起在内蒙古大学内蒙古近现代史研究所工作。后在日文博士论文部分内容的基础上，于 2010 年春季向教育部申报了《16—18 世纪蒙古佛教史研究》的科研项目，并于 2010 年年底获准立项。立项后，通过对本人以往研究内容的大量增删、调整和加上近几年新的研究成果，于 2015 年 5 月完成了书稿，并纳入内蒙古人民出版社的出版计划。由于本人博士论文的时限为 16 世纪后期至 17 世纪前期，因此本书有关这一时期的内容为本人日文博士论文部分内容的充实，而 17 世纪后期至 18 世纪中叶的蒙古佛教史内容则均为本人回国后直接用中文撰写的新近研究内容。

在科研项目计划的实施和本书的撰写、修改以及出版过程中，得到了内蒙古大学原副校长、蒙古学学部和蒙古学研究中心主任齐木德道尔吉教授，内蒙古大学副校长额尔很巴雅尔教授，内蒙古大学蒙古学学院副院长吴英喆教授，内蒙古大学蒙古学学院副院长、蒙古历史学系苏德毕力格教授，蒙古历史学系蒙古史研究所所长宝音德力根教授，蒙古历史学系内蒙古近现代史研究所所长周太平教授，内蒙古大学社科处处长张志忠教授，社科处副处长达胡白乙拉教授，社科处项目管理科齐海春科长等领导的支持和帮助，对此一并表示由衷的感谢。

本书的出版得到了内蒙古大学蒙古学学院蒙古历史学系学术专著专项资金资助，并于 2015 年被纳入内蒙古人民出版社的出版计划。在出版过程中，得到了内蒙古大学蒙古学学院、内蒙古人民出版社的大力支持和内蒙古人民出版社出版中心朱莽烈、于汇洋等编辑人员的细心帮助，对此也表示由衷的谢意。

最后感谢妻子托娅和女儿明·哈那的理解与支持，也感谢弟弟都仁和弟媳萨仁图雅等的素日帮助，正是因为有了亲情的坚强精神支柱，才得以最终完成了本书。然而因本人水平和学识所限，书中难免有疏漏和不妥之处，敬请同行专家和读者批评指正。

作者　明·额尔敦巴特尔（M. Erdenebaatar）

2016 年 4 月　于内蒙古大学

课题组分担说明

本书导论部分以及第一部三章、第二部三章和第三部三章等"三部九章"内容，均由国家教育部人文社会科学研究规划基金项目《16—18世纪蒙古佛教史研究》（结项证号：2015JXZ3223）课题主持人、内蒙古大学额尔敦巴特尔（笔名为明·额尔敦巴特尔）撰写和统稿。

书中一些史料的搜集、佛教术语以及梵文、藏文固有名词的解释等，得到了内蒙古自治区图书馆研究员色·斯琴毕力格先生的大力相助。

本书的国外研究合作者是：日本笹川和平财团首席研究员、日本大正大学东洋史学科教授、《蒙古佛教史》日译注释本"监修者"窪田新一先生。

书中资料的网络搜集以及参考文献整理等，主要由内蒙古大学图书馆副研究馆员葛根塔娜女士承担。